守望者
The Catcher

阅读　你的生活

《形而上学》讲演录

余纪元 著

晏玉荣 整理

中国人民大学出版社
·北京·

从继缘到纪元（代序）

前些天，纪元的夫人雅洁联系我，说中国人民大学出版社准备出纪元的《〈形而上学〉讲演录》，这是他的最后一部著作了，希望我为该书写个"序"。我没有丝毫犹豫，当即答应下来。因为纪元离开我们快七年了，我作为他的师兄，还没有为他及其家人办过一件事情，内心非常愧疚，深感对不起他。虽然我知道，这个"序"并不好写。

经过反复琢磨，我打算先写一些人和事，然后再谈这本书。于是，就有了上面那个标题。

"继缘"，是纪元以前的名字，可能是他父亲按照中国人的传统做法取的，"继"字是辈，"缘"则是名，故曰"继缘"。但在我这里，则把"继缘"解读为"承继学缘"，即因某些缘分，把某个（些）人的学术传统承继过来，传递下去。这个过程，他主要是先后通过谭鑫田和苗力田两位老师，在山东大学和中国人民大学完成的。

1979 年，只有 15 岁的少年余继缘，从江南水乡的浙江诸暨，只身北上，到济南的山东大学哲学系读本科。经过 4 年苦读，他成绩优异，深受老师和同学的喜爱，特别是得到了时任哲学系西方哲学教研室主任谭鑫田老师的垂青。由于他喜欢古希腊哲学，就选做了柏拉图"通种论"研究的学士论文（这篇论文的题目就叫《柏拉图"通种论"研究》，作为全国大学生优秀论文，被收入周永胜、徐梦秋、洪俊峰主编的《八十年代大学生毕业论文选评》，该书于1986 年由福建人民出版社出版），由谭老师亲自指导。大学毕业时，继缘才 19 岁，正是继续深造的大好时机，谭老师爱生心切，推荐他报考中国人民大学哲学系苗力田教授的硕士生（只是因为当时没有现在的"推免"政策，否则就可能直接推免保送了）。谭老师这样做，我猜测，或许有两个方面的考虑。第一，谭老师是苗先生"文化大革命"前的研究生，正宗的嫡传弟子，而山东大学哲学系在当时和后来的很长一段时间，都被学界戏称为中国人民大学哲学系的"分系"（特别是外国哲学领域，除谭老师外，还有同出于中国人民大学的李武林、龚兴等老师），把自己钟爱的学生送到母校恩师那里深造，自然是人之常情。第二，苗力田先生是当时国内研究古希腊哲学的权威之一，让优秀学子投到名师门下，于生于师都是双赢局面。

于是，19 岁的青年余继缘，从济南来到北京，成为苗先生的首届希腊哲学研究生（在此以前，他招收的研究方向都是西方近、现代哲学），同时也是自 1949 年以来，中国首批古希腊哲学方向的研究生之一（除中国人民大学外，杭州大学的严群先生也在 1983 年招了首届该方向的研究生）。即将年满 28 岁的我，也在这一年从西南一隅的成都来到首都北京，与继缘成了同门师兄弟，同住人民大学学 6 楼 222 室。三年的硕士生学习中，我们除了早上的跑步锻炼外，基本上是教室—图书馆—寝室三点一线（因我当时抽烟，教室和图书馆都不方便，所以，下午和晚上在寝室的时间多些，继缘则把寝室只当休息之地，平时少在）。那时，他的研究兴趣依然在柏拉图，写了论柏拉图的两种分有的硕士学位论文，因此，苗老师知人善任，在受教育部委托主编的《古希腊哲学》（研究生教材）中，把柏拉图部分的原著译、编任务交给了他。1986 年研究生毕业时，继缘不出意料地留校任教，成为苗老师亲自选定的学术传人，直到 1989 年以联合培养项目之名送到国外读博。

纪元是知恩图报的君子。他不仅对承继学缘的谭、苗二先生满怀深情，如同子嗣，对培养他的两所母校更是热爱无比，竭力报效——在他成为国际知名的大专家之后，国内多所著名高校争相聘请他兼职任教，但他只答应了山东大学和中国人民大学，成为前者的"长江学者讲座教授"和后者的"吴玉章讲座教授"，每年不辞辛劳，在 5—7 月份分赴两校讲课，指导所带的研究生，实实在在地把自己承继过来的学术缘分再传递下去。顺便说一句：他的性格也应该主要是在齐鲁文化的熏陶下形成的，直率、热情、仗义，当然，也喜欢喝酒。

再说"纪元"。这两个字的意思很明白，一般而言，就是打破旧传统，开创新时代，用在学术上，指的大致应该是开宗创派，自成新说。

从"继缘"到"纪元"的转换，大概发生在 1984—1985 年，起因其实很平常。继缘虽然在我们班上（马克思主义哲学、中国哲学、外国哲学、逻辑学 4 个专业一共才 13 人，而且是清一色的"和尚"）年龄最小，但由于性格豪爽，成绩优异，很受大家喜欢，特别是外国哲学专业的付永军、陶秀璈（他们是德国哲学方向，与我们门对门地住着）和我，经常与他在一起谈天说地，玩笑打趣，还互取绰号（比如基米、卡尔、索菲等）。不记得准确时间，也不记得具体场景，有人（到底是谁，同样回忆不起来了）联系到他的姓氏，说把余继缘改成余纪元更好，因为"余"即"我"，"我就是纪元"，何等气魄！大家异口同声，都说这名字好，建议他改，反正同音，仅仅不同字而已。后来他经过思考（不知道是否还征求过家人或其他什么人的意见），真的改成了这个名字。至于牵涉到的学生注册、成绩档案等问题，那时是否需要随之变化，如果需要，怎么办下来的等等，我就不清楚了。

后来的事实反复证明，"余纪元"这个大气的名字不仅改得恰当，而且名副其实。因为熟悉他的人都知道，他确实有"我就是纪元"的自信与雄心，所取得的实际学术成就也在一定意义上开创了新的纪元。详细的情况网上很容易搜到，无须我再赘言，这里只概括性地说几句：

他是继陈康先生（又名陈忠寰，是苗力田先生在中央大学时的研究生导师，所以是我们正宗的师爷，于 1992 年在美国仙逝，享年 90 岁）之后，为西方古希腊哲学研究的主流学界所熟悉和认可的第一人；

他是 1949 年以后，中国赴欧美留学研习哲学的诸多学者中，成就最大的一位；

他为了弘扬中华文化，拓展了自己的学术领域，在中西哲学（包括伦理学）比较方面同样成绩斐然……

关于他的学术地位和影响，我再举一佐证。全国易学研究泰斗、山东大学哲学系的刘大钧先生断言："余纪元是新中国山东大学人文社科首位世界名人。他是山东大学的骄傲，也是中国人的骄傲。"进一步，我们大家都会坚信这样的假设：如果纪元不是天妒英才，去世于 52 岁（对于典型体现"厚积薄发"性质的哲学研究者或哲学家来说，52 岁的年龄通常意味着才刚刚进入事业的黄金时期），他那份"我就是纪元"的宣言书上，一定写满更多更大更精的证明，让一代代国人和华人共享荣光。

下面，来说说《〈形而上学〉讲演录》这本书。

这是一份标准的"讲演录"，是根据他 2011 年 5—7 月在山东大学哲学系为学生（虽然听讲的也有老师）讲授亚里士多德《形而上学》的现场录音，由他的博士生晏玉荣整理而成的（他的另一名学生金小燕参加了前期的部分工作）。全课共九讲（本打算做十二讲，后因多种事情耽误，压缩合并为现在的九讲），概述了亚里士多德形而上学思想的核心概念、主要内容和发展变化过程。具体的内容读者会自己去阅读，用不着我多费笔墨。这里，只从分析该书主要特点的角度，谈谈我的读后感，希望有助于读者的理解。

我个人认为，从总体看，该书具有以下四个鲜明的特点。

首先，就依据而言，从文本出发。无论讲解什么问题，每一讲基本上都是从亚里士多德的原著出发，摘录出他自己汉译的相关章节，逐段乃至逐句地分析讲述，力图让学生原汁原味地品读亚里士多德。而且，在讨论某个问题时，把《形而上学》《范畴篇》《物理学》《论生成与消灭》《论灵魂》《尼各马可伦理学》等相关文本结合起来分析。不过，考虑到听众的实际情况（多数人不是希腊哲学研究方向的，因而可能不懂古希腊文），他是从英译本转译为汉语的，很少直接源出于希腊文。

其次，就目标而言，从问题入手。按其本质来说，哲学其实就是问题学，所以，培养学生的问题意识，乃是哲学教学的重要目标。正因如此，纪元把强烈的问题意识，作为贯穿课堂始终的一条主线。纪元把亚里士多德主要地理解为问题型哲学家，先概括出他整个形而上学系统的主要问题，接着展现他如何"挖井"或"剥葱"（这是纪元经常使用的比喻）似的步步发掘，层层深入，然后指出他与柏拉图或其他前辈哲学家的复杂纠葛，剖析他到底提出了、解决了、留下了哪些问题。

再次，就方法而言，启发思考，训练学术。为了启发学生的思考，提升他们的哲学思维能力，纪元不仅从问题入手，看亚里士多德是怎样发现问题、分析问题和解决问题的，也像亚氏的师爷苏格拉底和师父柏拉图一样，不断地在课堂上设问、提问，甚至安排对话。此外，出于加强学生学术训练，拓展他们学术视野的考虑，纪元给学生印发了多篇学术范文和一些主要阅读书目，还以自己为案例，让学生明白如何做学术研究，怎样写研究论文，并多次穿插介绍西方学界若干著名专家的研究信息等相关情况，也以他在美国供职的纽约州立大学布法罗分校哲学系为例，介绍他们是如何训练学生的。

最后，就风格而言，深入浅出，幽默风趣。与他亲自审定出版的《〈理想国〉讲演录》《亚里士多德伦理学》相比，这本由晏玉荣女士整理的讲演录，最大的一个特点是原汁原味地保留了纪元深入浅出、幽默风趣的讲课风格。我虽然不是现场耳闻的听众，但读着他那些演讲的文字，一个活脱脱的余纪元就自然地出现在眼前。哲学是相当枯燥的，尤其是严谨呆板的亚里士多德，更尤其是亚氏最为艰涩难懂的形而上学，别说是 50 人教室的大课堂，即使是只有 5 人的小研讨，要让学生明白或大体上明白亚氏所言是什么、为什么、怎么样，都相当困难。纪元的讲授，硬是挥洒自如地把"高大上冷"的亚氏形而上学，和"低小下热"的日常生活结合，并穿插进自己经历过的逸闻趣事，不仅活跃了课堂，激发了学生的兴趣，也让大家在相对轻松的氛围中领悟思想，明白哲理，提升素养。

坦白地讲，对于纪元在该书里的一些看法和做法，我并不赞同。但哲学的魅力之一就在于，众说纷纭是根本，众口一词乃绝路。相信大家能从这本精彩的讲演录中，读出自己的思考和收获。

最后，要特别感谢三位女士和一位先生。感谢雅洁在我和纪元相识快 40 年之际，给了我这个重温纪元风采的机会！感谢小晏付出了 5 年的辛劳，把这份珍贵的精神食粮呈送给了读者，特别是她附上了全英文的"讲课提纲"等材料，对于像我一样不在当时现场的广大读者对照学习,帮助很大。感谢中国人民大学出版社的符爱霞,她作为责任编辑,一如既往地为本书的出版承担了不少大大小小的事情。感谢山东大学永军教授,他审阅了本文的初稿,补充或订正了几处史实。

上述浅见,权当为序。敬请各位斧正。

徐开来

2023 年 4 月 10 日于成都川大江安花园

目　　录

第一讲　形而上学的著作、性质与方法 ……………………………… 1

一、《形而上学》与亚里士多德的哲学整体 …………………… 1

　（一）《形而上学》著作及其生成情况 ………………… 5

　（二）《形而上学》的结构 …………………………… 8

　（三）《形而上学》与亚里士多德的哲学整体 ……… 13

　（四）《形而上学》研究的最新发展 ………………… 19

二、形而上学的性质 …………………………………………… 21

　（一）《形而上学》的第一句话 ……………………… 21

　（二）几种认知能力 …………………………………… 25

　（三）形而上学的特征 ………………………………… 27

　（四）惊奇与哲学 ……………………………………… 30

三、形而上学的方法 …………………………………………… 33

　（一）哲学是一项集体研究的活动 …………………… 33

　（二）形而上学对听众的要求 ………………………… 37

第二讲 范畴与 being ………………………………… 40

一、什么是 being ………………………………………… 41

（一）为什么 being 最让人困惑 ………………………… 41

（二）being 的中文翻译问题 …………………………… 44

二、being 的四种类型 …………………………………… 48

（一）being 的四种类型 ………………………………… 48

（二）范畴的 being 与潜能/现实的 being 的区分 ……… 49

（三）亚里士多德研究世界的两种方式 ………………… 53

三、《范畴篇》第一至四章 ……………………………… 57

（一）第一章："同名异义"、"同名同义"

与"同源派生" ………………………………… 57

（二）第二章："内居于"与"表述" ………………… 59

（三）第三章：种与属 ………………………………… 64

（四）第四章：being 的种类 ………………………… 65

四、《论题篇》第一卷第九章 …………………………… 66

（一）范畴与谓述的种类 ……………………………… 66

（二）弗雷德的贡献 …………………………………… 68

第三讲 本体与属性 …………………………………… 74

一、《范畴篇》第五章 …………………………………… 74

（一）第一本体和第二本体 …………………………… 80

（二）本质的谓述和偶性的谓述 ……………………… 82

（三）第一本体和主体 ………………………………… 84

（四）第二本体和主体 ………………………… 89

（五）第二本体与"内居于" ………………… 93

（六）第一本体的各种特征 ………………… 99

二、《形而上学》第七卷第一、二章 …………… 102

（一）being 的多种含义：本体与属性 ……… 102

（二）"是什么"（ti esti）与"这一个"
（tode ti）………………………………… 103

（三）其他范畴对本体的依赖性以及它们的
独特意义 ……………………………… 104

（四）本体在三种意义上优先于其他范畴 …… 106

（五）从"什么是 being"到"什么是本体"……… 108

（六）与《范畴篇》第五章的比较 ………… 110

第四讲　作为 being 的 being ………………… 113

一、《形而上学》第四卷第一句话 …………… 114

（一）being as being ……………………… 115

（二）科学：特殊与普遍 ………………… 117

（三）being as being 的属性 ……………… 120

二、being 的普遍科学如何可能 ……………… 121

（一）《后分析篇》中的科学概念 ………… 121

（二）《后分析篇》对普遍科学的否定 …… 125

（三）being 不是一个种 ………………… 125

（四）《形而上学》第三卷的前四个问题 …… 126

三、中心含义 ·· 130

四、欧文的两个论点 ·· 133

五、关于欧文的第一个论点 ································ 134

六、关于欧文的第二个论点 ································ 135

七、形而上学与辩证法 ······································ 140

八、不矛盾律以及对它的辩护 ···························· 149

（一）最确定的原则：存在中的定律还是思想中的

定律（第三章） ·································· 150

（二）驳斥否定不矛盾的论点：赫拉克利特

与普罗泰戈拉（第四章） ··················· 151

（三）对不矛盾律的论证：否定不矛盾律的

困难 ·· 151

九、对排中律的考察（第五至八章） ··················· 154

第五讲 变化、本体与主体 ··································· 155

一、《物理学》第一卷：形式与质料的引入 ··········· 161

（一）《形而上学》第七卷第三章与《物理学》

第一卷 ·· 161

（二）关于变化的理智思潮 ······························ 166

（三）范畴理论与对巴门尼德的驳斥 ··················· 174

（四）变化的三要素：日常语言的路径 ··············· 175

（五）范畴与变化：两种类型的变化 ··················· 177

（六）本体性的变化 ·· 178

（七）形式与质料的区分是如何得到的 …………… 179

（八）《论生成与消灭》：进一步区分两种类型的

变化 ……………………………………………… 182

二、《形而上学》第七卷第三章 …………………………… 182

（一）两个列表 ………………………………………… 183

（二）本体的主体标准的问题 ……………………… 183

（三）对主体标准批评的含义 ……………………… 189

（四）第七卷第三章的结构 ………………………… 190

（五）形式问题的困惑 ……………………………… 191

第六讲　本质和形式 ………………………………………… 195

一、本质与定义 ……………………………………………… 199

（一）什么是本质 …………………………………… 199

（二）本质和偶性复合体的区分 …………………… 203

二、形式在本体论中的地位 ………………………………… 207

（一）对《范畴篇》与《形而上学》第七卷的

关系的传统认识 ……………………………… 207

（二）本体的特殊性与普遍性 ……………………… 210

（三）分离和"这一个" ……………………………… 214

三、"这一个"和分离之间的紧张 ………………………… 230

（一）两种尝试之间的矛盾 ………………………… 230

（二）《形而上学》第七卷的困境：三个前提 ……… 240

第七讲 形式因、自然与目的论 ···························· 244

一、《形而上学》第七卷第十七章：一个新的开始 ········· 245

（一）作为形式因的本体 ························· 245

（二）关于原因和形式/质料的讨论 ················ 248

（三）为什么 S 是 P ···························· 250

（四）第十七章与以往章节的不同 ················ 251

二、第七、八、九卷是一个统一体吗 ················· 252

（一）传统的观点 ····························· 252

（二）它们是一个统一体吗 ····················· 253

（三）多种形式/质料的关系 ···················· 253

（四）对第七、八、九卷的重新组合 ·············· 261

三、亚里士多德的两条路径：范畴的 being
和潜能/现实的 being ························· 263

四、自然与目的论 ····························· 269

（一）自然 ································· 271

（二）原因：形式因和质料因 ················· 279

（三）目的论和必然性 ····················· 285

第八讲 潜能和现实 ································· 288

一、对范畴的 being 和潜能/现实的 being 的回顾 ········· 290

（一）范畴的 being 与潜能/现实的 being 的
差别 ······························· 292

（二）《形而上学》第八、九卷与《物理学》 ··········· 294

二、《形而上学》第九卷的结构 ·················· 295

三、两类潜能和现实 ··································· 296

四、运动与现实的区分 ······························ 298

五、本体性的潜能和现实 ·························· 302

（一）人造物的潜能和现实 ·················· 302

（二）自然物的本体性生成 ·················· 303

（三）本体性活动 ······························ 309

六、本体性的统一 ··································· 320

七、现实先于潜能 ··································· 323

第九讲　神学与形而上学的统一性 ·················· 327

一、运动变化：从单个事物到整个世界 ·········· 329

二、最终的原因："不动的推动者" ············· 330

三、不动的推动者如何推动事物 ················ 333

四、事物在欲望什么 ······························ 337

（一）无机物的欲望 ·························· 337

（二）有机物的欲望 ·························· 338

（三）人的欲望 ······························ 340

五、神和思辨 ·· 342

六、秩序和秩序的原因 ···························· 352

七、《形而上学》第六卷第一章的结构 ·········· 355

八、形而上学：两种概念 ·························· 358

九、第七、八、九卷，神学与本体论之间的紧张 ·········· 362

十、我的观点 ·· 363

附录 ·· 366
　一、课程说明 ·· 366
　二、讲课提纲（英文） ······································ 368
　　The Nature of Wisdom ································ 368
　　Categories and Beings ······························ 371
　　Substance and Attributes（other categories） ········ 373
　　Being *qua* Being ···································· 374
　　Change and Form /Matter ··························· 376
　　Essence and Form ··································· 379
　　Meta.：The Ontological Status of Form ············· 381
　　Formal Cause：vii. 17 and viii － ··················· 386
　　Nature（Chs. 1 － 2） ································· 388
　　Potentiality and Actuality ···························· 389
　　Theology：Metaphysics 12 ·························· 391
　　Meta. E（vi）. 1 ···································· 393
　三、总体阅读书目 ·· 395
　四、各卷阅读论文 ·· 397
　五、主要人物参照和介绍 ···································· 399

后记 ·· 400

第一讲　形而上学的著作、性质与方法

一、《形而上学》与亚里士多德的哲学整体

这门课一共是十二讲，基本上可以把亚里士多德《形而上学》这本书讲全。实际上，我所讲的不只是《形而上学》这本书。因为《形而上学》这本书是别人替亚里士多德编的，而他的许多形而上学思想是在他的《物理学》《范畴篇》《论灵魂》等书里，却没有在这本书里。所以，在讲课中我把其他书里所涉及的形而上学的内容也都放了进来。因此你们准备教材的话恐怕会有一些困难。

下面我就讲讲教材方面的情况。我希望你们最好有一套英文版的《亚里士多德全集》。这在美国要 100 美元。这对于美国的学生

也比较贵。怎么弄到这本书呢？我们知道，美国人喜好送礼，比如圣诞节、情人节或者生日等，都会给别人送礼。我就对学生说，如果有人问你想要什么礼物的话，你就赶紧说要一套《亚里士多德全集》或者《柏拉图全集》。有一天一个女孩子很高兴地跑到我办公室里说："余教授，我得了一个礼物。"我说："肯定是《亚里士多德全集》呗。"她很吃惊地问我是怎么知道的。她说男朋友问她情人节要什么礼物，她马上就说要一套《亚里士多德全集》。她还把这件事写在 facebook（中文称脸书）上，大力称赞她的男朋友。但这个女孩有许多的前男友，他们都在她的 facebook 上。她说她的前男友们都吃醋了，说《亚里士多德全集》怎么能做情人节礼物呢？所以啊，我觉得你们也可以做同样的事情。

如果实在没有呢，你们就找一本中文版的《形而上学》。我知道《形而上学》中文版最古老的是吴寿彭老先生译的。这一版本很难念。吴寿彭老先生原来住在我们青岛。上研究生的时候，我们准备做一套《亚里士多德全集》，想修订他的版本，便奉命去找他，希望他能同意。但他老先生不干，说他是用半文言文译的，这种译法有独到之处。我说正是您的半文言文译法现在是一个问题。他说那可不能改，当年陈独秀、胡适搞白话文运动我还和他们论战呢！听了他这番话，我赶紧闭嘴，一气不敢吭。

第二个版本是苗力田先生译的。苗先生是我的老师。不过这个版本也不太好念。为什么不好念呢？希腊文的《形而上学》没有那么多字，它的句子经常是断的。因为它只是亚里士多德的研究手稿，很多句子中间就断了，根本就不通。英文翻译者们已经有几百年经验了，经常会在中间加上一些内容，让前后文连贯起来，使得句子基本上能被人读懂。而苗先生认为，希腊文断句子，中文翻译也应该断句子，如果希腊文不通，中文也可以不通，不能随便加东西。但这样的话，中文也就不容易让人懂了。当年唐玄奘翻译佛经就是这样做的。玄奘为什么要到西天取经呢？因为在他之前，也就是魏晋南北朝的时候，翻译佛经的人都是用道家思想去套的。而玄奘觉得应该去寻找真谛，要按照梵文原先的结构去翻译佛经。他回来以后，确实做了这个事情。他的译本很难念。很多老和尚穷其一生地念，实际上还是不懂它的意思。于是我们就有了一句成语，叫作"老和尚念经，有口无心"。什么意思呢？就是不懂，不知道它到底说的是什么。比如《金刚经》吧，他们只在那里念，其实是不懂的，他们也不深究。

前段时间，李真先生在台湾出了一个中文译本，很通顺，不知你们能否买得到？若是买得到的话，你们可以对照着看。可能的话，要找个英文本，无论是谁的版本，只要你能念，能写出一个东西来，我就没有意见。以上是关于文本问题。

接下来就是要求大家去读相关的范文。《形而上学》已经被研究两千多年了，总有一些好的研究作品。这些研究作品慢慢就成了这个领域的经典。实际上，你想进入这一领域，不仅要知道亚里士多德的原著，还必须要知道这些经典。这是个基本的文化现象。你要是连这个都不知道，就是个外行。老远的，像托马斯·阿奎那他们的研究都还不算。最近这几十年，对亚里士多德的研究特别兴旺，也产生了许多好文章，有些文章五六十年了，大家还在读，还在看。这些文章涉及《形而上学》中的某一个问题，大家都觉得非常好，一代又一代的人都在引用。每周我都会将这些文章发到大家的邮箱里，希望大家读一读。

为什么要发给你们呢？有两个原因：第一，有助于你们理解我所讲的内容。第二，能够告诉你们文章应该怎么写。这些范文告诉你，学问就应该这么做，学术文章就应该这么写。这些文章可以待在那里好几十年，大家都要读。你要研究这些问题，你就躲不过它们，非得引用不可。有哪些文章、它们是什么样的文章可以保持得这么久，这是你们研究生应该了解的。做学问一定要潜下心来，要虔敬。我在美国讲课的时候，通常会要求学生们写读书报告，每周都写。亚里士多德的文本在哪里，相关的范文有哪些，他们都必须要知道。上课之前的头天晚上，我要收他们的读书报告。这有什么用呢？首先证明你是读了，你没有只是带着两个耳朵就来了。其次，你要说明你感到最困难的或者对你有启发的点是什么。有了这些东西，我们就可以互相讨论，而不只是我自己在这里讲。这里由于大家都很忙，我就不要求你们写了。可是如果你们愿意写，我也很愿意看。

除此之外，我还列出了大家应该读的书。我挑选了一些非常重要、经典的书。因此，真要了解亚里士多德的《形而上学》，你需要花费很长时间慢慢地琢磨。读书就像唱卡拉 OK，也好比唱京戏，重在反复沉潜。你们要是跟着傅有德老师学唱京戏就会发现，他经常唱的就是那几段，但他唱得很好，那个水平我是自愧不如。诀窍在哪里呢？就在于反复磨炼，领会唱好歌是一种什么样的味道。读书的道理是一样的。你得有一两本书、一两门课是自己特别感兴趣的，你要翻来覆去地念，真正把它读懂了，只要攻进去了一点，其他就好办了，不然就始终不能入门。

（一）《形而上学》著作及其生成情况

下面要专门讲一下与《形而上学》这本书相关的东西，然后就是《形而上学》的性质或本性，涉及《形而上学》第一卷的第一、二章，第二卷的第一章，还有第三卷的第一章。

读《形而上学》，你首先需要了解这本书的生成状况以及这本书的基本情况。给你们博士生上课，我就不需要仔细地讲亚里士多德的生平了。大家知道，亚里士多德很了不起。他是柏拉图的学生，又是亚历山大大帝的老师。学生与老师都很出名，终究来说，还是他自己出名。其实他一辈子并不是很顺畅。简单来说，他不是出生于现在的希腊，而是出生在马其顿。我们知道，马其顿有两个，一个是原来南斯拉夫联邦内部的马其顿共和国，一个是希腊的马其顿省。亚里士多德出生地是斯塔吉拉，离这里很近。后来南斯拉夫联邦解体，马其顿共和国独立了，要加入欧盟。希腊担心它内部的马其顿省也会跑到马其顿共和国里，拼命地要求只有马其顿共和国改名之后才能加入欧盟，但是马其顿共和国不愿意改名，所以现在它还是叫马其顿。这是你们要区分的。亚里士多德 17 岁时，去了柏拉图学园。柏拉图学园相当于现在的哈佛等名校，特别有名。他在柏拉图学园待了很多年。

关于他与柏拉图的关系有很多种记载。有的说柏拉图很喜欢他，有的说柏拉图特别不喜欢他。我们没有可靠资料来证明。但有一点可以确定，柏拉图去世之前，亚里士多德就已经很有名气了，可以评为特聘教授。但柏拉图没有理他，而是把教授的职位给了自己的侄子。这是不公平的。亚里士多德很气愤，就走了，可见柏拉图对他也不是特别好。但有人也说，这个说法不对，实际上亚里士多德在雅典是外邦公民，拿的是绿卡，不是当地的居民，所以不能买房子。但这一说法显然不对。公元前335年亚里士多德又回去了，自己建立了一个学园，即吕克昂学园，和柏拉图学园分庭抗礼。可见当时他是可以买房子的。不管怎么说，他跑到了小亚细亚，就是现在的伊奥利亚海的土耳其一侧。当年这里都是希腊的殖民地。几乎所有的希腊哲学家，尤其是前苏格拉底的哲学家，都是在小亚细亚而不是希腊本土活动的。希腊与土耳其为了争夺西方哲学的源头，现在还打个不休。在小亚细亚，亚里士多德做了好多动植物研究，直到后来马其顿腓力二世聘请他做他儿子，也就是后来的亚历山大大帝的老师。他教了亚历山大三年，腓力二世被刺死后，亚历山大登基了，亚里士多德当然也就没事干了。人们总是说亚里士多德之所以能够完成那么多的动植物研究，就是因为亚历山大大帝在开疆拓土的时候，为了报答他的老师，每到一个地方，看到一些奇特的动物、奇特的生物，就会用快马送给他的老师。但是这个历史也不太可信。因为在征战的时候，亚历山大大帝把亚里士多德的亲侄儿给砍掉了，而亚里士多德就只有这么一个亲侄儿，可见亚里士多德的面子亚历山大也是不买的。

　　亚里士多德在外面漂泊了12年之久。公元前335年，他回到雅典，建立了自己的吕克昂学园，形成了 Peripatetikoi 即逍遥学派（这个词是宗白华先生译的）。柏拉图的弟子叫学园派。Peripate-tikoi 在希腊文里其实是漫步或者散步的意思。据说，亚里士多德上课经常不用教室，而是带着学生走来走去就把哲学课给讲了。可这个说法肯定不对。为什么不对呢？今天我带着你们走来走去地讲课，你们有几个人能听得见，那不成导游了吗？还有，在《尼各马可伦理学》第二卷的第六章，亚里士多德明确地说："现在我们看看黑板。"可见，课还是在教室里讲的，还是要有讲稿的。公元前323 年，亚历山大大帝病逝，亚里士多德的日子便不好过了，因为二人毕竟有师生关系。当时雅典人把马其顿人看作侵略者。亚历山大一死，雅典人就奋起反抗侵略者，亚里士多德就被看成是跟"鬼子们"关系很密切的人，所以他只好跑了。公元前323 年，亚里士多德离开雅典。公元前322 年，他就去世了，年仅 62 岁。根据现有资料记载，他也没什么大病，只是偶尔咳嗽而已。他匆匆忙忙地一走，就导致他很多的书，包括这本《形而上学》，就很难懂。这是很重要的一个原因。而他走以后，他的图书馆肯定是搬不走的，就交给他的徒弟狄奥弗拉斯图（Theophrastos）来管理。这个徒弟也不是很能干，管了几年以后，学园在雅典就待不下去了，便搬走了。那个时候的图书也不是正式的图书，都是亚里士多德的一些讲稿、手稿之类的。古希腊的时候，并没有什么出版机构。什么叫作出版呢？你自己的东西写好了，拿到广场上念一遍，就算是出版了。别人可以抄你的，也没版权的说法。据说，后来抄的话，也是要给一些钱的，这是到智者学派才开始的，因为他们教课就是要赚钱嘛。但那个时候，大部分人学哲学和我们是不一样的。他们不是为了拿学位，不是为了发表论文，不是为了评职称或者为了当博导，也不是为了找工作，而是为了求知。因此，我们学习古希腊哲学，不仅要学习哲学，还要学习他们对待哲学的态度。

亚里士多德逃走以后，图书馆搬了好多个地方。后来有人就挖了个地窖，把他的书给藏了起来。据说，这一藏就是 200 多年。这些大致上是真的，因为斯多亚学派成员和伊壁鸠鲁他们知道亚里士多德的不多。他们会在著作中互相攻击，既攻击亚里士多德，也攻击柏拉图，但攻击得很少。可见，那时亚里士多德是不太盛行的，只有少数人知道。公元前 1 世纪的时候，才有人发现了这些东西。有个叫安德罗尼柯（Andronicos）的人才开始整理，也才有了《形而上学》这一标题。希腊人写东西，都是写在纸莎草上的。由于年代久远，纸莎草被虫子蛀掉了或烂掉了，很多句子都是残缺的，后面还会详说这一情形。

（二）《形而上学》的结构

现在我们进入《形而上学》的结构。《形而上学》一共分为 14 卷。古希腊人用纸莎草就跟中国古人用竹简一样，写到一定时候要卷起来。一卷就是一个 biblos，译成英文就是 book，英文 bibliography（数目）一词就是由此而来。一卷相当于现在的一章，但是我们不能称之为章，章是卷的一部分，它跟我们现在书的结构不同。

第一卷第一、二章，讲的是形而上学的一般性质；第三章至第十章，讲的是希腊哲学史。

第二卷共有三章，它们相互之间没有任何联系。

第三卷列出了一连串问题，即形而上学到底要研究什么，但《形而上学》的其余部分并没有理会这些问题。

第四卷第一、二章是关于 being as（qua）being 科学；第三章到第八章提出不矛盾律、排中律等等很重要的基本逻辑定律。

第五卷是一部字典，解释了 30 个概念，与前后文一点关系都没有。

第六卷第一章讨论什么是理论科学，即学科的分类；第二章到第四章是关于偶性的存在的。

第七、八、九卷是《形而上学》的中心卷，讨论的是 substance，我们通常译作本体或实体。但第七、八、九这三卷本身不是一个整体，比如在第七卷，潜能、现实等概念一概没提，但第八、九卷却讲述潜能和现实。第八、九卷之间互相都没有提起，好像彼此没有关系似的。

第十卷讨论"一"。为什么讨论"一"？实际上他是在批判柏拉图。

第十一卷第一章到第八章是对第三、四、五卷的总结，后面的是对《物理学》第二、三、四卷的总结。总结得非常糟糕，有很多的错误。最后大家明白过来，这是学生的笔记。

第十二卷一共有十章，第一章到第五章讨论的是可感本体或可感实体，第六章到第十章是关于不动的动者的学说。

第十三、十四卷又是在批判柏拉图。

从这些结构看来，这显然不是一本书。第一、二、三、四、七、八、九、十二卷是《形而上学》的主干，其他都是枝节上的问题。我还把《物理学》的第一卷和第二卷、《论灵魂》、《范畴篇》等有关形而上学的内容全部塞了进来，通过一个形而上学的整体内容来说明亚里士多德的形而上学到底想干什么。

从这些内容来看，亚里士多德号称是最伟大的逻辑学家，却把自己的著作搞得这样杂乱无章，一个理由是我前面提到的，因为他走得急。一个原因就是他是一个老师，讲了许多年的课，有许多的讲稿，这些讲稿他是每年都修改的，可偏偏当时的图书管理员很是尽责，把亚里士多德的讲稿全部保留下来了，所以给后人造成许多问题。还有的就是他的研究手稿，亚里士多德有时对一个问题研究了一段时间，没有完成便将它丢在那里了，这些也被图书管理员收起来了。也就是说，我们现在发现的作品，有的是他的讲稿，有的是他的研究手稿。也有一些是发表的，即拿出去念的著作，那些是他作为柏拉图学生的时候写的对话。柏拉图喜欢写对话，但对话并非柏拉图的独创，而是公元前 4 世纪希腊的风气。那时的人们要写东西，就得以对话的形式。亚里士多德的对话在古代就有人看过，比如西塞罗就读过那些对话，觉得亚里士多德的对话写得很漂亮，并不比柏拉图差。安德罗尼柯在编《亚里士多德全集》的时候，觉得这些对话是念给外人看的，不是讲给学生听的，是通俗读品，就没有把它们收集到全集中去，这很可惜。到了 18、19 世纪，一些搞古希腊的学者又跑到古人作品中，把古人引用他的一些对话或者评论收集起来，出了一部对话的集子。

这些就是关于亚里士多德著作的情况。总之，他的书要么是他的研究手稿，要么是学生整理的笔记，反正不是亚里士多德准备给你看的。有了这样的心态的话，你读亚里士多德的著作就比较心平气和。有的讲稿他比较勤快，整理得比较干净，像《尼各马可伦理学》。有的他就比较懒，一小卷一小卷地扔在那里不管，没有进行整理，读起来就有些散。

据说亚里士多德写了很多书。根据第欧根尼·拉尔修在《名哲言行录》中的记载，亚里士多德写了 550 卷书，相当于现代文的6 000 页。现代牛津版的《亚里士多德全集》是 2 400 页左右，加上后面的索引，一共 2 480 页。据此看来，我们丢了亚里士多德将近五分之三的作品。可奇怪的是，我们并没有觉得少了什么东西。19世纪末，考古研究人员在埃及沙滩上挖掘出一批文稿。经考证，其中一卷是亚里士多德的著作，这便是今天的《雅典政制》。随着时间的推移，亚里士多德的著作有可能会出来更多。

安德罗尼柯是第六个逍遥派的首脑。他在主编亚里士多德本子的时候，非常不容易。因为他面对的是大量散落的甚至是烂掉的讲稿、手稿与笔记。在整理时，如果他觉得其中几个本子讲的差不多是同一个东西，就把它们放在了一起。甚至连题目都是他起的，像现在的《形而上学》就是如此。他按照理论科学、实践科学、创制科学的分类编辑了亚里士多德全部著作。每种学科之下，又有各种各样的学科。理论科学分为数学、物理学和第一哲学。实践科学分为政治学和伦理学。创制科学为修辞学、诗学即文学创作等。还涉及六篇，本身不是科学，却是研究科学的工具，安德罗尼柯没有将

之命名，中世纪的时候，有人将之称作《工具论》，即亚里士多德
的逻辑学。最后就是一些残篇。罗列如下：

理论科学：《物理学》《论天》《论生成与消灭》《论动物的生
成》《论动物的部分》《论灵魂》《论感官》《论记忆》《论睡觉》《论
呼吸》《问题集》《形而上学》等。

实践科学：《尼各马可伦理学》《大伦理学》《优台谟伦理学》
《论善与恶》《政治学》《雅典政制》《经济学》《家政学》等。

创制科学：《修辞学》《诗学》。

《工具论》，包括《范畴篇》《解释篇》《前分析篇》《后分析篇》
《论题篇》《辩谬篇》六篇。

残篇。

以上这些著作，《范畴篇》《物理学》《形而上学》《政治学》
《尼各马可伦理学》《修辞学》《论灵魂》等是我们必须要读的。

经过了漫长的中世纪，由于抄书的人不同，各个本子便有些不
同。19世纪中期，德国学者 I. 贝克尔（Bekker）把亚里士多德所
有的古希腊文本都重新找来，组织了一大批人，逐句对照与修订，
并设置了页码，即贝克尔页码。该页码成为引用亚里士多德的标准
页码。所以大家在引用《形而上学》时请使用贝克尔页码，这是专
业的做法。如果你使用的译本没有贝克尔页码，那就说明这个译本
是不合格的。

接下来是讲他的研究项目。亚里士多德说了，上到天文，下到
蛇、蚂蚁之类，他都要研究。我可以先将这个略去，因为后面要
讲。这里只给你们列了几处，比如《气象学》第一卷第一章

338a20，《论动物的部分》645a 等。但人的精力毕竟有限，有时亚里士多德累了，就喜欢瞎说。怎么瞎说呢？比如他说男人的牙齿比女人的要多一颗，但实际上男女的牙齿是一样多的。亚里士多德只要让他的太太张开嘴，数一数不就知道了吗。但他不数，坚决不数，然后就毫不客气地写下男人比女人要多一颗牙齿。因此他也有类似打瞌睡的时候。大部分时候亚里士多德很谦虚，但有时候他也很傲气，比如在《工具论》的最后一段，他说你们都应该感谢我的发明，万一你们发现其中有错误的或者不合适的地方，不要吹毛求疵，而是要更多地想想我为你们所做的贡献。

（三）《形而上学》与亚里士多德的哲学整体

下面要讲讲关于亚里士多德著作的各种读法。因为亚里士多德自己没有说明他的书稿是什么时候写的，也没有交代他用了很多年写的书稿中的思想是不是一致的、完整的，那么我们就有一个困惑，即这些书稿是一个统一的思想体系，还是有着不同的发展过程呢。大致来讲，对此有着三种不同的立场，即"系统论"、"发展论"以及"疑难法"。

系统论：在整个中世纪，亚里士多德便被称为哲学家（the philosopher）。那时候讲哲学时，他的名字都是不用提的，只要说哲学家是怎么怎么说的，那么这个哲学家就是亚里士多德，别人都不算。他享用这个名字达五六百年之久，没有人敢与他抗争。可是中世纪有个问题，即亚里士多德整个思想被用来证明上帝或神的存在，托马斯·阿奎那（Thomas Aquinas）就是这么做的，他把亚里士多德的体系组织起来，最后的顶点就是上帝。如果对亚里士多德著作抱着一个实用的态度，那么它肯定就是一个系统。这个系统的中心点或者最高峰肯定就是上帝，这是整个基督教哲学的惯例或最终的目的。后来遗传下来，大量在天主教大学教授亚里士多德哲学的人，他们都是托马斯·阿奎那虔诚的信徒，如果你跟他们讲不同的读法，他们立马就跟你急。万一发现有矛盾的地方怎么办？他们就琢磨如何能将矛盾调和起来。很多研究亚里士多德的学者，就在做这样的事情。

发展论：19世纪末的时候，什么东西都讲发展，像黑格尔、达尔文等，我们学习马克思哲学都比较熟悉这种观点。该观点对每个领域，包括古希腊哲学研究都有影响。那时候，认为柏拉图或者亚里士多德或许也有一个发展过程，这是一种潮流。很多人就琢磨着把柏拉图与亚里士多德的著作排成早期、中期、晚期等阶段，他们在不同的时期有不同的思想。最早一版的《不列颠百科全书》关于亚里士多德的条目，托马斯·凯斯（Thomas Case）就说亚里士多德思想有一个发展过程。但它毕竟是百科全书的一个条目，文字很短。1923年，有个叫耶格尔（W. Jeager）的德国人，他写了一本书，就是《亚里士多德：他的基本发展历程》①，认为亚里士多德思想有一个发展过程。这本书引起了牛津出版社的重视，并将其译成了英文。耶格尔在书里说，亚里士多德一开始是柏拉图的学

---

① W. Jeager, *Aristotle*: *Fundamentals of the History of His Development*, R. Robinson, tr., Oxford: Oxford University Press, 1948; From Jaeger, *Aristotles*: *Grundlegung einer Geschichte seiner Entwicklung*, Berlin: Weidmann, 1923. ——文中注释均为整理者所注，以下不一一标注。

生，后来研究动植物，渐渐从一个柏拉图主义者变成了一个经验主义者。因此，所有亚里士多德的书，都应该按照这样一个发展过程去排列，如果你发现该书里很有柏拉图味道的话，那就是他早期作品，反之，如果有大量以经验科学为依据的话，便是他的晚期作品。这个发展论对《形而上学》有什么影响呢？耶格尔认为，《形而上学》中就有很确凿的证据说明亚里士多德的思想有一个发展过程。证据在哪里呢？在它的第一卷、第六卷、第九卷里，亚里士多德批评柏拉图时常说："我们认为"。言外之意，他就是柏拉图的一员。可是在第十三、十四卷批判柏拉图的时候他却说："他们认为"。口气完全不同了。言外之意，他不再是柏拉图队伍中的一个成员了，就从柏拉图的信徒转变为反柏拉图主义者了。耶格尔的这一著作影响了人们大概四五十年。在这么长的时间里，亚里士多德的研究领域再也没有别的声音了。每个人都仿效着耶格尔，把发展的思路伸展到他的各个领域。一直到 1965 年，另一个研究亚里士多德的大家，即欧文（G. E. L. Owen）认为，亚里士多德的思想肯定是有发展的，但是其发展的途径不是从柏拉图主义者到经验主义者，而是应该整个倒过来，即从经验主义者到柏拉图主义者，哪怕他一开始就是柏拉图的学生。为什么呢？欧文说，你看看那个《工具论》，尤其是《范畴篇》里面说，第一本体或第一实体，就是一个个个体。当亚里士多德说第一实体是个体的时候，他明显是对着柏拉图来的。因为在柏拉图那里，形式和理念是一个普遍概念，是最真实的。现在亚里士多德上来就说，根本不是这样的，普遍的东西是第二本体，个体才是第一实体或第一本体，而第一实体才是最根本、最实在的。这就是和他老师对着来了。如果大家都认为《工具论》是亚里士多德早期作品的话，就说明他早期是和柏拉图唱对台戏的。可是到了后期，比如在《形而上学》的第四卷，亚里士多德说有那么一门科学，是研究 being as being，其他科学都是从属于它的分支，这听起来很像柏拉图在《国家篇》即《理想国》第七卷里面所说的——有一个善是最终的学问，其他学问都是从这里派生出来的。欧文认为，亚里士多德在第四卷中认同了柏拉图的思想，即有一门普遍科学存在，其他科学都是从这里推导出来的，虽然二者不尽相同，但总的思路却是越来越接近的。我认为，欧文的理解也有道理。就像一个孩子，年轻时总是看自己父母不顺眼，老是觉得他们落后，可是等到他也五六十岁了，就会慢慢发现自己的父母还是很了不起的，他们所说的话还是对的。在一定程度上，亚里士多德也是这样。亚里士多德年轻的时候，火气很足，总是批判他老师。但是当他年纪大些，就觉得柏拉图所说的很多东西其实还是挺不错的，他又回去了。历史往往也是这样的。西方哲学最大的两条路线就是亚里士多德主义者和柏拉图主义者。你说他们到底谁对谁错啊？谁也说不清。三十年河东，三十年河西，争了两千多年，也争不出个什么结果来。这个问题本身说明了什么呢，你们可以想一想。

疑难法：很多现代分析哲学家认为，我们讲亚里士多德不要讲一个整体，最好当作亚里士多德还活着，我们还可以跟他讨论，跟他对话。哪个问题你感兴趣，你就去看看亚里士多德是否也感兴趣，你去跟他讨论就是了。至于他的整个系统是什么样的，毫无意义。你就是搞出来了，那也是两千多年以前的东西。你要专门去看亚里士多德的论点是什么，这些论点对今天的问题是否还照样管用。也就是说，我们要一个问题、一个问题地去研究，而不去找一个整体。

现在"发展论"的读法开始回归。很多人认为，亚里士多德的思想还是有发展的，只不过其发展的途径是各种各样的。现在讲究阶段性的发展，即它是从某一个发展阶段到另外一个阶段。你若是文章读多了，自己就可以品味出来。我自己有个倾向，即亚里士多德的思想终归是有一种发展的，你看他对某个问题的论述，在一本书里很简略，在另外一本书里又很丰富，但他的发展具有一种连贯性，并不是原来的观点不要了，而是对这个问题想得更清楚了，更深入了。但我们也没有必要非得固定到某一种方法中去。

还有一种分类：历史的读法和哲学的读法，相当于我们所说的是"六经注我"还是"我注六经"。很多人觉得，念哲学史或者哲学原著，就应该让它们为我们今天的哲学服务。我们今天思考哲学问题，一个最好的办法就是去看看那些经典对于这个问题有些什么看法，然后再想想我们可以增加些什么，改变些什么。所以，哲学史很重要，你必须学。不学的话，你都不知道文章从哪里开始写，就只能瞎扯。历史上每一个时代都有许多人在瞎扯，这些人马上就不见了，但总有些为数不多的人留下来了。什么道理啊？肯定他们还是说了点什么。你看我们中国学术史上，每朝每代都在注四书五经，可你仔细清点清点，只有几个本子可以流传下来，大多数被淘汰了。通常我们所讨论的问题在哲学史上已经被其他人讨论了几千年了，但是这些人的讨论，大家还非读不可。这就说明他们所讲的东西，肯定比你讲的管用。所以我们在研究经典的时候，不要动不动就说柏拉图错了、康德错了、斯宾诺莎错了，不可能是他们错了，肯定是我们错了，我们要先想着是我们没有理解他们。或许他们确实是错了，但我们先不要这么想。事实上，90％的可能是我们错了，不是他们错了。我们要抱着一种敬畏的心去读这些人的书，才能学得到东西。如果有这种态度，你就会觉得哲学史对于现在的哲学问题很重要，它们不但给我们积累了基本的修养，而且还为我们现在讨论的问题提供了一个出发点。它们已经咀嚼过了这些问题，并且有自己的论证，我们要想着，还有什么样的论证可以供我们使用。

另外一种方式是历史的方式，通常被称作"小学"的功夫。在解释古希腊哲学时，有一大帮人特别认为，最好不要让它和现代哲学有任何关联。这并不是说，我们要为做古代哲学而做古代哲学，而是涉及这样一个问题，即我们现在的思想，尤其是西方思想，都是受基督教影响的，而要在西方找到一个未受基督教影响的思想，那就是古希腊哲学。我们最好不要把现在的问题读进去，而是要老老实实地看这些人在问什么问题，为什么会问这个问题，他们是以什么方式在讲这个问题，他们探讨这个问题的目的在哪里，等等。也就是说，我们要还原他们原先做哲学的目的、任务以及性质。如果我们真能够搞清这些问题的话，说不定会发现新的一套哲学问题。而这套问题恰恰是我们今天所没有讨论的或者忽略的。因此，一个纯历史的东西，恰恰成了最好的哲学研究工具，因为你突然引

入了一种完全不同的思维，也就是他们本来的思维。相反，当你力
图将其与现在哲学相关联的时候，你已经不再感兴趣他们原来是怎
么想问题的，你只是想知道，他们的东西能不能解决我的问题。这
肯定是两种不同的做法。实际上，很多人对这两种方法也不是分得
那么清楚，而是两种都要。我们不能用一种方法完全地去否定另外
一种方法。

（四）《形而上学》研究的最新发展

我们再看关于《形而上学》研究最近的一些发展。我在 E-mail
里面给你们传了玛丽·露易丝·吉尔（Mary Louise Gill）的一篇
文章，即《亚里士多德形而上学的再思考》①，这是对最近五六十
年关于亚里士多德《形而上学》研究的一个综述。你们会看到一些
热点，其中一个是关于形式是普遍的还是特殊的讨论，这在《形而
上学》的中心卷，我不知道大家是否讨论过这个问题。比如我们
都说人是有灵魂的，那你的灵魂、他的灵魂是一个概念吗？灵魂
是总的，即我们都共享一个灵魂呢，还是每个人的灵魂都是完全
不同的，即是一个个体的东西？这个问题与现在的人格同一性
（personal identity）的讨论关系密切。我们怎么去确定两个东西是
同一个东西？拿什么去确定？你说拿本质来确定，那本质是普遍的
还是特殊的？是单个的还是一类的？要是一类东西的话，它就不能
作为同一性，因为同一性必须是单个的东西。那单个的东西又是什

---

① Mary Louise Gill，"Aristotle's Metaphysics Reconsidered"，*Journal of the History of Philosophy*，2005，43（3）.

么啊？再比如我们通常说，理性是人区分于其他动物的本质，这样我们就都是理性动物。可这一个理性动物与另一个理性动物如何区分啊，你总不能再用理性了吧。如果不是理性，那又是什么呢？《形而上学》第七、八卷讲的正是这个问题，这也是现在心智哲学所讨论的问题。亚里士多德的功能（ergon）与笛卡儿的思路完全不同。笛卡儿是二元论。亚里士多德认为，灵魂与肉体是分不开的，一个是形式，一个是质料，我们以后会讲到它们怎么联系到一起的。第二个热点就是生物哲学，最近非常盛行，亚里士多德成了一个让人非常激动的领域。亚里士多德有一整套的科学方法论。大家都知道，在近代牛顿、伽利略等科学理论的冲击下，亚里士多德是被嘲笑的、被否认的对象。现在大家才明白，整个近代史搞错了一个问题，即近代科学要么是以物理学、要么是以数学为范本的，但是亚里士多德与柏拉图不同，他的老爹是医生，他对数学并不特别感兴趣，他感兴趣的是生物学。在他看来，生物学才是科学的范本。科学发展到我们这个时候，由于基因等理论，使生物学突然变得比物理学更重要。我们立马觉得，其实亚里士多德说的都是对的，只不过我们总是用物理学系统来套他那个系统，那他当然就错了。以前亚里士多德的目的论臭不可闻，现在大家明白了目的论并没有什么错，所谓 DNA，说了半天，不就是亚里士多德目的论中的那个形式因嘛。还有一个热点，就是大家所熟悉的德性伦理学，亚里士多德的《尼各马可伦理学》就是德性伦理学的典范，现在也没有超过它的。再就是他的政治学，现在大家感到民主、个人主义的缺陷越来越明显，而亚里士多德的整体主义、社群主义可以成为另外一个类型的代表。总之，亚里士多德这里有着许许多多可以挖掘与发展的资源。

二、形而上学的性质

接下来我们讲第一卷的第一章到第二章，即形而上学的性质，这个问题很重要。我们都学过很多马克思与列宁的哲学，他们对形而上学都不感兴趣。马克思本人受实证主义影响，是反形而上学的。可奇怪的是，恩格斯那里也有一种形而上学，但它是一种方法论，即辩证法的对立面，讲究的是静止不变。那时辩证法很好，而用形而上学方式来谈问题，就是一个贬义词。抛开马克思主义不说，西方的形而上学从来不缺少攻击者。你们要是读休谟的哲学的话，休谟也是反对形而上学的。20 世纪的逻辑实证主义，把形而上学说得一钱不值。有意思的是，现在人们对逻辑实证主义又不感兴趣了，认为它只是一时的东西，而形而上学从来都是哲学的主干，你要是把它给灭了，那哲学最重要的东西也就没有了啊。或许是我们对形而上学的理解错了，而不是形而上学本身错了。因此，形而上学究竟有没有价值，需不需要做，亚里士多德本人的观点，就变得尤为重要。

（一）《形而上学》的第一句话

《形而上学》的第一句话："人出于本性而欲求知。"（《形而上学》980a22）英语表述为：All men by nature desire to know。这个大家都熟悉。但是这句话有很多的问题。

第一个是政治问题。亚里士多德说的是 all men，那女人怎么办？

第二是"出于本性"，什么是本性呢？

第三个是"欲求"，什么是"欲求"呢？

第四个是"知"，什么是"知"呢？这些都要仔细琢磨。

对于第一个问题，或许改变个说法就行了，现在英文译作 all human beings or people。就是说，男女都需要求知，或许女的更需要求知。

那什么叫作"出于本性"，亚里士多德所说的"本性"是什么意思呢？亚里士多德有个定义，本性就是一个事物自身内部动静的基本原因或基本原则。所谓自然物，就是自身能够生长的事物。一张桌子不是自然物，因为它不可以动。而人与植物就是自然物，人可以动，可以跑，可以想，植物可以长，可以死掉。所以说，一个内部有运动和静止源泉的事物就是自然物，而没有的就是人造物或者艺术品。连接起来，其意思就是，我们所有人都有一种内在的驱动力，驱动着我们去欲求那个知。

什么是"欲求"？在我们通常的概念中，"欲"是一件坏事。朱熹要人们"存天理而灭人欲"。但《形而上学》的开头就明明白白地说"欲求知"。这肯定是一种好的欲求。可见，不是所有的"欲"都是坏的。有的"欲"不仅要保存起来，还要发扬光大，而且发扬得越光大越好。所以，"欲"肯定是有不同的种类的。可你们也会说，这话也不对啊，现实中很多人就根本没有这种"欲"。相反，他们认为学哲学很苦。比如，人们会非常欲求去买一辆好车，非常欲求去看一场好球赛，却很少有人欲求知。当然，现在坐在教室的你们是除外的。可你们也只是一小簇啊，绝对多数人不是这样的。你们说这句话是不是有问题？

实际上，亚里士多德把"欲"分为三类：其一，appetite，这类"欲"指的是"食色，性也"，这类"欲"常常比较麻烦。其二，passion（thumos），即激情，字面意思为性情冲动。其三，wish，表示对善之事物的欲求。"欲求知"是真理方面的"欲"，是指在理性上人们有一种希翼、希求或希望。可希望是什么？希望是一种理性吗？其实不是。希望不同于慎思（deliberation）。比如你希望自己走出这个教室就可以飞起来，虽然你做不到，但你可以希翼，可以希求，却不能慎思。所以，我们人有各种各样的"欲"，有很多坏的"欲"，也有不少好的"欲"。我们儒学里的孟子说人性是善的，荀子说人性是恶的，其实他们是注意到了人的欲望的多样性。

第四个是"知"。这好像没什么可讲的。其实不是。亚里士多德用了一个不定式，即 to know。"know"本身在希腊文是一个完成式（perfect tense），但与英文的完成式不同，它更多的是指一种状态（state）。"to know"是过去完成式的不定式，表示还在进行的、没有完成的动作。为什么亚里士多德要用不定式而不是一般性的动词呢？因为这个不定式可以表示一种状态。当亚里士多德说"人出于本性而欲求知"的时候，他并没有说"知"什么（着重号为整理者所加）。实际上，他所说的"知"并不是要"知"什么，而是一种"知"的状态。用海德格尔的话讲，就是一种澄明状态。比如，你突然觉得自己很懂、很明白了。当你说自己是个明白人时，通常是指你明白事物的某些方面。可当你说自己理解这个世界，理解基本的哲学道理的时候，实际上就是这么一种澄明状态。所以，所有的人出于本性都欲求一个清楚、明白、澄明的状态，亚里士多德说的是这样一个意思。为什么会这样呢，我以后还要讲。我们为什么会有这样一种"欲"呢？亚里士多德说他没有办法给你证明，只能给你举个感官上的例子，就是我们可以从感官中获取快乐（980a22）。我们有感官，有感觉，那么五官里面我们最喜欢什么呢？答案是眼睛。如果在耳聋或者眼瞎二者之间必须选其一的话，你会选择哪一个？我们宁愿选耳朵聋了，而不是眼睛瞎了。为什么更喜欢眼睛？不光是眼睛有用处，而且因为有了眼睛，我们就处在一个光明的世界里。所以亚里士多德马上说，就算不用眼睛做任何事情，我们也喜欢有眼睛，因为它让我们明白各种事物的区分，让我们处在很清楚、很明白的状态。如果感官世界是这样的，那么理智世界是不是这样的呢？我们出自内心都希望自己是明明白白的人。明明白白的对立面，就是无知的状态。你是希望自己是无知还是明明白白的呢？我们之所以去做形而上学，其最终原因就在于我们有一种内在的、根深蒂固的欲求，这种欲求驱使着我们要活得明白，而不是在黑暗之中。这就是亚里士多德自己做哲学的理由。

因此，对于出于本性人到底要知道什么，亚里士多德一开始并不吭气。他先要讲一种澄明状态。那么我们在澄明状态之前是一种什么状态呢？亚里士多德说，这要先看看人们有多少种认知能力。而澄明状态肯定是相对于其他状态而言的。

（二）几种认知能力

接着他讲了人的一系列的认知能力：第一种认知能力是感觉。所有的动物都有感觉。下一步是记忆。并不是所有的动物都有记忆，只有少数动物有记忆。亚里士多德说，有记忆力的动物要比没有记忆力的聪明。猪有没有记忆力？这个不确定。但狗肯定有，狗显然比猪要记得好，所以肯定比猪要聪明，你们说是不是这样的？有了记忆之后，记忆不断地被重复，就产生了新的一种认识世界的状态，即经验。而经验不断地被重复，就会产生一个普遍性的判断。你今天经验这个，明天经验那个，通过归纳，普遍性的判断力就形成了，这就叫作科学（science）。通常情况下，科学与知识（knowledge）在希腊文里是一个词，与这个词相关的一门学问就是认识论。形而上学和认识论是哲学的两大主干。

亚里士多德在这里并没有把科学与艺术（art）相区分，而主要是将经验、记忆与科学相区分。为什么要区分呢？知觉是动物都有的，记忆也是动物都有的，经验是有些动物有的，但科学或者艺术除人之外其他动物就没有了。亚里士多德说，有的人可以一辈子没有任何科学知识，光凭经验也可以活得很好。不光活得很好，有时有经验比有知识还管用，所以亚里士多德说，很多有经验的医生可以治好病，而医学院出来的人说不定还治不好。但亚里士多德认为，知识依然比经验要高得多，因为它是一种更高层次的知识状态。为什么呢，有两个原因：第一，有经验的人只知道事实，不知道原因。经验只是告诉你这个事情应该怎么做，却不能告诉你为什么要这么做。而科学能提供一种解释，提供一种理解，说明事物为什么是这样的。第二，有经验的人常常教不了别人，而有科学、有技艺的人可以教别人。这事情很简单，如果你自己都搞不清原因的话，你就只能让别人照着你做，而能够知道原因的人，则可以解释事情为什么这样。解释事情的原因是教学最主要的功能。教学不是告诉你内容，而是要解释事情之所以这么发生的理由。因此，科学是高于经验的。亚里士多德说，虽然有经验的人可以更实用，但有知识的人更具有智慧。总之，亚里士多德认为，每个人都出于本性而欲求知，知是一种状态。存在着知觉、记忆、经验、科学等多种"知"的状态，每一步都向更有智慧的层面提高一步。

接下来，亚里士多德说在艺术与科学里面也有不同的类型：有的只是为了生存所需要的，比如农业、工业；有的只是让人类活得更快乐，并不是人类生存所必需的，比如计算机等，人类没有计算机也可以生存，而且人们在计算机方面的快乐会随着时间的持久而减退，过后会觉得空虚得很；这些满足之后，又会产生另一种类型的知识，即为了求知而求知，为了理解本身而求知，没有别的目的。这类知识既没有任何实用效果，也不能给你带来一种享乐（enjoyment）或者欢愉（amusement），这种知识只能在有闲阶层中产生。

这些是《形而上学》第一卷第一章最基本的一些内容。在该章结尾的时候，亚里士多德总结说有三类不同的科学，而最高一类的科学既不是为了生存，也不是为了快乐，只是为了知而知的学问，为有闲阶层所产生的学问。他还指出，这类学问是要知道事物的第一原因或者第一原则的。

> 我们在《伦理学》里面已经讲了艺术与科学以及其他能力之间的差别。而现在我们讨论它的理由是，大家几乎都认为这个智慧是要研究事物的第一原因或者第一原则的。因此，如前所言，有经验的人被看作比只拥有某些感觉的人更有智慧，技艺家比有经验的人更有智慧，匠师比技工更有智慧，而理论性的知识比生产性的知识更具有智慧的本性。这样，很明显智慧就是关于某些原理与原因的知识。（《形而上学》981b25－982a2）

（三）形而上学的特征

亚里士多德接下来要具体说明什么是最普遍、最抽象的哲学问题。亚里士多德说，"知"一开始是要寻求智慧，并且还是最高层次的智慧，所以他要一层一层地将智慧的程度往上提升。我们知道，哲学在古希腊文中就是 philosophy，即爱智慧，而不是智慧（sophy）。爱智慧就说明人还没有智慧，为什么呢，柏拉图说智慧只有神（God）才具有，而我们人类太有限，我们具有的那些点滴东西不能叫作智慧，我们只能像爱神那样去爱智慧。这涉及人与神之间的界限。但亚里士多德好像不太在乎，而是直接将形而上学的对象说成是智慧（wisdom），还说神是不会怪他的。他公开地与神挑战。

智慧肯定是人们能够欲求知的最好的状态。可是那个状态又是什么啊，他总得说清楚啊，所以在第二章，他接着讲智慧是什么。怎么才能让人明白最高的智慧是什么呢，假如现在给你一个论文题目——"论什么是最高智慧"，你怎么写？我们可以看看亚里士多德自己论说的途径。他要我们先看看在我们社区里面那些所谓的"牛人"、智者都有什么特征。

> 既然我们在寻求这种知识，我们就必须追问什么种类的原因和原则的知识是智慧。如果人们接受我们对智者的看法，也许会使得答案更加明显。我们首先假定的是，智者知道很多很多的事情，甚至是所有的东西，虽然不可能很具体。其次，他能知道那些很困难的事情，而一般人则不容易明白（感知觉是所有人所共有的，因而是容易的，不是智慧的标志）。另外，在每门知识中，他知道得更为精确，并且能够教别人原因。那种因为其自身以及为了知道它而被寻求的科学，比那种为了其结果而被寻求的科学，更具有智慧的本性。高级科学比辅助性的科学更具有智慧的本性。因为智者肯定是命令别人而不是接受命令的，他不应该服从别人，较少智慧者必须服从他。（《形而上学》982a4-19）

亚里士多德总结了智者具有以下六个特征。

第一，知道很多很多的事情，甚至是所有的东西，虽然不可能很具体。

第二，知道那些很困难的事情。

第三、第四，他知道的更精确，并且能够教别人原因。

第五，为了知识自身而去寻求的。如果一个人更多地知道这样的知识，这个人就是一个有智慧的人。这种知识不是为了使用，而只是为了求知本身。

第六，这种智慧肯定是命令别人，而不是接受命令的，是最权威的一种科学。

根据以上，亚里士多德马上得出我们所要寻求的那个智慧是干什么的。

> 那么我们就有了这么多的有关智慧以及有智者的概念。在这些特征中，知道所有的事物属于那个拥有最高程度的普遍知识的人。因为在某种意义上，他知道所有的从属对象。而这些事情是最普遍的，总体来说也是最困难的，因为它们离我们的感觉最远。最严格的科学研究的是第一原则。因为包含着较少原则的科学比包含着更多附加原则的科学更精确，例如算术就比几何更精确。研究原因的科学比其他科学更能够教导别人。……知道每一事物都应当达到的目的的科学最具有权威性，……一般来说，就是整个自然的最高的善。……它一定是一门研究第一原理、第一原因的科学。（《形而上学》982a20－b10）

在亚里士多德看来，形而上学同样具有六个特征：

第一，它是研究普遍的问题。

第二，研究最抽象、最困难的问题。

第三、第四，研究最精确、第一原则的科学。它用最少的原则就可以解释整个世界。

第五，最能够教别人的科学。因为形而上学所研究的是第一原因、最根本的原因，所以最能够把世界上的事情说清楚。

第六，是最具有权威的科学。因为所有的学科都是为了别的东西而被追求，只有形而上学才是为了自身而被研究。它研究的是最终的目的，所有东西都向着这个最终方向而发展。

因此，通过考察平常人对有智慧之人的观念，亚里士多德轻轻松松地就得出形而上学的六个特征。所以，我们要慢慢地读这些章节，不仅要了解亚里士多德的观点，而且要看他是如何解决一个一个难题的。

（四）惊奇与哲学

到当前为止，亚里士多德都在讲"知"的各种状态，最高的状态就是智慧，而智慧具有六个特征。接下来他要讲我们为什么出于本性而欲求知。

> 正是由于惊奇，人们从现在开始、从最初开始他们的哲学思考。起初人们对一些明显的困难感到惊奇，然后逐渐地去陈述一些较大问题的困难。（《形而上学》982b13-b16）

亚里士多德说，我们每个人对自然界或很多事情都有一种惊奇，想要去知道它。我们真的出于本性而欲求知吗？我们为什么要去研究最普遍、最抽象的第一原则？这是因为，在我们人性里，自然就有一种困惑，有一种惊奇，希望对事物发生的原因有一种解释。而惊奇也是有等级的。一开始我们会对身边的事情感到惊奇，逐渐地就会对宏大的事情感到惊奇。比如，我们一开始会很奇怪电话为什么会说话，是不是有人藏在里面啊？这些都是小事情。但是随着年龄的增长，一般是十四五岁的时候，我们就开始想人死了会去哪儿？是一切都结束了还是以另一种方式继续存在？这是人自身的问题，是关于灵魂是否不朽的问题，也是人类古老的哲学问题。亚里士多德说只有出于惊奇，人们才能开始研究哲学。并且，只要人性中有这种惊奇，哲学就会生存下去。

> 一个人在感到困惑与惊奇时，认为自己是无知的。既然人们是为了逃避无知而进行哲学思考的，显然他们追求科学是为了求知，而不是为了任何功利的目的。（《形而上学》982b17-b21）

亚里士多德说，有惊奇感的人会有这样一种自我感觉：我无知。比如，你会问，世界为什么只有一个？为什么太阳早晨要升起来、晚上要落下去？当你感到不解时，你就要去想一想。很多人想一阵子，想不出来就算了。有人会继续想下去。当人们想不通了，就造出个上帝来。那上帝是个什么样子？这又是人们惊奇的一个目标。比如我就经常惊奇上帝是否存在，上帝具有什么样的特征，等等。没有人喜欢无知状态。我们要逃离无知，追求一个澄明状态、启蒙状态，这是学习哲学的一个根本点。而研究形而上学就是为了知道，不是为了别的功用性的目的。

> 事实也证明了这一点：只有当生活的必需品以及提供舒适和娱乐的东西几乎都有了的时候，人们才开始寻求这种知识。显然，我们追求它不是为了任何其他利益。因为人是自由的，人的存在是为了自己而不是他人，所以我们把它作为唯一的自

由科学来追求，因为它只是为自身的缘故而存在。(《形而上学》982b22—b28)

这里是说，这种知识产生于生存的知识、娱乐的知识之后。只有哲学才是自由的科学。这种自由不是政治的自由，而是作为人的自由。我们做其他的事情都有着某个功用目的，但只有哲学才允许我们自由地去遨游、去想。所以，古希腊人做哲学没有任何功利目的，而是为了自由。也只有在没有任何功利目的的时候，哲学才能做得这么纯，这么好。现在我们做哲学，本身也是为了功利，那就与惊奇、与哲学的本质一点关系没有。

但是神是不会嫉妒的，也不应该认为任何其他科学比这门科学更加高贵。因为最神圣的科学也是最高贵的，而只有这门科学在两方面是最神圣的。因为最符合神具有的科学是神圣的，而任何研究神圣对象的科学也是如此；只有这门科学具有这两种特性；因为神被认为是万物的原因之一，是第一原则，而这样的科学要么只有神具有，要么神所具有的远在其他人之上。(《形而上学》983a3—10)

亚里士多德说，通过研究这门学科，才使得人与神连接得最近，因为它是神才配有的，神是这个世界最根本的原因。但他还说，你放心，研究这门神圣的学科，神是不会嫉妒你的。这是亚里士多德的自信。

诚然，所有其他的科学都比这门科学更加必要，但没有一种比这更好。(《形而上学》983a10—11)

最后他说，所有其他的学问都比哲学更加必要，但没有一门学问比哲学更为高贵。因为哲学没有外在的目的，纯粹是为了去除我的无知，就是屈从我要去寻求知识的那种欲，就是为了发挥人能够自由思想的特征。

以上是《形而上学》第一卷第一、二章这两章的内容，我已经把很多要点在讲课提纲上给你们列出来了，回去以后你们要仔细品味品味。

第一卷的后面八章是希腊哲学史。我们今天的希腊哲学史教科书，绝大部分就是从这里抄的。没有这个部分，希腊哲学史就没法写了。

三、形而上学的方法

（一）哲学是一项集体研究的活动

这里我们要跑到《形而上学》的第三卷。说清楚了做哲学的动机、目的、对象，亚里士多德现在要具体说明寻求事物的第一原因或原则要从哪里着手。比如说你们大家都是哲学家，你在写一篇哲学文章的时候，你怎么知道你说的东西就是比别人说得好呢？你怎么知道你产生出的产品就是有价值的？你有什么凭据？可惜的是，我们这些做哲学研究的往往并不反思自己在干什么。亚里士多德就是要让你首先搞清楚哲学应该怎么做。我们从第三卷第一章的第一段开始。

> 对于我们正在寻求的科学，我们必须首先考虑最先要讨论的问题。(《形而上学》995a24-25)

亚里士多德在前面把自己所寻求的学问叫作智慧。但他没有说形而上学是干什么的，只是很抽象地将它作为对第一原则、第一原因的研究。这里他说它是一门我们正在寻求的科学，而在寻求的过程中我们可以确定它的对象，或者让形而上学自己去解决这个主题。

> 这些包括某些人关于第一原理的其他观点，以及在此之外可能被忽略的问题。(《形而上学》995a25-26)

这里他说，首先要做的是把别人的意见拿来考虑考虑，看看别人说过了什么问题，忽略了什么问题啊，这是一开始要做的一个点。

> 对于那些希望摆脱困难的人来说，把困难表述清楚是有好处的；因为随后的思想的自由运用意味着对先前困难的解决。若是不知道这些，便不能打开一个结。我们思想中的困难指向一个在对象中的结。因为当我们的思想陷入困境，就好比一个人被捆绑住了。任何一种情形都令人难以前行。因此，我们应当事先调查好所有的困难。这既是为了我们已经说过的原因，也是由于做研究的人如果事先不能表述所有的困难，就像那些不知道自己该往哪里去的人一样；还有，他甚至不知道自己是否已经找到了正在寻找的东西；因为这个目的对于这样的人来说是不清楚的，而对于那些事先讨论过困难的人却是清楚的。

进而，如果他已经听过所有竞争性的论辩（就像他们是论辩中的一方一样），那么他就必定在论辩中处于一个较好的位置。（《形而上学》995a26－995b4）

这里他解释了为什么要这么做。他认为有三大好处：

第一，能够知道自己所要解决的根本问题是什么。他将形而上学中的困难比喻成需要打开的"结"。而要打开这个"结"，要先知道这个"结"在哪里。你怎么知道这个"结"在哪里呢？那就要去看看别人在干什么、在吵什么。吵得最激烈的地方就是那个"结"之所在。找到这个"结"，你才有可能解开这个"结"。如果讲了半天，你连别人在讨论什么都不知道，那不就是瞎扯吗。

第二，能够知道自己要达到的方向。做哲学你要知道历史，知道自己应该往哪个方向走啊。你要知道别人在吵些什么，才能知道方向。你说你才不管大家正在吵什么呢，非要自己走。或许你很了不起，可以另辟蹊径，但你得要那些吵架的人理你才行啊。如果人家说你的研究与他一点关系都没有，他吵的那些东西人类已经惊奇或困惑了两千多年了，还一直没有得以解决，这些东西才是人类始终要解决的问题。并且，做哲学是为了一门学问，那你到底要把这门学问带到一个什么样的终点，你的目的在哪儿，你总要明白。现在大家都在推那块石头，你不能说，你们推的那块石头我不推，我自己去捡一块。那不算的。因为你出这个领域了。亚里士多德他是一个老师啊，所以非常强调背景训练的重要性。

第三，有助于你对各种观点做出评判。这就跟法庭审判似的，法官要两边的观点都听一听，才能做出判断。你在研究每个问题之前，都要把别人的观点搞搞清楚，才可能有自己的判断。你要知道，学问不是从你开始的，已经开始两千年了，你首先要有这种态度。

总之，把别人的问题搞清楚，可以有以上三大好处。只有这样，你才能够进步。

亚里士多德在第三卷提出了 14 或 15 个形而上学所要研究的基本问题。在第三卷的第二章至第六章，他一直在解释这些问题。我在提纲上把这些问题分成两类：一类是关于形而上学的范围的基本问题，另一类是关于形而上学所要研究的实质性的问题。它们是：

第一，它需要一门科学去研究所有的原因，还是需要多门科学来完成？

第二，它要研究本体的第一原则，是否还要去研究逻辑原则？也就是说，逻辑学应不应该作为形而上学的一个分支？

第三，它是要研究所有的本体还是某些特殊类别的本体？

第四，它是否还研究属性？

第五，除了可感的实体之外，有没有不可感的实体？如果有的话，它们是否有多个种类？

第六，类与部分，哪一个才是事物的第一原则？

第七，如果类是事物的第一原则，那最能说明事物本性的是最普遍的类还是最底层的类？

第八，如果类不存在的话，除了个体，还有没有其他东西存在？这就是普遍与特殊的问题。

第九，第一原则，不论是形式的还是质料的，在数目上还是类上是有限的？

第十，可毁灭与不可毁灭的事物的第一原则是相同的吗？

第十一，"一"或存在是本体，还是属性？

第十二，数学是真正的实体吗？

第十三，柏拉图的形式是脱离中间物而存在的吗？

第十四，第一原则是以潜在的方式还是以现实的方式存在？

第十五，第一原则是普遍的还是特殊的？

这些关于本体与属性、形式与质料、潜能与现实、普遍与特殊等一系列关系，都是形而上学的根本性的问题。亚里士多德的《形而上学》无非就是要解决这些问题。

（二）形而上学对听众的要求

现在我要回到第二卷去。第二卷只有三章，但包含着几个非常重要的点。

在第一章里，亚里士多德讲，寻求真理要尊重所有人，要看看别人的研究。亚里士多德认为，每个人都对寻求真理有点贡献。他这个态度比我们要好。

> 对真理的研究，一方面很容易，另一方面又很难。事实表明，没有一个单个的人能够很合适地将真理把握住。然而也没有一个人完全是失败的，每个人都能对事物的本质说出某些真相。从单个的人来看，其贡献是很小的或者没有。可是，如果把几代人都集中在一起，那贡献就很可观了。（《形而上学》993a30—993b4）

在亚里士多德看来，哲学就是一个集体研究的事业，不是某个人就能完成的。他还说，有些人的观点是错的，但对于他们，我们也要表示感谢。因为他们的错误可以激发我们，从而去寻找准确的回答。但我认为，这个观点对于我们现在的人有一些麻烦。因为古希腊人做哲学都很严肃，他们纯粹是为了追求真理，为了解决心中的疑难。但现代人做学问，主要是混学位、评职称，文章发表泛滥，哪有那么多真理要产生啊，这是一个不幸。

第三章是很不起眼的一章，但在这里亚里士多德讲了一个很绝的观点，也就是讲课能够产生什么样的效果，取决于听课人的习性。我们知道，亚里士多德在伦理学中提到，伦理学只能对那些心灵已经有了羞耻感的人才能起到作用，而对于那些没有羞耻感的人，他们只服从暴力与惩罚，你跟他们讲伦理学是没有用的。对于形而上学的听众，他也是这么说的。

> 讲课能够产生的效果取决于听众的习惯。我们习惯我们熟悉的语言，一旦这个语言让我们不熟悉，我们马上认为它是不能理解的。习惯化的东西总是更让人懂……有些人评判形而上学不像数学那样精确不行，有些人说不举例不行，有些人说没有诗的语言不行。有些人说做哲学应该很精确，有些人却对做得精确很恼火，这要么是因为他们认为思想之间的联系很难，要么是认为精确是很无聊的。有些人觉得，哲学文章做得非常精确的话就变成平庸。因此，我们在做哲学的时候应该明白什么样的论证、什么方式的哲学争论是可以接受的。将寻求知识和寻求知识的方法同时混在一起是很荒唐的。要在每个领域都

去寻求数学知识那样的精确是不可能的，我们也不要去寻求。
（994b33—995a14）

但是他没有明确说我们应该如何对待他的形而上学，我们是要求他讲得精确些还是粗略些呢？他那个时候似乎已经预见到了后来分析哲学与大陆哲学之间的冲突，所以他先给你说清楚，你们在听形而上学的时候，要先问问自己是否习惯这种做学问或论证的方法。

我们的讲课提纲上其实还有其他的一些内容，但是因为我只有十二讲，所以很多地方只能略过。

第二讲　范畴与 being

　　上一次课讲得很多，实际上它们应该是两讲内容，我将它们合并在一起了。因为如果不这样的话，后面的内容就讲不完了。这一讲我尽可能地讲得慢些。我觉得你们都应该读书。你们手中有书，我也有书，我们一句一句地往下念。遇到困惑时，你们可以问我。有些我能知道，有些我也不知道，但起码我们可以对话、交流与讨论。如果光听不读，你们的思路很容易不在课堂中。我已经给你们发了教学大纲，你们要是在课下下点功夫，应该可以跟得上。今天我想这样展开教学，当讲到某一论点时，我会让你们对照着文本读。大家手中的书可能是不同的版本，翻译也不相同。从不同的翻译中，我们或许可以体会到不同的点。

一、什么是 being

（一）为什么 being 最让人困惑

前面我们主要讲了亚里士多德对于形而上学的性质、一般方法以及如何看待这一学科等等问题的讨论。亚里士多德认为，哲学是从惊奇或困惑开始的，其目的是要让人从无知的状态中解脱出来。如果大家本着这种精神来做哲学，哲学就会很有意思。他认为，随着人们的困惑越来越深，最后形而上学的问题，即什么是 being 的问题就出来了。

让我们翻到《形而上学》第七卷第一章的最后一段。

> 什么是 being，过去是，现在仍是，始终被提出而又始终令人困惑的问题。什么是 being 的问题，就是什么是 substance 的问题。（《形而上学》1028b3）①

亚里士多德认为，什么是 being 是一个最让人困惑的问题。而这个问题马上就变成了另一个问题，即什么是实体或本体的问题。为什么跑出来一个《形而上学》就是研究 being 的问题？为什么会跑出来一个本体论？对于这个问题，我们中国人要问个半天。可是

---

① 余先生主张，如果非要将 being 翻译成中文，其更为恰当的翻译应为"是"，而 substance 应为"本是"。但在讲课中，余先生一般不对 being 做出翻译，有时也会照顾学生们的习惯，将 being 译作"存在"，将 substance 译作"本体"或"实体"。

你看整个西方哲学，从古希腊到现在，大家都在讲 being，有那么多关于 being 的书，比如《存在与虚无》《存在与时间》等。在座的有很多都是研究海德格尔的大专家，你们肯定知道海德格尔在他的《存在与时间》的扉页上引用了柏拉图《智者篇》中的一段话，其大体意思是：我们以前对存在（being）这个问题好像很了解，现在突然觉得很困惑，一点都不懂了。然后他说，人们现在对于这个问题依然不了解。而他的志向很大，希望用《存在与时间》来了结这个问题。可历史上有多少人说自己可以了结这个问题却又被后人否定。因此，亚里士多德说这个问题过去是、现在是、总是会被提出来的、始终都是人们所困惑的对象，是很有道理的。

如果你们有李真与吴寿彭的译本，将它们对照一下就能发现，李真将 being 译作"存在"，吴寿彭译作"实是"。我们立马就有这样一个困惑：being 到底应该译作什么？关于这个问题已经争吵了好多年了。我这里要讲一下中文翻译的问题。大家知道，明末清初，中国出现了一批对西方经典著作的译著，比如李之藻的《名理探》、徐光启的《几何原本》等等。到了清朝的 1870—1880 年，翻译已蔚然成风，比如严复就翻译了著名的《天演论》等等。但严格说来，对西方哲学著作的翻译大都是在 20 世纪 30—40 年代，像陈康先生、贺麟先生等等。陈康先生说，我们没有办法翻译 to be（being）。如果非要翻译，应该将其翻译为"是"而不是"存在"。他解释说，翻译为"是"虽然中文说起来很别扭，但比较好明白，而翻译为"存在"，虽然文法上不会有问题，但人们却很难明白。他主张在翻译西方经典时，凡遇着文辞和义理不能兼顾的时候，宁以义害辞，毋以辞害义。前者虽然会造成文法上的别扭，但一旦人们习惯了，说不定会发展出一种新的思维方式。若是以辞害义，就始终进步不了。你看，陈先生很有当年玄奘翻译佛经的精神，他就用这种精神翻译了柏拉图的《巴曼尼德斯篇》。很多人认为陈康先生翻译的《巴曼尼德斯篇》很不好懂，其实《巴曼尼德斯篇》本来就不好懂。但是，陈康先生用了很大的功夫去注释《巴曼尼德斯篇》，以此来阐发他对柏拉图哲学的中心问题及柏拉图前后期思想发展的心得体会，这是很了不起的。稍后我还会讲到关于 to be 的中文翻译问题。

现在我们先回到什么是 being 这一问题。按照亚里士多德的说法，什么是 being 是最让人困惑的问题，所以就有了 ontology 这一说法。因为希腊文的 being 叫作 *on*，是 to be 的现在时中性单数分词形式，而 be 的词根就是 onto，后面的 logy 表示一种理论，加在一起，ontology 就是一种关于 to be 学说或学问。也就是说，形而上学一定是要研究 being 的。亚里士多德最后把形而上学定义为：它是一种研究 being as being 的学问。

为什么什么是 being 会变成一个最让人困惑的问题呢？大家可以想想平时我们说话的方式。比如，我们说"这个小女孩是漂亮的"，"西红柿是红的"，"这个小孩是很聪明的"，"墙是白的"，"水是烫的"，等等，这些句子里都有一个"是"（is）。这是巴门尼德第一个琢磨出来的。他说，当我们想问题的时候，总不能想一个虚无的东西吧，肯定是要有个对象吧。我们每次想的时候，就是要想着有那么一个东西，它就是这个样子。那用什么来表达它是这个样子呢？就用 is。句子的主语可以变，谓项也可以变，只有一个东西，即 is 不会变。比如，西红柿会烂掉，漂亮的女孩会变成老太太，但那个 is 始终在那里，它始终不变。只有不变的东西才是最真实的。因此，如果我们想用思想去把握世界上最稳定的、确实是这样的东西的话，那就要用"是"来表示。所以，巴门尼德才说 to be and to think，即思维与存在是同一。巴门尼德的意思就是：是这个东西和我们想的东西实际上是一样的。你想的只能是"是这个东西"。如果世上没有"是这个东西"，思想就不知道在何处了。"在何处"就要用 be 来表示。也就是说，to be 是和西方文献中的系词联系在一起的。

（二）being 的中文翻译问题

西方所有的文字，从希腊文、拉丁文到英文，都有分词与不定式的形式，这个大家都知道。但我们中文有个致命的问题，就是它既没有分词，也没有不定式。但中文也有"是"这个字。"是"是从什么时候成为系词的呢？至少不是在先秦时期。我们读先秦经典，就能发现，孔老夫子、老子他们都不知道"是"可以作为系词使用，先秦经典里面没有系词。那个时候，人们说话不需要系词。"是"就是"对"的意思，"非"就是"不对"。你们想想"是"的字形结构，上面是一个太阳，下面是一个人在走。你们要是读王力先生的作品——《中国文法学初探》，他就会告诉你们，"是"就是在日头底下，一个人站着很正，那就是直的、对的意思。只有中午的时候，才能做到这样。王力先生还说，"是"作为系词是在魏晋时期，在翻译佛教经典的时候，逐渐用到了系词里面，中文里才开始有"这个西红柿是红的"这样的表述。你们看，中文里原先没有系词，也没有不定式与分词形式。

至于"存"与"在"这两个字，在老子、庄子那里都有，但是没有"存在"。到底是谁第一个用"存在"来翻译 being 的，我还不知道。第一个选这个词的人肯定是误解了它的意思。陈康认为，西文 to be 并没有"存在"的意思，翻译为"存在"会让人莫名其妙。还有将其翻译成"有"的。这是受黑格尔哲学的影响，"有"是德文的 sein。贺麟、杨一之等老先生对此要负很大责任，但他们始终不肯改过来。

总之，to be 在中文中有三种主要译法：存在、是、有。我觉得非常具有讽刺意味的是，亚里士多德说他最困惑的是——什么是 being。而我们中国人理解西方哲学最大的困惑却是怎么翻译 being、怎么理解 to be。什么是 being，在西方人那里，很好理解。他们马上就会想到，它就是那个最实在、最根本、最恒久的东西。他们认为，世界上肯定有个最实在、最根本的东西。但那个东西是什么，如何去发现它，则是要探讨的。而我们一开始就被"存在"这个翻译误导，不知如何去理解它。

我个人倾向于将 to be 翻译为"是"。但"是"这种翻译，本身也很麻烦。在分析哲学家的代表罗素、维特根斯坦那里，to be 有三种含义：第一，等同，即主谓等同。比如，北京是中国的首都。第二，系词，也就是谓项。第三，存在，即 existential，我们称之存在的意义。比如，there is a tiger，它马上就成了 tiger exists。这是分析哲学最基本的哲学原理。维特根斯坦认为，西方哲学上的很多困惑就在于混同了这些含义。在相当一段时间里，很多研究古希腊哲学的人都受这个说法影响。如果你读基尔克（G. S. Kirk）等合著的《前苏格拉底哲学家：原文精选的批评史》①中的《巴门尼德篇》这一章，他始终认为巴门尼德混同了作为谓项的 to be 与作为存在意义上的 to be，从而使得《巴门尼德篇》很难读。这就是把今人的观点施加在古人身上最典型的代表。

可是，古希腊人自己是怎样看待 to be 的呢？在《形而上学》第九卷第十章中，亚里士多德说，being 与 non-being 首先指的是范畴；其次是指这些范畴的潜能和现实及其相反面；最后也是最严格意义上是指真与假（1051b17－20）。这才是古希腊人对于 to be 的看法。"to be"就是"to be the case"，即"是这个样子"。如果世界上的事物"是这个样子"，而你说清楚了"to be the case"，你的说法就是"to be true"，即是真的。后来英文把这种意义上的"to be"称为"vertical sense"，即真理意义上的"to be"。维特根斯坦没有指出这层含义。而这恰好是亚里士多德自己说的。因此，"to be"在希腊文中最初的、最严格的意义就是"to be true"，指的是真和假。我们知道，《普罗泰戈拉残篇》里有这样一句话："人是万物的尺度。"我们中文将它翻译为："是存在的事物存在的尺度，也是不存在的事物不存在的尺度。"我们常常丈二和尚摸不着头脑，不知它是什么意思。实际上，如果按照"to be the case"来

① G. S. Kirk，J. E. Rave and M. Schofield，*The Presocratic Philosophers*：*A Critical History with a Selection of Texts*，Cambridge：Cambridge University Press，1984；（中译本）基尔克、拉文、斯科菲尔德：《前苏格拉底哲学家：原文精选的批评史》，聂敏里译，华东师范大学出版社，2014。

理解，该意思就是："是这个样子它就是这个样子，不是这个样子它就不是这个样子。"这样就简单多了。还有，我们前面提到的巴门尼德的这句——"思维与存在是同一的"——我们觉得也很难懂，但古希腊人觉得很好懂，它的意思就是："你所想到的事物的样子与事物应该的样子其实是一样的。"想事物就是想"事物该是什么样的"，如果你想出了"事物该是什么样的"，那你想的就是对的。不过，当巴门尼德把"to be the case"当作名词用时，事情肯定就复杂了。因为它要求你去发现，到底什么才是世界上最真实的东西。

　　亚里士多德在《形而上学》中到底要干什么呢？这里可以先说一个大致思路。首先他指出，being 或 to be 是最令人困惑的问题，因而是形而上学研究的对象。然后他说，being 有许多种类，即 10 个范畴。而在这些范畴里面，第一范畴就是 substance，我们常常译为实体或本体。也就是说，实体或本体是第一的 being（primate being）或第一实体。然后他又说，本体或实体也有许多种类，至少可以分为形式、质料以及二者的统一体，而形式才是最基本的实体或本体（primate substance）。所以你们看，他就像打井似的，一层一层地往下挖，直到找出那个最根本、最实在的东西，即 reality。因此，他的哲学就有三个层次，先从 being 开始，到实体或本体，再到形式(form)。

　　但是我们的中文翻译很乱。being 通常被译作存在，substance 译为实体，form 等同于 essence，被译作本质。其实，substance 与 essence 均来自拉丁文。波埃修斯在评注亚里士多德的逻辑著作时，根据 *ousia* 的意思（*ousia* 在逻辑中为主项或主体、载体），以 *sub-*

stantia（站在下面）一词译之。而 essence 的希腊文为 *to ti en ein-ai*，是 to be 的过去式（imperfect），相当于英语的 was，英文直译为 what it was（for something）to be，中文直译为"一个事情的过去之'是'是什么"。学者们称之为"哲学过去式"（philosophic imperfect），他们一直对亚里士多德为何要用过去式感到十分费解。*ousia* 是 *einai* 的分词现在时阴性单数第一格，与 on（being）的字根相同。由此可以看出，being、*substantia*、essence 其实是一个概念下来，它们全是 to be。这在希腊文中很好懂，很容易看出。可是，*substantia* 在英文中被换成了 substance，这已经错了，因为它与 being 没有关系了。而 essence 这个拉丁文至少是不错的，es-sence 就是 to be。但是我们中文呢，being 被译作存在，substance 译为实体，二者一点关系都没有。更有意思的是，essence 被译作本质，这就大错特错了，因为它有一个"质"字。我们知道，本体是第一范畴，而质为第二范畴，二者根本不是一个范畴类型的。从这些中文翻译中我们根本无法想到存在、本体、本质等词汇所对应的希腊文其实是一个概念下来的。稍后在对亚里士多德的主体讨论中，我会详细介绍波埃修斯这个人以及他的翻译所带来的问题。

二、being 的四种类型

（一）being 的四种类型

说完了翻译问题，我们再看亚里士多德是怎么处理 to be 问题的。亚里士多德要从哪里开始研究 being 是什么这一最令人困惑的问题呢？他是从对 being 的分类开始研究的。他认为，在最一般的意义上，being 可以分成以下四类：

第一，偶然性的 being。偶然性的东西没有确定性，是偶尔凑在一起的，无法成为知识的对象。比如，一头牛若是生了一个小崽，这个小崽应该是头小牛才对。但是，如果哪天它生下一只小猫咪，这肯定是偶然性的，科学没法解释。

第二，真假意义上的 being。这是 being 或 to be 在希腊文中最原初的含义。to be the case 就是 to be true，即语言与现实的同一。亚里士多德认为，真假意义上的 being 不是完整意义上的 being。因为事情是怎么样的，思想就是什么样的。而在不了解事情是什么样之前就去讲真假意义上的 being，没有太多的意义。它依赖于思想中的结合与分离，而不是事物间的结合与分离。

第三，潜能/现实的 being。这个与运动有关。

第四，依凭自身的 being（希腊文为 *kath hauta*），意思就是不需要别的东西，自己就能在那里，是自身独立的 being。我们通常称之为范畴的 being。being 怎么变成范畴了呢，我们稍后再说。

总之，在亚里士多德看来，being 有四个种类：偶然性的 being、真假的 being、潜能/现实的 being、自身独立的 being。他说前两种 being 都不是形而上学研究的对象。研究 being 其实就是研究潜能/现实的 being、范畴的 being。

（二）范畴的 being 与潜能/现实的 being 的区分

你们应该注意到，潜能/现实的 being 并不属于范畴的 being，这两种类型的 being 是相互独立的。因此，我们需要弄清楚二者之间的区分，弄清楚亚里士多德是在什么意义上讲范畴的？在亚里士多德看来，自身独立的 being 就是范畴的 being。

自身独立的 being 为谓语的类型（predication）所表述。（《形而上学》1017a22）

这是他在《形而上学》第五卷第七章第二段第一句话中说的。这个 predication 大有文章。你们翻开李真翻译的《形而上学》，就会发现他将其译作谓语，这是不对的。什么是 predication？就是 s is p，有主语、系词与谓语。现在有一种译法，即谓述。如果译作谓语，就是 predicate 了，它是一个词，而不是一个句子。可见，中文翻译也有诸多的麻烦。亚里士多德认为，有多少种类型的谓述，就有多少种类的 being。s is p 很重要。你们想想看，我们平常说的最基本的句子就是 s is p。比如"这个女孩很漂亮"，"这个墙很白"，"这个城市很脏"，等等。巴门尼德说"is"重要，而主项、谓项都不重要，因为主项可以换掉，谓项可以换掉，但系词 is 很难换掉。柏拉图承认"is"是很重要，可他觉得还应该说清楚"is"是什么。柏拉图说，"这个女孩很美"，"这个墙很美"，"这个湖很美"，"这个校园很美"，等等。这里有很多主项，但只有一个谓项，真正真实的东西就是普遍谓项。这些东西之所以美，是因为它们分有美的理念或形式。只有这个理念或形式才是真正的 being。亚里士多德却要与柏拉图对着干。他说我们经常会这么说，"苏格拉底是个人"，"苏格拉底是某人的丈夫"，"苏格拉底是某人的儿子"，"苏格拉底很白"，"苏格拉底很勇敢"，等等。真正重要的是主项，一个主项可以整出很多的谓项，因此主项才是真正的 being。所以你不能小看这个 s is p，它是有讲究的，整个希腊的形而上学的奥秘就在这里。

在亚里士多德看来，若想弄清楚这个世界有多少种自身独立的 being，就要先弄清楚我们平时说话有多少种类的 s is p，也就是要研究我们说话的方式，从而发现句子的基本类型。当这些句子不可能再进一步地合并时，being 的种类就找到了。我们中国历史上从来没人研究过中文句子的类型，亚里士多德却认真研究了整个希腊文的句型。他认为有 10 种基本的句子类型，因而得出了 10 个范畴，有的是表示本体，有的表示质，有的表示量，有的表示关系，等等。这是你们大家都知道的。

可是你们会很困惑，不是要讲 being 吗，怎么变成 10 个范畴了？我们来看范畴这个词，它在英文中为 category，希腊文为 kategoria，其原义是某人指控另外一个人。这本来是一个法律术语，表示在法庭上张三去指控李四，后来慢慢地变成一个谓项去指控、诉说一个主项，表示主谓项关系，即 s is p 的关系。英文 predication 在希腊文里就是 kategoria。当亚里士多德说有 10 个 kategoria 的时候，它实际是指有 10 个 predication，即 10 个最基本的主谓项关系。但是，希腊词 kategoria 的含义很模糊，它也可以是 predicate，即谓项或谓词的意思。也就是说，predication 与 predicate 在希腊文中都是 kategoria，二者有着某种内在的关联。这里我只是简单地说明一下，在后面《范畴篇》里还会大讲。如果我们将 kategoria 只是理解为"主谓项关系"或者"谓项"的话，就会在阅读中引起很多困难。如何在具体文本中理解 kategoria，需要读者自已仔细区分。

但是长久以来，人们都只是将 *kategoria* 理解为 predicate，也就是谓项或谓词，直到弗雷德（M. Frede）才纠正了这种看法。弗雷德写了篇《亚里士多德的范畴》① 的文章，这篇文章我已经发给你们了，它是 20 世纪研究亚里士多德最重要的文章之一。弗雷德在这里论证说，在专门的意义上，*kategoria* 指的是 predication，只有在派生的、引申意义上它指的是 predicate。他这么一讲，大家马上觉得是这个道理啊，若是将 *kategoria* 理解为 predication，很多章节就能读得懂，可若是将它理解为 predicate，就读不通。你看，就是在大家都熟知的、习以为常的领域中，也有人可以把人们过去的认识完完全全地扭转过来。道理其实很简单，可往往很简单的道理，大家从来不说。

提起弗雷德，我很伤感。他是我们这个时代研究亚里士多德最好的专家之一。他是一个很好的人，跟我很有渊源。他一直在牛津大学教书。不幸的是，四年前他在游泳的时候淹死了。我在牛津大学的时候，非常喜欢上他的课。如果他的课上有我们教室里这么多学生，他就不上了。他烟抽得很厉害，一支接一支地抽，虽然也有不准在室内抽烟的规定，但他根本不管，照抽不误。有一整个学期，我们要学习《形而上学》的第 12 卷，可是他只上了一章。这就是他的上法。不像我，恨不得一个晚上讲完一年的课。我参加工作的时候，他给我写了很多封推荐信。为什么要写很多呢？一般人

---

① M. Frede（1981），Categories in Aristotle，in D. O'Meara（ed.），*Studies in Aristotle*，Washington，DC：Catholic University of America Press，1987，pp. 1–24.

只要用手写一封，其他的复印出来就是了。但他不用计算机。他说古希腊人也不用计算机，所以他就要用手一封一封地写。当我去布法罗大学教书时，我们哲学系的好几个老师都对我说，真想把他的推荐信偷出来珍藏着。可见他的影响力真是不一般。谁要是想请他到中国来讲学，他肯定不干。他只生活在希腊人的生活范围，出了这个范围，他就不动了。这是很多人的生活方式。

总之，希腊人研究世界的构成是从研究语言开始的。在他们看来，语言是用来描述这个世界的，通过考察语言结构，去发现语言里的深层结构，找到其中最终的谓项，最终谓项的种类，就是构成世界的基本成分。

第二类是潜能/现实的 being。在亚里士多德看来，潜能和现实并不属于范畴，它们是不同种类的 being。我们讲西方哲学史时，通常只是说亚里士多德有形式/质料、潜能/现实的划分，至于如何理解它们，却一带而过，从不深究。有时甚至还说形式就是现实，质料就是潜能。这种理解完全是错误的。形式和质料既可以是范畴，也可以是潜能和现实。当然，你可以说，潜能和现实要么是本体的潜能和现实，要么是质的潜能和现实，要么是量的潜能和现实，有多少种的自身独立的范畴，就有多少种的潜能和现实。可范畴毕竟是独立的东西。由于时间的关系，我在提纲上给你们列了很多最根本的文本，你们可以自己去细读。

（三）亚里士多德研究世界的两种方式

潜能和现实是亚里士多德用来分析运动的一个法宝。亚里士多德研究世界有两种方式：第一种是静态的方式，即研究世界最根本的构成成分是什么，范畴有哪些。第二种是动态的方式，即研究世界是如何运动的。这同样是一大问题。

我们知道，前苏格拉底哲学最困惑的问题就是如何去说明这个世界是运动的，是变化的。这个挑战是从巴门尼德开始的。因为巴门尼德说世界是不变的，我们看见的变化只是幻觉而已。于是大家都傻眼了，这个世界怎么是不变的？巴门尼德说我给你们讲个道理，你们就能明白。他说，如果世界有变化的话，那就有两种情形：事物要么是从存在中来，要么是从不存在中来。但这二者都是不可能的。事物若是从存在中来，那就不需要变，因为已经在那里了；若是从不存在中来，却很荒唐，因为不存在怎么能生成存在呢？

不要小看这个论证，它折磨了整整一代希腊哲学家，从恩培多克勒、阿那克萨戈拉到留基波、德谟克里特等等，他们都解释不清一个东西是怎么突然变成另一个东西的。比如德谟克里特说所有东西都是由原子在虚空里面构成的，把原子打散，又变成另外一个物，结果变来变去，世界上就只有原子与虚空，都是原子与虚空的结果。说了半天，你与我，我们与猪、狗、泥土等，都只是一个东西，全都是原子。所以，德谟克里特是第一个提出这个世界其实没有什么颜色也没有什么味道的人，因为都是原子与虚空啊。后来洛克提出第二性质问题，认为颜色与气味真的不是客观实存的。这实际上是德谟克里特推出来的，因为在他看来，世界只有原子与虚空啊。除了原子之外，并没有盐，因为盐也是原子构成的。那你怎么

知道菜是咸的，水是淡的，这没有道理啊。你要是这样想的话，那
世界上的一切事物都是一样的。大家都被巴门尼德的论证掐死了，
连柏拉图都承认巴门尼德是不好对付的。柏拉图认为这个世界确实
是变的，但变的东西只是现象，它没有知识。而理念世界是不变
的，只有它才是知识的对象。这其实是对巴门尼德的让步，这也说
明巴门尼德是对的。因为变化只是幻象，而真实是不变的。这个问
题直到亚里士多德才得以解决。

亚里士多德提出潜能与现实，就是要解决巴门尼德那个论证
的。他有一个运动的定义，即运动就是潜能的实现。在亚里士多德
看来，变化就是从存在中来的，只不过是从潜能的存在转变到现实
的存在。因此，他的范畴的 being 是要解决世界的结构问题，而潜
能/现实的 being 则是要解决这个世界为什么是运动的。

按照我给你们提纲上的内容，我要讲一下范畴的 being 与潜
能/现实的 being 的四大区分：

第一，范畴的 being 和谓述是有关系的，它们是从 s is p 的类
型推导出来的。而在谈论潜能/现实的 being 时，人们必须说"s 潜
在地是 p"或者"p 潜在地是 s"，跟谓述的结构没有任何关系。

第二，范畴的 being 和定义有着相互交织的关系。要说清楚什
么是自身独立的 being，就像打井似的，直到找到最后的一个成分。
在这个过程中，亚里士多德需要不断地定义，把最后的成分说清
楚。但亚里士多德认为潜能/现实的 being 是不需要定义的，只需
类比就可以了。他甚至是以循环的方式来描述潜能/现实的 being
的。他在《形而上学》第九卷第六章中说，潜能是没有实现的东

西，而现实是实现了潜能的东西（《形而上学》1048a26-34）。

第三，不矛盾律适用于范畴的 being，但不适用于潜能/现实的 being。不矛盾律规定，（a）在同样的时间，（b）在同样的方面，一个属性不能同时属于又不属于同一个主体。亚里士多德认为，范畴的 being 要严格执行不矛盾律，但不矛盾律对于潜能/现实的 being 则不适用。比如从潜能上说，你们大家都是大哲学家，但在现实上你们大家还不是。对于潜能/现实的 being 而言，一物在同一时间既"是"又"不是"的可能是存在的。

第四，程度上的要求。亚里士多德在《范畴篇》中说，本体或实体没有程度之分。因为如果大家都是本体的话，就本体这一性质来说，大家都是一样的。比如说，一张桌子是一个本体，一个人也是一个本体，你总不能说这个人比这张桌子更是一个本体吧。作为 being，它们都是一样的。这还有着政治上的意义，因为既然本体没有程度之分，我们就不能说男性的 being 比女性的 being 其本体程度更高吧。但亚里士多德没有坚持这个观点。以后我们会提到他的性别歧视。但对于潜能/现实的 being 而言，现实的东西要明显地高于潜能的东西，一个成人的理性要明显地高于一个小孩的理性。

总结一下，亚里士多德认为，being 在最基本的层次上可以分为四个种类：偶性的 being、真假意义上的 being、潜能/现实的 being、范畴的 being。前两种 being 都不是《形而上学》研究的对象。《形而上学》实际上只考虑后两种 being，而且这两种 being 是不同类型的。亚里士多德是通过研究语言结构来研究范畴的 being 的，他在寻找构成这个世界最基本的成分是什么。从古希腊哲学一开始，大家都寻找本性（nature），寻找始基，寻找大千世界其最根本的构成成分是什么。这个问题我们还要讨论。另一个就是要解决变化的问题，解释这个世界到底怎样在变，它的运动过程是怎样的。

三、《范畴篇》第一至四章

（一）第一章："同名异义"、"同名同义" 与 "同源派生"

现在可以把《形而上学》搁在一边，我们来看《范畴篇》。因为在《形而上学》中，亚里士多德刚讲到了范畴的 being，紧接着他就开始讲本体，而关于 being 的很多论述他是在《范畴篇》里进行的。所以，我们要把亚里士多德的其他著作也抓进来。今天晚上我们只能讲《范畴篇》的第一至四章。虽然英文只有一页，内容理解起来却很难。如果今晚能把这一页讲完，那就谢天谢地了。可能大家都没有这本书，那就更困难了。所以我尽可能地多给你们念。

在《范畴篇》的第一章，亚里士多德首先对"同名异义"（homonymy）、"同名同义"（synonymy）与"同源派生"（parony-my）等词做了区分。

> 当若干事物只有一个共同的名字，而与名字相应的 being 的定义却不相同时，那么这些事物就是同名异义的东西。……

> 与之相反，当若干事物有一个共同的名字，而相应于这个名字
> 的定义也相同时，那么这些事物便是同名同义的东西。……如
> 果事物的名字是从另外一个名字引申出来的，但是这个引申的
> 名字与原来的名字有不同的词尾，那么这些事物就是由引申而
> 得来的东西。(《范畴篇》1a–15)

从词的方面来讲，"同形异义"指的是同样一个词，其概念、含义完全不同。比如 bank，可以指银行，也可以指河岸，所以 bank 这个词就是同名异义词。"同名同义"即名同义同。而"同源派生"为引申词，即一个词的名称是从另一个词引申出来的。但亚里士多德的《范畴篇》讲的不是词（word），而是物（thing）。"同名异义"就是指事物的名称一样，本性却完全不同。同样，有些事物，它们的名字相同，本性也相同。

这样的一个区分与铺垫是很重要的。以后他要讲，世界上的各种事物都是 being，人、狗、猪等等都是 being。虽然它们都叫 being，含义却不同。所以当把"同名异义"用到事物上的时候，其意思是指世界上各种各类的事物，它们是各种各类的 being，但它们并不是在同一种 being 的意义上被称作 being 的。也就是说，虽然它们都可以叫作 being，但 being 的含义却是不一样的。比如说，狗是一种 being，颜色是一种 being，难道是同样意义上的 being 吗？又比如说，一个人的皮肤很白，一堵墙很白，一张纸很白，醋熘白菜也很白，这些"白"难道是一个意义吗？亚里士多德之所以做这个铺垫，是为了说明他接下来要谈的许多事物，虽然它们有着同一个名字，但含义却是完全不同的。他要告诉我们，世界上的事

情都是 being，说得出来的事物都是 being，但并不意味着它们是在同一个意义上被使用的。所以他说有许许多多的说法去说 being。不同种类的 being 就构成了不同种类的范畴。因此，这里的范畴不是我们今天说的基本概念，而是指事物的最终的、基本的成分。

（二）第二章："内居于"与"表述"

大家都学过西方哲学史，对于这章应该不会太陌生。亚里士多德首先提出了区分世界所有事物的两条标准：一条是内居于（being in）、存在于事物之中；一条是是否表述（being said of）一个事物。

> 语言的表述（of things that are said），有些是复合式的，有些不是。……事物自身，有些可以用来表述一个主体，但绝对不内居于一个主体里面。……有些事物内居于一个主体里面，但绝对不可以用来表述一个主体。……另外有些事物则既可以用来表述一个主体，并且内居于一个主体之中。……最后，有一类事物既不内居于一个主体之中，又不可以用来表述一个主体。（《范畴篇》1a16—1b9）

这里"语言的表述"指的是事物还是语言呢，因为语言也可以是被谈论的事物啊。接着他马上说：of things there are。这就很明确了，它是指存在的各种事情。亚里士多德认为，根据这两条标准，天下一共有四类事物：

第一，表述一个主体但是不内居于一个主体。

第二，不表述一个主体但是内居于一个主体。

第三，既表述一个主体又内居于一个主体。

第四，既不表述一个主体又不内居于一个主体。

他举例说，"人"即普遍的人，属于第一类。单个的语法知识（individual knowledge-of-grammar），属于第二类。普遍的知识，属于第三类。单个的人，属于第四类。这里面涉及一个区别，即有的事情是普遍的，有的事情是特殊的。有两类的普遍与特殊：普遍的人，普遍的知识；单个的人，单个的知识。要知道，凡是单个的知识都是不能表述的。什么是表述？就是在 s is p 里面，p said of s，即 p 是去诉说、表述 s 的。如果"既不内居于一个主体又不表述一个主体"，这就意味着单个的东西、特殊的东西始终不能待在谓项上。如果它待在谓项上的话，这个句子就不是一个谓述。比如我们可以说，这个人是白的，墙是白的，这个"白"肯定是个普遍谓项。但是你不能说这个白是墙，人是苏格拉底，这就不对了。

在人和知识之间，也有一个很大的区别。这里所提到的单个的知识，在今天的形而上学的讨论中是一个大问题。你皮肤的白和我皮肤的白，真的是一个东西吗？是我的白只为我所有，你的白也只为你所有，还是我们大家就是一种白色？这就是亚里士多德所说的"单个的知识"。知识可能是普遍的，可你掌握的知识和我掌握的知识肯定还是有很多差异的。你的白和他的白实际上还是不一样的，不能笼统地讲白。这就是亚里士多德所说的第二类事物。可他自己说得很少。他不说的地方，就是今天我们要捡起来说的。可见，真正要认识世界的话，非常复杂。这个地方我们不做多讲。

在亚里士多德看来，世界上的事物要么是"表述一个主体"，要么是"内居于一个主体"，可见主体很重要。什么是主体？主体就是 subject。这个词很有讲头。亚里士多德起初用的是希腊文 *to upokeimenon*，意思是"躺在下面"（lying under）。这是主体原来的意思。它躺在下面，大家可以踩在上面，垒上去，所以它肯定是一个基础，是一个承受者。承受者首先要承受得住。它垮了，那上面东西全都垮了。在英文中，它就变成了 subject。

subject 既可以作为逻辑术语，也可以作为形而上学术语。它是一个主体，也是一个主项。在《范畴篇》中，*ousia* 的主要规定就是主体。你们看，这里的 *ousia* 就是主体。

> 第一 *ousia* 之所以最恰当地被这样称谓，就是因为它们是一切其他东西的载体。（《范畴篇》2b37–38）

前面我们提到了波埃修斯，他是中世纪早期的哲学家。他做的事情还不少，不仅编了普罗提诺的《九章集》，还想用拉丁文把亚里士多德所有的著作都注释一遍。但这个人好动，总是爱和政治挂边，刚刚注释完《范畴篇》和《解释篇》就被砍头了，所以很遗憾。因此那时的人们只知道《范畴篇》和《解释篇》，而不知道亚里士多德的其他著作。因为它们没有被译成拉丁文啊。波埃修斯翻译亚里士多德著作的时候，将 *to upokeimenon* 译成拉丁文 *substantia*，即站在下面的意思。站在下面也行啊，它要把其他的东西给顶起来、撑起来，那它还是基础。后人就照着他的话，将其变成了 substance。当你说你要寻求一个 substance 时，别人马上知道你要找的是能够把别的东西撑起来的一个东西。而我们中文则将其译作"本体"或"实体"，所以这种翻译更是有问题的。哪怕我们直接把它译成"承受者"或者"基础"也行，这样一看也就知道它是在承受着别的东西，是一个基础。可是你说你要寻求一个实体，人家还以为你要找一个篮球呢，这跟承受物没有什么关系啊。

总之，substance 本来是用来翻译 *to upokeimenon* 的。《范畴篇》中的 *ousia* 的主要规定就是主体，所以在《范畴篇》中用 substance 来翻译 *ousia* 是没有问题的。但是到了《形而上学》，亚里士多德将 *ousia* 分为质料、形式与复合物，*ousia* 的概念也需要改变了，主体这种规定性已经不足以说明什么是 *ousia* 了。我们后面要讲到亚里士多德又将"分离"与"这一个"作为 *ousia* 的主要标准或规定了。但是中世纪的人们只知道波埃修斯的注释，而不知道亚里士多德的其他著作，所以只要一提起 *ousia*，马上就想到 subject，慢慢地 substance 与 subject 成了一个含义，二者好像是一码事，substance 也就成为希腊词 *ousia* 的主要译法。实际上，on 本来就是 being，而 *ousia* 是它的阴性分词，其翻译也要与 being 相对应才是，但是 substance 却无法表达 being 与 *ousia* 之间的直接联系，所以才有学者对于这个译法表示不满①。但历史的东西一旦成形，就很难改变，人们还是将其译作 substance。近代以来，人们做了各种努力，却始终改不过来。这是我对 *ousia* 的中英文翻译问题的重复。

我们回到他的两条标准："内居于"与"表述"。什么叫"内居于"？

----

① J. Owens，*The Doctrine of Being in the Aristotelian Metaphysics*，2nd ed.，Toronto：Pontifical Institute of Medieval Thought，1963.

> 所谓一个事物内居于另一个事物里面，不是作为另一事物的一个部分，而是指不能够与另一个事物分离而存在。（《范畴篇》1a24-25）

我们设想一个东西 y，它在 x 中，y 既不是 x 的一个部分，又不能脱离 x 而存在。为了更好理解，我们可以先看"表述一个主体但是不内居于一个主体"的例子。比如，人或者动物。我们可以说，张三是人，"人"表述了张三，但"人"这个东西并不在张三里面，它可以脱离张三而存在。也就是说，张三可以死掉，但"人"还是存在的，"人"不是张三的一个部分。一方面我们都是"人"，但另一方面找遍我们的全身也找不到"人"在哪里，所以，我们也很头痛，"人之为人"的意思到底指的是什么。而单个的知识就是"内居于"。比如没有你，你的那个"白"也就没有了；没有你，你的那个知识也没有了。这就是一种性质，一种特殊的性质。但亚里士多德又认为，普遍的知识也是"内居于"，麻烦出来了吧，因为我们刚说人和动物，这些种和属，不是"内居于"。更麻烦的是，我们通常认为，与柏拉图不同，亚里士多德主张普遍存在于特殊之中，现在他却说普遍不在特殊之中。普遍的知识，即普遍的性质虽然是在本体或实体之中，但就实体本身（着重号为整理者所加）而言，它的那个"普遍"不在它的个体之中。这一点给人们造成了很大的困惑，怎么理解用来表述单个人的"人"却不在单个的人之中？当然，你可以理解为，即使单个的人都死掉了，但"人"还存在，而知识呢，要是单个的知识都没了，是否就没有了普遍的知识呢？还有，知识一定要在作为本体的主体之中，即只能待在本体里面，但人、动物等这些普遍的本体则不需要存在于单个的本体之中？可见，亚里士多德已经把本体抬到一个非常高的位置了。在讲《范畴篇》第五章的时候，我们要涉及很多这样的东西。

总之，在《范畴篇》第二章里，亚里士多德使用两条标准，将所有的东西分成四类。我们已经看到普遍与特殊、人与知识显然是一个很大的区别。但它们的区别到底在哪里呢，我们现在还不清楚。

（三）第三章：种与属

在《范畴篇》第三章里，亚里士多德区分了种与属。

> 当一事物用来表述另一作为主体的事物时，所有可以作为谓项的事物都可以用来表述这一主体。（《范畴篇》1b10）

假设有一个 s is p，p 是谓项，但可以进一步地作为主项，引出一个 p is m。m 要是诉说、表述 p，那它照样也可以表述 s。这里要注意，种属关系在亚里士多德以前并没有人讨论过，所以他谈论得很费劲。他举了一个例子来说明。

> 人用来表述单个的人，动物用来表述人，所以动物也可以表述单个的人——因为单个的人既是人，也是动物。（《范畴篇》1b11-15）

这里他说，比如苏格拉底是人，人是动物，那么我们也可以说苏格拉底是动物。在这里，他还没有提及这一点，即苏格拉底是白的，白是颜色，我们却不能说苏格拉底是颜色。这是他以后要说的。为什么呢，因为人和苏格拉底是一个类的东西，而白与苏格拉底肯定就不是了。因此，种类的区分很重要。万一搞错的话，用现代的话来讲，就是犯了混淆范畴的错误。

（四）第四章：being 的种类

亚里士多德需要进一步地阐明，为什么白与人是不同的？这涉及 being 的种类的划分。

> 一些没有任何组合的用语，它们中的每一个要么表示本体，要么表示数量、性质、关系、处所、时间、姿态、状况、主动、受动等等。（《范畴篇》1b25-27）

我们知道，s is p 是一个组合（combination）。要是没有任何组合，那就直接是一个用语。这个用语要么表示本体或实体，要么表示数量、性质、关系、处所、时间、姿态、状况、主动、受动等等。只有在《范畴篇》和《论题篇》中，亚里士多德列出了全部10个范畴，而在其他地方则是4个、6个或者8个，这并不是说10个范畴就全了。我们今天所能列举的范畴好像都是亚里士多德区分出来的。但他并没有解释是从哪里得出这10个范畴的，为什么是这10个范畴，他只是举几个例子，给出一个大致意思就完了。他说：是什么，如人、马等；量，如四次、五次等；质，如白、有教养的等；关系，如双重的、一半、比较大的等；处所，如吕克昂、在市场；时间，如昨天、今天、去年；姿态，如那个人坐着、躺着；状况，如穿着鞋或盔甲；主动，如割、烧；受动，如被割、被烧；等等。

而这些 being 本身并不包含着一种肯定或否定，只有它们的组合才会有对或错的区分。

> 光是一个词语本身不能构成一个肯定句，必须把两个词语并在一起，一个句子才会产生。每个肯定句它要么是对的，要么是错的，光是一个词的话就无所谓对或错。对或错是由于结合才产生出来的。（《范畴篇》2a5-2a12）

第四章被认为是关于 10 范畴的最主要的章节之一。但是，亚里士多德除了把这 10 个范畴引了进来，再对每个范畴举几个例子之外，并没有说背后的道理。为什么是这 10 个范畴而不是其他，它们是从哪里得来的，他也一概不说。我们要跑到他的《论题篇》里去找了。

四、《论题篇》第一卷第九章

（一）范畴与谓述的种类

在《论题篇》第一卷第九章里，亚里士多德对 10 个范畴的来源或依据做了说明。

> 那么接下来，我们必须区分谓述的范畴（categories of predication）的种类，以便从中发现前面所提到的四种谓词。（《论题篇》103b20）

实际上，predication 就是 category（着重号为整理者所加），所以有时候英文的表述也是有问题的。他的意思是说，前面提到的四种谓词一定要在谓述的种类中发现。大家是否还记得，亚里士多德在《形而上学》第五卷第十章里说，being 是由谓述来表述的，有多少种类的 being 就有多少谓述的种类。亚里士多德这里要区分谓述的种类了。

> 谓述的种类在数量上有 10 个：是什么、量、质、联系、位置、时间、空间、状态、主动、受动。所以偶性、种、属和定义等四个谓词肯定在这些谓述之中。因为由它们形成的所有命题表示的要么是什么，要么是它的质，要么是它的量，要么是其他类型的范畴（predicate）。（《论题篇》103b24－b28）

你们看，英译者在这里注意到了 predication 与 predicate 的区分，这里使用的是 predicate。我们感兴趣的是，亚里士多德是如何得出这 10 个种类的。

> 当把一个人放在跟前，他会说这是一个人或者动物，表示的是"是什么"，并说明了它的本体；把一个"白"放在跟前，他会说这就是"白"，表示的"是什么"，并说明了它的颜色。同样，如果把一腕尺放在面前，他会说这是一腕尺的长度，表示的是"是什么"，并说明了它的量。其他情况同样如此。（《论题篇》103b28－b36）

但是，还是有困惑啊，比如我把一个杯子展示给你，你会说这是一个杯子。那杯子是什么呢？你说它是某种器皿。可我也可能是想问它的颜色或形状，而不是它"是什么"啊。同样，一个物体有着不同的质，你一开始并不知道我要问的是哪一种质啊。

接下来的话很是关键。

> 对于每一个这样的种类，如果表述了它自己，或者它的种表述了它，那就表示"是什么"。如果相反，这一种类表述的是其他种类，那就没有表述"是什么"，而是表述的是量，或者质，或者其他的谓项。(《论题篇》103b37—38)

首先需要指出的是，"对于每一个这样的种类"英文用的是"for each of these kinds of predicate"。这里的"predicate"肯定应该是 predication，而不能用 predicate。因为它谈的是谓述的种类。

我们按照上面的话推演一下哈，如果我指着苏格拉底问你：

"这是什么？""这是苏格拉底。"

"什么是苏格拉底啊？""苏格拉底是人。"

"那什么是人啊？""人是动物。"

"那什么是动物啊？"这个时候你就需要再找出一个东西来说明什么是动物。

亚里士多德说，就这样找到最后，我们最后找到的那个东西就是本体或实体（substance）。那下一个问题就是：什么是本体或实体？这就需要哲学研究了，但在日常语言中，回答到此就完了。

（二）弗雷德的贡献

可我们的问答一开始也可能是这样的，比如你可以回答这个是"白"。那"白"是什么？你说"白"是颜色。那颜色又是什么呢？最后就得出它是一种质。因此，你的回答要是从"白"开始，最后得出的就是颜色，要是从量开始，最后得出的就是量。这就是 s is p，即 predication 的种类。亚里士多德认为，之所以有 10 个范畴，就是因为在语言中有 10 种描述事物的方式，它们各自构成一个主谓结构的等级结构。在这个等级结构的最终端，有一个最终的谓项，再也没有比它更高的谓项了。这个最终的谓项就成了范畴，即 category。这就是弗雷德所认为的 *kategoria* 一开始是 predication，只有在派生的意义上才是 predicate，即谓项。这 10 个范畴就被人们认为是构成世界的基本东西。我们能说的每一个事物，都在其中。

总之，按照亚里士多德的说法，世界是由这 10 个基本的东西构成的，这些基本的东西不可能都是一样的。在它们之中，还有一个是最根本的，这就是本是（本体）。要找到这个东西，那就要接着问本是（本体）到底是什么。

我们讲了一大圈，只是想让大家在脑子里面建立 being、predication 与 category 之间的联系。我们发现，亚里士多德做哲学，居然是从审查语言的结构开始的。他最后归结出有 10 种基本的句子，只要把这 10 种句子推演到底，就会有 10 种最基本的谓项。因此，世界上的事物就有 10 个种类的 being。回到上面的《形而上学》第五卷第七章，范畴与 being 之间的关系就很清楚了。

但是，有同学可能会有这样的疑惑：这 10 个范畴都是 being，那 being 是不是这 10 个范畴的种呢？亚里士多德知道你会这么想，所以特意地说明，being 不是 1 个种（《形而上学》998b22-7）。也就是说，在他看来，being 不是 1 个种，而是 10 个种。因为它们若是归于一个种的话，就意味着其下面属的概念、含义都是一样的。但是，作为本体的 being 与作为质量的 being，其含义是不同的。它们由各自的谓述系统的等级结构所支撑，比如，动物是一个种，当我们说人、狗、猪是动物的时候，它们都是一个意思，只不过有着理性与非理性的属差罢了。我在讲课提纲上列出了亚里士多德认为 being 不是一个种的几处文本，你们可以自己去看。另外，如果 being 是一个种的话，那么除了这 10 个范畴之外，还有各种属差，那它们不也都是 being 了吗？既然它们都是 being，那还怎么区分它们啊？亚里士多德认为，being 必须是不同的种，才能用属差加种来定义事物。这也是为什么在《范畴篇》第一章他要从"同名异义"开始的缘故。我们可以用同一个词——being——来描绘不同的事物，可事实上 being 的性质却并不一样。也就是说，这世界有 10 个不同种类的 being，而不是 1 个 being，虽然它们都可以叫作 being。亚里士多德想让我们明白，这个世界最后是归为 10 个成分，而不是 1 个成分。

还有一点要注意，亚里士多德经常说：有很多表述 being 的方式（being is said in many ways），这是我们下节课要经常碰到的一个表述。这里的 being 指的是物还是词呢？换句话说，它是指 being 这个词有很多种说法，即一个概念有好几种含义呢，还是指世界上的 being 有很多种的表述方式呢？所以为了区分这二者，现在英文里有规矩，若是表示概念，就要用单引号。但是我们要知道，即便亚里士多德在说"词"，他也不只是在说"词"，这个"词"一定是要有个对象的。当他说"词"的时候，"词"只是他讨论物的工具而已。并且，这句话中的"ways"是英语翻译加上去的，希腊文中只有"in many"。那么"many"又是指的什么？是指不同的意义（senses），还是指不同的类（kinds）？也就是说，是要将它理解为 being is said in many senses，还是 being is said in many kinds？如果是前者，意义就不同了；如果是后者，being 还可以是同一个含义，只是种类不同罢了。比如，虽然本体与质都是 being，但二者是不可公约的，因为它们是不同意义的 being；而猪和马则只是种类不同罢了。所以有时候我们需要区分各种 being 之间的不同是跨越范畴的不同，还是同一范畴的各个成员之间的不同。

　　总结一下今晚的内容。我们首先从亚里士多德认为我们最为困惑的对象——什么是 being 出发，然后谈了他对 being 的四种分类：偶性的 being，真假的 being，潜能/现实的 being，还有范畴的 being。他说真假的 being、偶性的 being 不是形而上学研究的对象，只有潜能/现实的 being 以及范畴的 being 才是形而上学的研究对象。对于世界，他有两个问题要处理：一个是世界的构成，即哪些东西或成分是构成世界的基础；一个就是世界的运动、变化以及所造成的状态。为了了解什么是范畴的 being，我们学习了他的《范畴篇》。特别需要强调的是，亚里士多德认为范畴的 being 不是天上掉下来的，他是通过对语言最基本的主谓关系句的研究，最终归结出我们在描述世界时有 10 种基本的句子，它们把世界划分成 10 种类型的东西，这 10 种类型的东西就是 10 个 being，10 个不同意义的 being。这样，亚里士多德就比赫拉克利特、德谟克里特他们高明多了。

我们可以简单叙说一下亚里士多德之前的哲学家们对于这个问题的探索。一开始泰勒斯说世界是水。阿那克西曼德说，水要变成火，就比较困难，而且水是有限定的东西，世界的构成不能是一个有限定的东西，于是就提出一个"无限"。阿那克西美尼说，无限还是太抽象，而气既是没有限定的，又能为人们所知道的。赫拉克利特说，世界应该是变动啊，那什么东西是变动不休呢，那就是火。而巴门尼德认为，不管是什么东西，要变成与其本身不同的东西，这是不可能的。于是后边的哲学家们就开始想各种办法来解决这个世界的最基本的成分。恩培多克勒把水、火、气、土都拿来，但这四个东西本身是从哪里来的，他还是说不清楚。阿那克萨戈拉认为，四个恐怕还是太少了，就来了一个种子说，他说在每一个最小的东西里面，都有着万物的种子。后来德谟克里特、留基波认为，这个种子说还可以再精致一下，这便是原子说。在他们看来，世界应该是由最小的单位构成的，是这个最小的单位组合的结果。如果我们将东西分割，最后找到一个不可分割的东西，这就是原子。原子在希腊文中就是不可分割的意思。但原子自身是从哪里来的，还是不好回答。柏拉图当然也比这些人高明多了，他不谈世界是怎么构成的，而是说世界上之所以有美、白、善良、公正等等东西，是因为它们分有美、白、善良、公正等等理念，而只有这些理念才是真实存在的东西。但在亚里士多德看来，柏拉图肯定有一个大问题，比如我作为一个人，按照柏拉图的分有理论，我身上就分有许多理念，即人的理念、大的理念、白的理念、知识的理念、善的理念等等，这不是很麻烦吗？再者，既然"我"分有这么多的理念，那究竟哪个理念才决定"我"是一个人呢，难道人的理念、美的理念是同一个等级的吗？因此，亚里士多德要把所有的 being 加以分类，然后从中找出一个最根本的东西。

下节课我们要重点讲不同的 being 之间的关系。大家下去阅读《范畴篇》的第五章和《形而上学》的第七卷的一二两章。这两个文本虽然不多，但很关键。

第三讲　本体与属性

一、《范畴篇》第五章

上一堂课，我们讲了亚里士多德是怎样思考 being 的问题的。我们可以简单地回顾一下。什么是范畴？我们通常认为，范畴就是基本概念。但在亚里士多德这里，范畴不是基本概念，而是指谓述，即主谓项关系的种类。这是为什么呢？因为在亚里士多德看来，要找到构成这个世界的最基本的成分，就需要先想想人们有多少种谈论世界的语言方式。也就是要发现人们在说话时，需要运用多少种的主谓项关系。他找出了 10 种谓述。当然，如果你能找到更多的，就是你的功劳。亚里士多德认为，人们是按照 10 种最基本的主谓项关系或谓述来谈论世界的，那么世界最后的构成成分就是这 10 种。所以亚里士多德的范畴的原义是指主谓项关系，即谓述的，只是在派生的意义上才变成了谓词。

由此，亚里士多德确立了这样一个基本的哲学观点：语言和现实的关系。亚里士多德认为，要想（思考）这个世界，要讨论这个世界，不能是无中生有的，也不是拍拍脑袋就出来的。那要从哪里开始想呢，我们又如何知道这样想是有道理的呢？他说他也没有别的招数，他只能从他怎么谈论这个世界、怎么描述这个世界开始。那他是怎么描述这个世界呢？这就涉及语言的结构。所以，他开始分析语言的结构。他认为语言中最有意义的句子，最小的基本单位就是 s is p。他找到那些句子结构，并且对它们进行分类，然后得出本体、质、量、关系等 10 个范畴，它们就是世界的最终构成成分，他把它们叫作 10 个 being。有多少个 being，就有多少个范畴。所以范畴不是基本概念，而是我们用来描述世界的 being 的种类。如果范畴是基本概念，那么潜能与现实就应该是范畴。但亚里士多德认为，潜能与现实不是范畴。潜能与现实作为一种 being，是和范畴的 being 不一样的。这是他一开始的思路，即从语言出发去把握形而上学。形而上学不是你想说什么就说什么的，它总得有个起点，总得让人相信，你这样讲，我可以跟着你走，而不是平白无故地蹦出一些东西，大家都不知道它们是从哪里来的。总之，亚里士多德的形而上学和我们谈论世界的方式是很有关系的。

亚里士多德是从希腊文的语言结构出发来讨论世界现实构成的，可是我们今天要把握、理解它，尤其是我们中国人要去理解它，又会出现另外一个问题：希腊文的语言结构与我们中国人的语言结构是不同的。我们中国人觉得学习希腊哲学困难，很大程度上就是因为语言的问题。他们谈论世界的方式与我们中国人很不一样。我们首先要去习惯他们说话的方式。不过反过来讲，我们有从汉语的语言结构出发去谈论世界的结构的哲学吗？我们有哪位哲学家说，他要分析分析汉语的语言结构，然后发展出一种哲学。我们中国哲学要么说世界是不可言说的，比如道家，要么就是世世代代去注释四书五经。但是，前人没有做的工作你们可以做啊。

这涉及一个什么问题呢？有个哲学家叫斯特劳森（P. F. Strawson），他说形而上学的种类有两个：一个是描述性的形而上学，一个是修正性的形而上学。历史上比较难懂的哲学家，像莱布尼茨、海德格尔、黑格尔等等，是修正性的形而上学的代表。其实他是在用很委婉的方式评价他们。在他看来，这些哲学家不是从我们谈论世界的方式去理解这个实在的，而是他们先理解了世界，然后想办法来改变或修正我们的说话方式。你学了他们的哲学，总觉得我们的说话方式要改一改。所以，他们不是从语言到现实，而是不知从哪里找来一种理解，然后迫使你的说话方式要发生改变。而描述性的形而上学则立足于我们谈论世界的语言结构，从这里出发去谈论世界，如亚里士多德和康德是其最主要的代表。

斯特劳森自己也是描述性的形而上学的哲学家。他的名著是《个体：论描述的形而上学》①。这本书对于形而上学有着历史性的

----

① P. F. Strawson, *Individuals：An Essay in Descriptive Metaphysics*, Routledge, 1964；（中译本）斯特劳森：《个体：论描述的形而上学》，江怡译，中国人民大学出版社，2004。

功劳。在斯特劳森之前，形而上学的名声很臭，被逻辑实证主义贬损得一塌糊涂。那个时候，分析哲学好像就是要和形而上学对着干的。可是斯特劳森说，不对呀，其实你们批判的是修正性的形而上学，而你们从英文的结构去讨论世界，去分析语言的结构，那也是形而上学，就是描述性的形而上学啊。自从他揭示出这一点以后，形而上学就成了分析哲学的中心。分析哲学家干脆不管现实了，整天去分析语言的结构。而亚里士多德与他们不同，他还是要从语言到现实的。由此可见，斯特劳森用这样一种区分，就把形而上学重新放回到分析哲学传统中去，使得形而上学又成了哲学的中心。

在我看来，我们中国人理解西方的形而上学，即使它是一个描述性的形而上学，到了我们这里也成了修正性的。因为它的那个描述方式我们很不习惯。我们要改变中国人的说话方式，尽可能地去适应它的那种描述方式。所以我上次讲，亚里士多德说哲学开始于惊异，而 being 是什么的问题就是最使人惊异的问题，但是我们中国人会说，我们没有这个困扰啊，我们从来就没有 being 这个问题，这是从西方哲学中学来的。being 确实是从西方哲学中学来的，我们中国人再怎么琢磨，也想不出什么是 being 这样一个哲学的最根本的问题。上周有个学生给我发邮件说，系词应该不是问题。我想说的是，系词本身确实不是问题，可从系词引申出了许多哲学问题，系词本身是不是问题就变得不重要了。如果一开始没有这个系词，就引申不出来这么一大套的哲学问题。做哲学就是一个滚雪球的过程，一开始的时候，有人讲了一点，偏偏那个人又很重要，后来有人要站出来批判他那一点，再后面的人，则要连着他们一起批判。就这样，越是后面的人，他要批判的点、要批判的人就越多，于是球就越滚越大。所以，一开始那点很重要。

我们学习了亚里士多德的范畴理论，了解了其背后有着一系列的形而上学的根本问题。现在大家也在讨论，是不是形而上学一定要相对于语言的，难道因为我们的语言不同，形而上学也就不同了呢？很多形而上学的哲学家都不同意这个观点。他们认为，形而上学应该是普遍的。如果形而上学只是关于概念结构的，概念结构又藏在语言里，而语言又是不同的，那么形而上学怎么能够是普遍的，它又怎么能够建立普遍的真理呢，这些都是问题。

这些是我们上节课所讨论的内容。今天我们要讲《范畴篇》的第五章。这可能对大家来说比较困难。因为你们没有教材。好在这部分内容不长，我可以一句一句地给大家念。因为亚里士多德形而上学中的许多重大的区分都是从这里来的。

在学习新内容之前，我们还要复习一个东西，就是亚里士多德在《范畴篇》第二章中所讲到的两条标准：一个是"内居于"，一个是"表述"。亚里士多德根据这两条标准，把世界的事物分为四种类型，即四类：表述一个主体但是不内居于主体；不表述一个主体但是内居于一个主体；既表述一个主体又内居于一个主体；既不表述一个主体又不内居于一个主体。但是第二章的内容很抽象，亚里士多德只讲了一点。

今天我们将会学习到，亚里士多德要对这四种类型做进一步的归类：一类就是本体的范畴，另一类是相对于本体而言的其他范畴，它们立马变成相对本体而言的属性。这两类里面分别又有着普遍与特殊的区分：在本体的范畴里，特殊的本体既不内居于主体也不表述主体，比如个别的马、个别的人等等，但是它的种和属，即普遍的本体，是表述一个主体但是不内居于一个主体，比如人与动物；在非本体的范畴里，特殊的属性既表述一个主体又内居于一个主体，而普遍的属性则表述一个主体但不内居于一个主体。

到第五章这里，亚里士多德开始详细发挥这两条标准。我一开始就跟你们说，亚里士多德的形而上学就像打井似的，他要一层一层地往下打；又好像是剥洋葱，他要一点一点地往里剥。第一层解决的就是 being 的分类问题，就是找出了 10 个范畴。你们想想在柏拉图那里，他认为世界上最真实的 being 是理念或形式，我们之所以美，是因为我们分有美的理念或形式，但他没有对理念或形式进行分类，比如一个美的人，可以分有美的理念、大的理念、人的理念、白的理念等许多许多的理念。亚里士多德认为，柏拉图的理念世界很乱，需要整顿整顿。他把这些理念归为 10 个最基本的类，这样就比柏拉图清爽多了。但亚里士多德不会到此为止，他要从第一层打到第二层。在这里他认为这 10 个 being 的地位不应该是平等的，我们应该明白它们之间有着什么样的关系。他继续分类，把这 10 个 being 又分成两类：第一类的 being 叫本体，这是最根本的 being，而其他的 being 统统被打入另外一类，叫作属性，也可以叫作偶性。这样，柏拉图的理念世界就被亚里士多德劈成了两半：一是本体，一是属性。亚里士多德就前进了一大步。

《范畴篇》第五章和《形而上学》第七卷第一章就是关于本体和其他范畴之间关系的讨论。我们要弄清楚亚里士多德究竟用什么手段愣是把本体放在最根本的地位，而把其他范畴放在属性的地位，从而在这 10 个 being 之间排出一个次序来。

（一）第一本体和第二本体

> 本体就是既不表述任何东西，也不内居于一个主体的东西。这才是最严格意义上、最原初意义上、最确定意义上的东西，比如单个的人或马。（《范畴篇》2a13—14）

这是《范畴篇》第五章的第一句话。因为你们都习惯把 substance 说成是本体，所以我也说成是本体。单个的人，比如苏格拉底，他不能表述任何东西。他要是能够表述其他东西，就有一个 s is p 的问题，苏格拉底能做什么东西的谓项呢？你只能说，这是苏格拉底。这是一个同一陈述（an identical statement）。除此以外，你还不能说"白"是苏格拉底，也不能说"丑"是苏格拉底，而反过来则可以。所以，这就是亚里士多德为什么说语言很重要。不信你倒过来试试，你说"丑"是苏格拉底，大家就都不懂。但你说苏格拉底是丑的，大家就觉得很好懂。你说话的方式就已经决定了苏格拉底比"丑"更为根本。所以亚里士多德说，单个的东西既不表述任何东西，又不内居于任何东西。亚里士多德一开始就想把这个结构搞清楚。

> 第一本体的属叫作第二本体，这些属的种也算是第二本体。例如，个别的人属于人这个属，而人又属于动物这个种。所以，人与动物都属于第二本体。（《范畴篇》2a15—18）

就是说，特殊本体的种和属，都是第二本体。比如人、动物是第二本体，而苏格拉底是第一本体。亚里士多德首先区分了第一本体和第二本体。

这个区分本质上是一个普遍和特殊的区分：第一本体是单个的、特殊的，第二本体是它的种和属，是普遍的。这个区分很有意义，因为他把柏拉图的说法倒过来了。在柏拉图看来，可感的个体不是实在的，它们是变动不居的，所以不是知识的对象。因此要找到那个共同的谓项，即理念或形式，它们才是真正的实在。可现在亚里士多德却要说，个体才是最终的本体，而种和属，即柏拉图的理念或形式，只是第二本体。你们看，他跟他老师是对着干的。

我跟你们讲过亚里士多德著作研究中的发展论。耶格尔说，亚里士多德的理论有一个发展的过程，一开始他是柏拉图主义者，后来慢慢变成了经验主义者。但是欧文认为，亚里士多德一开始是反柏拉图的，后来倒是同情柏拉图了，这里的内容对他是很重要的支持。因为《范畴篇》是亚里士多德的早期作品。后来亚里士多德提出一个"作为存在的存在"（being *qua* being，或者 being as being），这是一个普遍的科学，与柏拉图的观念又很接近了。所以你们看，这些学者就可以从亚里士多德简简单单的一句话中挖掘出这么一个重大的问题。欧文的发现对于耶格尔来说很是麻烦，因为第一本体与第二本体的区分很重要。亚里士多德说得一点都不含混，他说得很清楚。那耶格尔怎么办呢，他说这个《范畴篇》或许不是亚里士多德的作品。但是大家对于他的这个说法并不买账。就算《范畴篇》不是亚里士多德的，但它就在这里啊。而且它里面的思想很重要，对于亚里士多德的理论起了很大的作用。

（二）本质的谓述和偶性的谓述

接下来，亚里士多德他区分了本质的（essential）谓述和偶性的（accidental）谓述。亚里士多德自己并没有使用这样的字眼，这是后人归结出来的。

我们讲过，亚里士多德将谓述，即 s is p 分作了 10 个种类。这里他进一步地将它们分作两类：一类归于本体，其他的 9 类统统放在一起，成为属性。之所以把本体独立出来，就是因为，在亚里士多德看来，本体是最基本、最重要的 being。他要把这口井深挖下去，去看看什么才是本体以及它与其他的 being 之间有着什么样的关系。

> 从上述能够清楚地看到，表述一个主体的名字与定义的，也可以表述这一主体。（《范畴篇》2a16-17）

我们在前面说过，当 p 表述 s 的时候，p 的名字和 p 的定义都是可以表述 s 的。比如苏格拉底是人，人在表述苏格拉底，那么人的定义肯定也可以表述苏格拉底。那什么是人的定义呢，就是人是一种理性的动物。因此我们说苏格拉底是理性的动物，肯定也是没错的。这样一来，这种 s is p，即 p 的名字和定义都可以表述 s 的 s is p，就叫作本质的谓述。实际上，能够把范畴推演出来的谓述，就是本质的谓述。根据本质的谓述，我们就能够探索出世界到底是由什么构成的。

> 例如，人可以表述一个主体，即单个人，那么人的名字当然也能表述单个的人（因为人是单个人的谓项），人的定义也

可以表述单个的人（因为单个的人也是人）。因而谓项的名字
与定义都可以去表述这个主体。但是，那些存在于一个主体中
的东西，在大多数情况下，它的名字和定义都不能表述一个主
体。（《范畴篇》2a20-26）

亚里士多德自己举例说明，比如"苏格拉底是白的"，这就是
一种偶性的谓述。"白"的名字不能表述苏格拉底，"白"的定义更
不行。我们不能说"苏格拉底是白"，而只能说"苏格拉底是白
的"。也就是说，这里的"白"必须是形容词，而不能是名词。因
为"白"是颜色，我们决不能说苏格拉底是一种颜色，因为颜色就
是一种质，你不能说苏格拉底是一种质吧。

> 在某些情况中，它（位于主体中的事物）的名字也可以去
> 表述某个主体的（这时候，它充当形容词），但是它的定义就
> 不行。比如身体中的"白"可以去表述身体，我们可以说身体
> 是白的，但是"白"的定义就不能去表述身体。（《范畴篇》
> 2a28-30）

你们可以琢磨琢磨这些句子，它们是对的啊，一点错也没有。
苏格拉底是人，这是一个本质的谓述。苏格拉底是白的，这就是偶
性的谓述。这就是说，白的肯定只是苏格拉底的一个偶性。苏格拉
底可以是黑的，也可以是白的，还可以是黄。白的不是苏格拉底
最根本性的东西。你说苏格拉底不是白的，这一点问题都没有。但
是苏格拉底是人，你想把"人"给去掉或换掉，就不太容易。也就
是说，当你说苏格拉底不是人时，那就很麻烦，整个就变了。所以
这就是亚里士多德的第二类区分：本质的谓述和偶性的谓述。只有

本质的主谓项关系才能得出范畴，而偶性的谓述是推不出范畴来的。

（三）第一本体和主体

> 所以其他的事情，要么是表述这个作为第一本体的主体，要么是在这个主体之中。（《范畴篇》2a31—32）

亚里士多德现在又翻出了第一本体。第一本体很重要。他的意思是说：所有其他的事情，要么是表述这个主体，要么是在这个主体之中。第一本体就是一个基础，第二本体是表述这个基础的，其他所有的范畴都在第一本体之中，并把第一本体作为主体而存在。

我们前面讲过，主体的概念在希腊文中就是 to upokeimenon，即躺在下面的意思。后来拉丁语将其译作 substantia，即站在下面的意思，转变为英文就是 subject，即主体的意思。你看，不管是躺着，还是站着，反正它就是一个承受者或支撑者。其他东西要么表述它，要么在它之中。如果把第一本体抽掉的话，这个世界就垮掉了。因为没有了一个支撑者。

> 从一些个别情况中可以看得很清楚，例如，动物表述人，也表述单个的人；如果动物不是表述单个的人的话，它也不能表述人这个属。再者，颜色存在于身体之中，因而也存在于单个的人的身体；如果它不存在于单个的人的身体，它也就不能存在于所有的身体。因而，所有其他的东西要么表述作为第一本体的主体，要么存在于主体之中。所以，如果第一本体不存在的话，那就没有任何其他东西可以存在。（《范畴篇》2a37—b5）

　　以上的意思可以这样理解：我们经常说的颜色是某个东西的颜色，比如白色，它要么是墙的白，要么是车的白，要么是你的白，总之它是"某个东西"的白色。如果把"某个东西"去掉了，只剩下白色，而其后面没有任何东西，你能想象出这样一种白色吗？所以，"白"这个颜色是一定要有某个主体的。如果第一本体不存在，就没有任何其他东西可以存在。因为其他的东西，要么是表述它，要么是在它之中。所以，在《范畴篇》里，本体最重要的规定性就是主体。什么是本体？本体就是主体，即它支撑着所有其他的东西。

　　我们在前面讲过，本体的原初含义是 ousia，是 einai 的分词现在时阴性单数第一格，与 on（being）的字根相同，但因为《范畴篇》的缘故，人们将 ousia 译作本体，与主体（subject）的含义混同起来。其实 ousia 不是 substance，而是一个 being。只不过在《范畴篇》里，亚里士多德认为最根本存在的东西就是作为主体的东西，人们便习惯地认为第一的 being 就是主体，久而久之，它就成了主体。这样，亚里士多德就确定了本体论上的优先性，即在本体论上，个体才是最在先的东西。

　　你们看，亚里士多德与他的老师柏拉图，他们两个讲的都是一样的语言，同样都在关注 s is p，但他们的观点是不一样的。在柏拉图看来，只有共同的谓项才是最真实的，因为所有美的东西，今天美，或许明天就不美了；这一个方面美，或许另一个方面就不美。只有美的理念才是绝对的美、永恒的美。所以，普遍的谓项才是世界上最真实的东西。但现在亚里士多德说，不对不对，只有个体的东西才是最真实的。你们说他们哪个更讲道理，他们哪个才对？过去我们讲，柏拉图是唯心主义者，亚里士多德是唯物主义者，其实这样的说法很简单粗暴。你们现在想想，柏拉图关注的是，这个世界上有很多美的事物，比如车、房子、花等等，要说清这一类事物为什么都是美的，肯定需要一个共同的谓项，所以共同的谓项才是最重要的。而亚里士多德反过来，他认为主体才是最重要的，比如苏格拉底是白的，苏格拉底是两尺长，苏格拉底是某某人的老公等等，要是把苏格拉底给抽掉的话，所有的谓项都没法说明白了。

柏拉图主义与亚里士多德主义始终是要吵架的。但是他们能够吵得清楚吗？他们解释世界的方式是不一样的，谁都没有错。柏拉图想用共同谓项来说明什么才是世界上最真实、最恒久的东西，亚里士多德要考虑什么才是世界上最根本的东西，而其他的东西都要依靠着它，这个思路与我们通常讲的唯物主义比较接近了。可是亚里士多德后来还是要说明，那个普遍的东西到底怎么办，因为单个的美总是会消逝的，苏格拉底也是会死的，但是"人"这个普遍的东西还在啊。那么"人"是个什么东西啊，这也是要讲清楚的。

亚里士多德为什么要反柏拉图呢？你们想，你们做学问也是要反你们老师的。你通过反对他们，才会有成就啊，否则你的老师就老是压着你，你一辈子都翻不了身。亚里士多德也是这样的，他不希望被柏拉图压着，只要有机会，他就要批柏拉图。他高举着大旗说，我爱我的老师，但我更爱真理。我在讲亚里士多德的伦理学时，专门念过这段话。其实，柏拉图的问题一直就在亚里士多德的脑子里，但他不甘心，非要找到一种新的方式来建立与他的老师不一样的系统。在建立自己体系的时候，他肯定是要批一批柏拉图的。可是等过了一段时间，他或许认为柏拉图的说法更有道理，于是又开始靠近柏拉图。但他始终不肯承认自己是错的。这样的地方有很多。

通过以上，亚里士多德就确立了第一本体和第二本体以及本质的谓述和偶性的谓述的区分，也确立了本体论的在先性。

有学生问我，按照以上本体与其他的属性之间的关系，我们如何能够设想一个没有任何颜色、没有任何高度、没有任何肤色等性质而存在的苏格拉底？

这个问题提得很好。很多人都疑惑，作为苏格拉底怎么可能没有颜色、没有重量、没有关系等？你们想想，如果把你所有的属性都去掉，你还能够剩下什么？如果其他的属性都是浮云，那你还有什么？

但亚里士多德认为，还有一个东西，就是苏格拉底的本质，就是使得苏格拉底成为苏格拉底的那个东西。你可以把其他的都去掉，独独那个东西不能去掉。其他东西去掉了可以换上别的，但这个东西去掉了就没法换了，去掉它苏格拉底真的就没有了，就不存在了。那使得苏格拉底成为苏格拉底的那个东西到底是什么呢？我们会讨论到这一点，最后会逼着亚里士多德说，本质是个别的。

你们还记得亚里士多德按照"内居于"与"表述"这样两条标准，将所有的事物分为四种类型吗？比如我们经常把所有的白看作是同样的。但亚里士多德说，你的白和一般的白说不一定是不一样的，有一种专门属于你的白，或者专门属于你的知识。若是对世界现实做进一步分析，你就会发现，你的颜色、你的量、你的质，都是为你所独有的。这个观点对于我们虽然还很陌生，但亚里士多德早就指出来了。你的灵魂与我的灵魂真的是一样的吗？我们讲灵魂不朽，那是普遍的灵魂不朽，还是个体的灵魂不朽啊？亚里士多德的整个形而上学归根结底是要说清楚，你这一个个体到底是什么。我们都知道人格认同（personal identity）这个问题。其实不只是人格，还有人之为人的认同问题。到底是什么让你作为你？有人说是你的基因，或者是你的意识、你的记忆、你的身体、你的理性等等，可究竟哪个才算数啊，大家都说不清楚。人格认同是现代哲学中争议最大的一个问题。因为你是什么，真的说不清楚。你说是你的心灵，可你能不能再说清楚些，你的心灵里到底有什么啊？你的心灵中有没有只有你持有而别人没有的东西？还有，你说你心灵里有道德，可这个道德是你自己的，还是别人都有的？你能否说你心里有个只属于你自己的"德"，这个好像也不太可能。你说你有知识，这个知识只是你的，别人都没有，这个好像也不行。你所有能够说出来的东西，似乎都是公有的。你只不过是把公有的东西挪到你的心灵里，做了一个组合而已，或者多一点，或者少一点，实际上成分还是一样的。那说了半天，什么东西才是你呀？亚里士多德最后只能讲，你的形式才是你真正的本体。英语将人叫作 human being，那你的那个 being 是什么呀，就是你的本体。那你的本体又是什么啊，就是你的形式（form 或 essence）。那你的形式又是什么啊？你的形式肯定是个别的，只是归你所有的那个东西。现在你们体会到了亚里士多德形而上学的独特之处了吧。他就是要深挖到人的心灵，但他还想说得更清楚些。比如我们常常说人是理性的动物，但是你是理性动物，他也是理性动物，那你跟他怎么区分啊，他还是要区分的。所以最后他要讲到个体的形式。总之，他一开始的时候是讲第一本体是个体的人、个体的马，然后他将继续打井，最后得出真正的本体其实是你的个体的形式。

回到你们刚才的问题，一个本体在先的东西，它要先于所有其他属性。可要是把它所有的属性都摘掉了，那它还有什么东西呢？好比我们把一个洋葱剥到最后，还能剩下什么呢？亚里士多德指出，能剩下的就是那个本体了。但是本体里面也有种与属啊，也有着普遍与特殊啊，这些如何能够实现人格认同呢，所以我们依然有许多的困难。

（四）第二本体和主体

> 作为第二本体的属比种更加是本体，因为它离第一本体更近。因为在说明什么是第一本体的时候，说出它的属比说出它的种，更加有用，更加恰当。……因为属对于种的关系正是本体对于谓项的关系，种可以用来表述属，而属不能用来表述种。（《范畴篇》2b8—21）

我们知道，属与种都属于第二本体。亚里士多德说，在第二本体之间，属要比种更加是本体。属的普遍性要小于种的普遍性。为什么呢？他有两个论证。第一，属比种更加靠近第一本体。这就是近水楼台啊，谁跟第一本体靠得更近，谁就更加是第一本体。比如我们说"张三是人",或者说"张三是动物",那么说"张三是人"这个信息量就更大,更能进一步地说明他是什么。第二,第一本体是其他事物的主体,而属也可以做种的主体,所以属就比种更加是本体。比如,人是动物,人可以做动物的主体,你不能倒过来说动物是人,这就不对了。比如"张三是人",张三是主体,人是谓项;"人是动物",人是主体,动物是谓项。这就更进一步地说清楚了,谁更靠近第一本体,谁就更能够做主体。谁是支撑者,谁就更重要。这就是亚里士多德的主体标准。要判断两个事物谁更实在,那你就去看看谁是谁的主体,做主体的那个就更实在。这是他判断事物、建立等级结构的一个标准。

> 但是属自身,就是那些不能作为种的属,不会比另外一个属更加是本体:因为说单个的人是人并不比说单个的马是马更加恰当。同样地,某个第一本体也不比另外一个第一本体更加是本体:单个的人不会比单个的牛更加是本体。(《范畴篇》2b21-25)

亚里士多德是说,在属自身里面是不能排等级的,因为它的主体性是一样的。苏格拉底和这头牛的主体性是一样的,苏格拉底是动物,牛也是动物,这很平等。虽然苏格拉底要吃牛肉,但在本体论上,二者是一样的。所以,本体论的优先性和在后性,只是在种和属之间,或属和个体之间,但不能在同一个层次的成员之间。在同一层次的本体之间,大家都是平等的。说张三比李四更加是主体,这就没有什么道理。

> 除了第一本体,只有它们的属和种,才可以被叫作第二本

体。因为，只有它们才能解释第一本体的本质，才能告诉你第一本体到底是什么。(《范畴篇》2b30-31)

你们不要小看这句话，这里面藏着一个大问题。我是第一本体，是我在支撑着你，但我是什么恰恰要靠你来说清楚，如果没有你，我是什么就说不清楚，那我们两个到底谁更重要啊？亚里士多德本来是想要避开柏拉图的，但显然是避不掉的。柏拉图的形式或理念就是要来说清楚个体是什么的。它是普遍谓项，可以解释这个事物为什么是美的、为什么是大的。现在亚里士多德说，个体的"大"比普遍的"大"要实在多了。要是柏拉图还活着，他就会问亚里士多德，你那个体的"美"、个体的"大"要靠什么东西能说清楚呢？只能是它的种和属啊，是它的属和种解释了第一本体究竟是什么。可是矛盾就在这里被埋下了。我撑着你，而我又要靠你来说明；要是我不能给你说明的话，人家根本就不知道你是什么，那你撑着我又有什么用呢？但这个时候亚里士多德反柏拉图的意识很强烈，他没有松口。不管怎么说，他都坚持属和种都是第二位的。

> 如果要你说清楚单个的人是什么，或者要用属来说明，或者是用种来说明（虽然用人比用动物来说明包含着更多的信息），但是，如果用别的东西来说明，比如白、跑或者类似的东西，就显得很荒唐了（out of place）。因此，在这些不是第一本体的事物中，只有属与种可以被称作本体。并且，因为第一本体还是其他一切事物的主体，所以它们是最严格意义上的本体。第一本体的属与种和其他事物的关系，如同第一本体和

其他事物的关系。因为其他事物都需要它们来表述。如果你称某个人是有教养的，那么你也可以称人和动物是有教养的。其他情形同样如此。（《范畴篇》3a1－5）

我们理解一下上面这段话。比如你想说清楚苏格拉底是什么，你只能说苏格拉底是人，你要是说别的就不行。你也可以说苏格拉底是动物，但说苏格拉底是人更好。只有人才解释了苏格拉底是什么。别人要是问你苏格拉底是什么，你回答说苏格拉底是白的，这就不管用，说了也是白说。所以亚里士多德说，提供任何其他的东西都是 out of place。大家都知道 out of place 是什么意思，就是不在位、荒唐（absurd）的意思。荒唐听起来似乎是很严重的样子，但所谓荒唐无非就是 out of place 而已。某个说法，在这个地方是荒唐的，但是换到另外一个地方，说不定很对呢。因此，对于对与错，都不要太极端，不要别人一说你不对，你就脸红脖子粗的，说不定换一个地方或对象，就成了对的东西。那什么样的东西是荒唐的呢？比如我问什么是苏格拉底？你回答说苏格拉底是白的，或者说苏格拉底在跑步，这些都不对，因为从你的回答中我们不能明白苏格拉底是什么。因此，为什么个体的事物是第一本体呢，因为它是最终主体；为什么种与属是第二本体呢，因为它们解释了第一本体是什么。第一本体之所以叫作第一本体，是因为它是其他一切事物的主体。第一本体和其他事物的关系也是第二本体和其他事物的关系。也就是说，其他事物也可以拿第二本体作为它的主体。所以你可以说，人是白的，人是有重量的，动物是白的，动物是有重量的等等，这些都是没有问题的。只要你和主体沾点儿边，你的地位就很高。如果你不与主体沾边，你就不重要。因此，在《范畴篇》里，主体很重要，其他事物都是表述主体的。你看他讲了这么多，他翻来覆去地就是想让你们明白，究竟什么是最根本的东西，它上面的那个普遍处于什么地位，这些普遍又有什么用等等。你们要是有书，我们一起念的话，你就会发现，亚里士多德把什么是本体，什么是属性，什么是普遍，什么是特殊，都给你说得很清楚，直到你们很烦为止，但是他是不怕你烦的，所以很多人说，亚里士多德才是第一个真正的分析哲学家。他就是这样，逮住一个字不放，这么讲，那么讲，翻来覆去地讲。

（五）第二本体与"内居于"

下面这一段话会引出一个新的观点，非常重要。我与你们一样，都是在山东大学学习哲学的。过去我们学哲学的时候，会讲"普遍存在于特殊之中"这句话。这普普通通的一句话，我们都会背，但有许多问题需要思考。第一，什么是特殊？你可以说，特殊就是个体，比如一间房子、一个凳子、一个人等等。那什么是个体，有没有一个定义将它说清楚？第二，什么是普遍？你也得下个定义。你说清楚了普遍，肯定就能说清楚特殊，因为它们是相对的嘛。我已经忘了马克思是怎么说的，但我可以告诉你，亚里士多德是怎么说的。

> 普遍自然能够为许多事物所表述，而特殊则不能。（《解释篇》17a40）

这是亚里士多德在《解释篇》中讲的一个定义。在他看来，只要一个东西在表述许多事物，那它肯定就是普遍的。也就是说，拿什么来定义普遍呢，就是看它能不能做许多事物的共同谓项。如果它是一类事物的共同谓项，那它就是普遍。所以普遍就是能够表述一群或一类东西的那个东西。比如动物，肯定是普遍。他接着说，什么叫作特殊呢？就是不能够表述任何其他事物的东西。这是亚里士多德定义普遍与特殊的方式。对于这个定义，或许我们背了好久，从高中、大学一直到考研究生，但都没有细究，背背就完了。

这些还不算，现在要讲的是"内居于"，也就是"存在于……之中"。我们经常说，普遍不能独立于特殊而存在。我们还说这是马克思主义的基本原理。其实这是亚里士多德的基本原理。问题是，不管它是谁提出的基本原理，谁能够把"存在于……之中"说清楚？你说普遍存在于特殊之中，那我把"特殊"都打开，就能找到那个普遍吗？如果找不到，那它是怎么存在于某某之中啊？我们也经常说，属性存在于主体之中。但不能这么说说、这么背背就完了。"存在于……之中"肯定不能像把一个小箩筐装在一个大箩筐中，或者把茶倒进一个茶杯中这么简单，我们是在做哲学啊。如果你们对它感到困惑的话，我们就接着读亚里士多德。

亚里士多德说，第二本体表述第一本体，可又不在第一本体之中。很多人就开始丈二和尚摸不着头脑了。他们会疑惑，这怎么可能，如果第二本体不在第一本体之中，那它跑到哪里去了呢？这不是搞错了啊？我们的哲学教科书告诉我们，亚里士多德是一个唯物主义者，那他应该是主张普遍存在于特殊之中啊。我们来看他是怎么说的：

> 每一个本体都不在一个主体之中，这是它们的共同特征。因为第一本体既不表述一个主体也不内居于主体。第二本体显然同样不内居于一个主体。因为人可以用来表述单个的人，但却不在单个的人之中。人不在单个的人之中；同样地，动物也可以用来表述单个的人，但它也不在单个的人当中。（《范畴篇》3a6-10）

在亚里士多德看来，只要它是一个本体，它就不应该在一个主体里面。第一本体是这样的，第二本体也是这样的。第一本体既不表述一个主体，也不在主体之中。那第二本体呢，立马也很清楚，它也不在一个主体之中。人和动物，不在单个的个体之中。

你们看，现在麻烦了吧，亚里士多德说的是，第二本体实际上也不在特殊之中，也就是普遍不在特殊之中。如果普遍不在特殊之中，那它在哪里啊？

> 进一步地，虽然我们不能阻止一个内居于主体的事物的名字有时可以表述这个主体，但它的定义却不能用来表述这个主体。第二本体的定义以及它的名字可以表述这一主体：你可以用人的定义来表述单个的人，动物的定义亦是如此。因而，没有本体在主体之中。（《范畴篇》3a16-19）

比如我们说"苏格拉底是人"。可是"人"这个谓项，这个第二本体并不在苏格拉底这个个体之中。同样"人是动物"，而动物也不在单个的人之中。所以你们看，亚里士多德做哲学，有时候会来一点重复。他说形容词可以在主体之中，因为它是偶性。但是，没有任何一个本体能够在主体之中。

对于这一点，大家都很头痛。柏拉图说，理念不在个体之中，这个大家都很明白。因为他本来就是这么说的。可亚里士多德现在也这么说。这到底是怎么回事呢？亚里士多德解释说，第二本体是用来定义第一本体的，第一本体得靠第二本体来说明。第二本体要定义第一本体，但第二本体却不能在第一本体之中。如果它在第一本体之中，它就不能将第一本体说清楚了。这话大家听起来是不是有点绕？

那"内居于"或"存在于……之中"到底是什么意思呢？其实，在《范畴篇》第二章里，亚里士多德就定义过，不知大家还能不能想起来。

> 所谓一个事物内居于另一个事物里面，不是作为另一事物的一个部分，而是指不能够与另一个事物分离而存在。（《范畴篇》1a24—25）

意思是说，"内居于"就是指在某个事物之中，但不是这个事物的一个部分，并且不能从这个事物中分离出来。换言之，"内居于主体"并不像部分内居于整体那样，而是指它无法从主体之中分离出来。比如"白"在你这个主体里面，但"白"不是你这个主体的一个部分，而且"白"还不能脱离你这个主体而存在。大家可以顺着这个思路再想一想，"不内居于"又是什么意思，这是不是特别麻烦？你们看，在实在讲不清楚的地方，亚里士多德会诉诸日常的语言结构。比如我们平时不会这样讲，"人在苏格拉底之中"，

"动物在这只狗之中"。人是动物，这一点没错，但这不意味着"动物"在人之中。我们也从来不说，"动物"这一概念或者第二本体是在狗或者大熊猫之中，虽然它可以用来说明大熊猫或狗是一个动物。"动物"可能在其他许多的动物里。所以"普遍存在于特殊之中"这句话，是没那么容易就能够理解的。

亚里士多德一定要强调，本体不在主体之中。很多时候，他也发现有一点麻烦。他觉得第二范畴，就是那些属性，是在主体之中的。比如你很有知识，知识就在你这个主体之中，但知识不是你的一个部分，你剖开全身，也找不到知识在哪里。可是，离开了这个人的知识或者那个人的知识，知识确实不知道在哪里了。所以它肯定还是要在某个主体之中的。第二本体也是这样啊。"动物"可能不在这个人之中，不在那个人之中，不在这个动物之中，不在那个动物之中，可毕竟它还是要在这些东西之中啊。但是亚里士多德说，凡是能揭示第一本体的定义，就不能在第一本体之中。也就是说，它只能表述主体，却不能内居于主体。总之，他捣鼓了半天，就是想尽一切办法来区分属性与种属的。属性与种属的区分就在于：属性是内居于主体的，而种属却一定不是内居于主体的，后者是用来揭示主体的定义的。

或许你们要问，可不可以这样理解，就是有两种普遍，一种普遍是属与种，它不存在于主体之中，而另一种普遍，比如白、高等等，则是要存在于主体之中。这种理解当然是对的。可我们的问题也在这里啊，为什么第一类的普遍不依赖于主体，这有什么根据？我们刚刚也读到了亚里士多德所提供的理由，但这个理由我们总觉得不够。实际上，亚里士多德有一个苦衷，他说不出来。我们知道，第二本体就是柏拉图的那个理念或者形式，亚里士多德其实是认可柏拉图的这一主张，即理念或者形式真的要比个体更实在。但他又认为，个体作为支撑者，也很实在啊。他还认为，第二本体是用来解释第一本体的，若是第二本体内居于第一本体，那它还如何能够去解释第一本体呢？到了后面的《形而上学》，他又觉得这种说法未免有些牵强。因为从解释的角度来看，第二本体是很实在的。所以他要把第一本体与第二本体的区分抹掉。他希望有那么一个东西承载着这样两个任务：第一，作为支撑者；第二，最能解释事物，它能够解释一切东西，而不是被其他东西解释。也就是说，它既在本体论是第一的，又在知识论上是第一的。他要将第一本体、第二本体分别承载的任务，放在一个事物上，这是他在《形而上学》中要做的工作。亚里士多德老是处理不好他与柏拉图的关系。而"内居于"是哲学上的一个大难题。

与"内居于"相对的概念便是"分离"。我们通常也说，普遍不能脱离或者独立于个体而存在，那么独立或分离又是什么意思啊。你们看，"内居于"、独立、脱离等等都是很直观、很感性、很形象的字眼，可它们到底是什么意思啊，能否用定义说清楚啊，这些都是让亚里士多德感到很痛苦的事。因为他老是认为柏拉图把普遍从特殊中分离了出去，从而惹出了许多错误。可他自己也有很多的问题啊。你说你这个形式是否跟个体分离啊？若是分离，又是一种什么样的分离方式啊，是纯粹定义上的、纯粹知识上的，还是自然上的、时间上的？在这里，大家先要记住啊，"内居于""与……

分离"这些字眼不光是我们批判唯心主义要用的，也是亚里士多德一直很苦恼的。

（六）第一本体的各种特征

你们看，我们要是一句句地读，就会很慢。实际上呢，书真的是要这样讲。你们看过冯友兰先生的自传吗？他讲他在北大读书的时候，有个马先生讲中国历史，讲了一年西周部分也没有讲完。那也是一种本事啊。不过讲《形而上学》真的要一句句地讲。你看它的每一个概念以及概念之间的联系都要分析，而大家的理解又不同。因此，你们每个人手里不仅要有原著，有一个译本，还应该有几个注释本。这样你们就会发现，每一个注释者的说法是不一样的。这个时候，你自己要评判，老师也跟着你一起评判，哪一个注释更讲道理一点，不是吗？就像我们读《论语》一样，翻出三五个注释《论语》的本子，每个人的说法都是不一样的。这个时候你就要讨论讨论，比较比较，看看哪个人说得好一点，哪个说得弱一点，这样就能很清楚了。你们要知道，在上这个课的时候，老师就是教练，你们是运动员。你可以犯错误，也可以做得比亚里士多德更好，这都没有关系。但重要的是，你要在这里训练你的脑子，训练做学问的办法，然后互相"攻击"，这样几年下来，你不就学会做学问了吗。你要是嘻嘻哈哈，既不读书，也不讨论，只是两只耳朵听听，回去就都还给我了，那有什么用。

你们看讲课提纲上的第 5 点，它是关于第二本体与"内居于"的关系的，这个我们已经讲过了。第 6 点是关于属差的，这个比较简单，所以略过。然后是关于第一本体的各种特征的，这个是从原著的 3b10 开始的。这段话比较重要，所以我们要念一下。

> 每一个本体似乎都在表示某一"这一个"，而对于第一本体而言，它们中的每一个都表示的是某种"这一个"。这一点是更无可置疑的。(《范畴篇》3b10-13)

这里说的是，第一本体是"这一个"。所谓"这一个"就是你可以用手去指的那个东西。我们刚刚讲到了特殊，什么叫作特殊呢？特殊在英文中被译作 particular。还有一个词，叫 individual，它是个体的意思。particular 与 individual 有什么区别呢，你们认为它们是一样的还是不同的？particular 是从佛教经典译过来的，就是指个别的人、个别的马、个别的桌子等等。individual 则比较麻烦，它也可指这张桌子、这个人、这个张三、这个李四等等。individual 是从哪里跑出来的，实际上呢，individual 的希腊原文是 *atomon*，就是不可分割的意思，in 就是割不下去了。希腊原文是针对原子而言的，就是把原子分到最小，直到它分不下去了，就是原子。亚里士多德所讨论的最后的属，叫作 *infima species*，它也是不可分割的。你给一个普遍性的东西进行分割，分到最低一层时，它也分割不下去了，因此 individual 也可以是一种普遍，所以它比 particular 要麻烦。在讨论具体问题时，我们要注意 particular 与 individual 二者究竟是相同的，还是后者要更高一个层次。我们在读亚里士多德时，就会看到他有时候说形式是普遍的，但是不可分割。因此，每个概念我们都要小心。不过这个地方呢，他在说 individual 时接着补了一句，numerically one，即在数量上是 one。这个就很清楚了，它就是一个 particular。"这一个"在希腊文中是 *tode ti*，这是亚里士多德造出来的一个词。

> 至于第二本体，比如当我们说起"人"或"动物"时，尽管从名字的形式来看，它似乎表明的也是某种"这一个"，但这不是真的。更确切地说，它表示的是某一种质。因为它的主体不像第一本体那样指的是单个的东西，"人"和"动物"表述的是许多事物。(《范畴篇》3b14-18)

在亚里士多德看来，第一本体就是"这一个"，是可以用手指着说的单个的东西。这是第一本体的第一个特征。第二本体呢，就是某一类的质，是具有某一类性质的东西。后来在《形而上学》里，他将它叫作 a such，希腊文是 *toionde*。"这一类"在数量上就不是一个了，而是很多的东西。

> 本体的第二个特征呢，就是它们没有相反者。……本体似乎还没有程度上的更多或更少这样的不同。(《范畴篇》3b30-35)

这里，亚里士多德是说，只要是作为本体，不管是人、狗、马、羊等等，都是同一个层次上的本体。我们不能说，"人"比"马"更加是本体。作为本体，都是一样的。亚里士多德在这里说得很好听，但是他后来还是在它们之间做了区分，尤其在他的《政治学》里。亚里士多德说这些本体最终要根据它们拥有的理性程度的不同而分出档次与高低来。在亚里士多德看来，男性的理性程度更高，而女性要差点。所以女权主义就很不高兴了。再往下一点呢，就是动物，所以人是可以吃动物的。

总之，在《范畴篇》里，亚里士多德围绕着本体与属性的关系做了这些工作：第一，区分了本质的谓述和偶性的谓述。第二，区分了第一本体和第二本体。第三，讨论了第一本体与第二本体它们中的哪一个更加是主体、更加是根本。第四，说明了第二本体虽然表述第一本体，却不在第一本体之中。第五，解释了本体的特征等等。翻来覆去地，亚里士多德就是围绕着本体与属性展开的。

二、《形而上学》第七卷第一、二章

现在，让我们带着同样的问题进入《形而上学》第七卷的第一章。你们已经知道了，亚里士多德形而上学与《形而上学》这本书不是等同的。《形而上学》这本书本来就是后人拼凑起来的，而许多关于形而上学的问题散落在亚里士多德全集中的各个地方。所以，当我们讨论这些问题的时候，需要把这些文本都搜集在一起。

（一）being 的多种含义：本体与属性

这部分内容，大部分同学手里都有书，所以我可以找一些同学起来一句一句地念，我们一句一句地讲。你念中文也行，念英文也行，只要念，什么文都行。

> 一个东西被说成 being 可以存在有许多种含义。正如我们在前面讨论词的各种含义的那一卷中所指出的那样。（《形而上

学》1028a10-11）

这就是亚里士多德经常说的 being 可以用多种方式来表述。我们还是要注意，这个 being 指的是词还是物呢？也就是说，他是在说 being 这个概念有许多的说法，还是 being 这个东西有许多的说法？幸亏这是亚里士多德说的，所以我们就很清楚，在他那里词和物经常是一样的。就算他是在讲词，也是要通过词来讲物，而并非只是讲词。若是碰到其他的哲学家就比较麻烦，因为他们可能只是讲词，而不管物。这个我们已经讲过了。

（二）"是什么"（ti esti）与"这一个"（tode ti）

> 在一种意义上，being 指的是一个事物"是什么"（what is it），或者"这一个"（a this），在另一种意义上，它指的是一种质或量或者其他表述的谓项。（《形而上学》1028a12-13）

这里说出了"是什么"或"这一个"。亚里士多德并没有说第一范畴就是本体，而是说它是"what is it"或者"a this"。在《范畴篇》里，"是什么"并不限于本体，因为每一个范畴都是一个"是什么"。亚里士多德从 s is p 的句型中推出来 10 个范畴，即终极谓项。可是在这里，他专门把"是什么"跟本体挂钩，就说明本体在 to be 或 being 中有一种特殊的地位。"这一个"似乎继承了他在《范畴篇》里的遗风，即第一本体就是"这一个"。可是"是什么"马上暴露了他现在的想法，因为在《范畴篇》里，本体有两个，即第一本体与第二本体，当我们回答"是什么"时，要用一个普遍的东西来回答。这个普遍的东西是要解释一个定义的，比如我们问：

"苏格拉底是什么?"你回答说:"苏格拉底是人。"只有"人"这个第二本体才能说明苏格拉底这个第一本体是什么。也就是说,在《范畴篇》里,"是什么"是和第二本体挂钩的,而"这一个"是和第一本体挂钩的。但是在这里,亚里士多德想要改变他在《范畴篇》里的观点。他说得很委婉,即不用本体了,而是来了一个"是什么"或"这一个"。你们看,他现在不分两个了,他想要的是一个。

(三) 其他范畴对本体的依赖性以及它们的独特意义

> 尽管 being 具有所有的这些含义,但很显然第一意义上的 being 指的是"什么"("the 'what'"),它表明这个事情的本体 (the substance of the thing)。(《形而上学》1028a14-15)

这是第三句。他先是说 being 有很多种含义,就是很多种 being,但本体是第一意义上的,其他的 being 都要依靠着它。但是,我们不能放过这一句,即"这个事情的本体",英语表达是 the substance of the thing。到现在为止,我们讲的本体都指的是一个个的个体,比如个体的马、个体的桌子等等,现在却成了某个东西的本体,这样本体就抽象化了。本来本体应该是独立的,因为它是支撑者啊,现在它却成某个东西的本体。一个东西如何既是本体又是某个事物的本体呢?这就意味着有那么一个东西比现在的本体更要根本。

> 当我们说一个事物的质是什么,我们可以说它是好的或美的,而不是说它是三肘长或者是一个人。但是,当我们说这个事物是

什么时，我们就不能说"白"或"热"或者"三肘长"，而只能说它是"一个人"或"一个神"。（《形而上学》1028a16-18）

这些话是他以前说过的，所以不难理解。当回答这个东西"是什么"的时候，你必须用本体来回答，不能使用其他的范畴。当你使用其他的范畴时，你要回答的是这个事物的量、质或者联系。

其他所有的事物之所以被说成是 being，是因为在它们之中，有些是第一意义上的 being 的量，有些是它的质，有些是它的属性，有些则是它的其他规定。（《形而上学》1028a19-21）

这里是说，其他的 being 之所以是 being，是因为它们是第一意义上的 being 或本体的质、量或者其他规定性。只有第一意义上的 being 或本体才是其他 being 的基础。本体在各种 being 中就有了一个根本性的地位。所以，你们看，原先所有 being 的地位是一样的，现在它们的地位有高下之分了。总之，亚里士多德就像打井一样，一开始把 being 都挖出来，排列起来，然后说本体在这些 being 中地位更为根本。

有些人甚至可以这样问，像"走""健康""坐"这些词是否还表示某个东西的 being 啊？这一类的其他词亦是如此。因为它们中的每一个要么不能独立于本体而存在，要么不能与本体相分离。（《形而上学》1028a20-24）

这里的独立就是分离。要说清这个问题很麻烦，我们暂且不管。

我们更应该说，就是那个走、坐或者健康的东西，才是一

个存在的东西。(《形而上学》1028a25)

这里亚里士多德继续追问,既然其他的 being 都要归结到那个本体的 being 了,这些 being 之间有了等级排序,那人们就会疑惑,那些其他的 being 的独立性就没有了吗?

> 这些之所以看起来更为真实,是因为有个很明确的东西在支撑着它们,这个支撑着的东西就是本体或者个体(individual),它被隐含在那样的谓项里;没有这个主体,"好的"或"坐着"等谓项就不能被使用。(《形而上学》1028a26-28)

比如我们说"走","走"是一个谓项,它一定是某个东西在"走",因为"走"自身不能走,"走"这个谓项就隐含着有个主体,这个主体在支撑着"走",这个主体就是本体或个体。亚里士多德得出这样一个结论:

> 很显然,正是因为这个范畴,所有其他的范畴才是范畴。所以第一意义上的或者绝对意义上的 being 或范畴一定是本体。(《形而上学》1028a29-30)

亚里士多德翻来覆去地讲的就是,其他的存在或 being 都是依赖于本体才成为存在的。这里隐含着一个大的争论问题,我们先把文本读完再说。

(四)本体在三种意义上优先于其他范畴

本体是第一意义上的存在或 being,也是有好几种含义的:在定义上,在知识程序上,以及在时间上。只有本体这个范畴

才能够独立存在，而其他的范畴则不能。(《形而上学》1028a30－34)

亚里士多德说，本体是第一意义上或原初意义上的存在，可以有三种含义：第一，在定义上在先。第二，在知识程序上在先。第三，在时间上在先。他说本体在这三种意义上都是在先的。

其中，对于时间上的在先，很多人认为这是被抄错了。因为，如果本体在时间上在先，就意味着本体在时间上要比其他属性出现得早，但是本体不可能比其他属性出现的时间要早。这与你们在前面所提出的问题相同，即如果我们把本体都扒光了，那本体还有什么啊。它不能刚出来的时候是一个裸体，然后再加上其他属性吧。但是，这里时间上的在先，通常被人们理解为，是指存在的在先或者自然上（in nature）在先。它是说，所有其他的范畴都不能独立存在，只有本体才可以。比如，我们可以说人就是人，马就是马，而当我们说到质，就要说是人的质，马的质；说到量，就要说是人的量，马的量。

> 在定义上，本体也是在先的，或者是第一的。因为在每个事物的定义里面，本体的定义都是呈现的（present）。(《形而上学》1028a35－36)

比如，当我们定义"白"的时候，"白"是一种颜色，"白"肯定是某种东西的颜色，所以某种东西始终要在里面。也就是说，当你想要定义 A 时，你必须要呈现 B，那个 B 肯定是在先的。

> 当我们知道这个事物是什么的时候，我们对这个事物的认

识才是更充分的。比如这个人是什么或者这个火是什么，而不是去知道它的量、它的质，或者知道它在哪里，才能更认识它。(《形而上学》1028b1-3)

这里他要解释知识程序上的在先。比如在生活中我们想要认识一个人，我们问他是谁，如果他说他在北京，那么我们就啥也不知道。当我们想要知道一个事物的量或质的时候，就必须首先要知道量是什么或者质是什么。当然，这句话也引起了许多的争论，我们姑且不去深究。

(五) 从"什么是 being"到"什么是本体"

上面亚里士多德说，本体是所有范畴的根本，其他范畴必须依赖于本体而存在。也就是说，其他范畴是依赖于本体这个 being 才被称为 being 的。本体相对于其他范畴是在先的，"在先"有三种含义：定义在先，知识程序在先，本体论上在先。讲完这些之后，亚里士多德就跟算命先生似的指出，过去、现在而且始终困扰人们的问题，即什么是 being 归结为"什么是本体"。

事实上，过去、现在而且始终被提出并且永远困惑我们的问题，即 being 是什么，也正是这个问题：什么是本体？(《形而上学》1028b3-4)

他说了半天，指的就是，在所有的 being 中，只有本体才是最重要的。这里隐含两个重要的问题。其中一个就是，其他的 being 是否丧失了独立性。

欧文认为，在亚里士多德的早期逻辑著作，比如《正位篇》

《范畴篇》等中，being 的各种含义是分开的，有质、量、关系、本体等各种的 being，但是到了《形而上学》，其他的 being 就丧失了独立性，成了本体的附庸。欧文的这篇文章①我已经发到你们的邮箱了。

我并不认同欧文的观点。因为亚里士多德有这样一句："我们想要知道一个东西的质和量，你就要知道什么是质和量。"比如，我想去定义、说清楚什么是"白"，我还是要拿颜色去定义、说明"白"啊。虽然从本体论上来讲，"白"肯定是某个本体的白，可要是没有颜色的话，那个"白"也始终说不清楚啊。其他范畴肯定是第二层次的 being，但这并不意味着它们原来的含义就消失了啊。它们原来的含义还是在的。我认为，亚里士多德只不过要在这些 being 之间创造出一种新的结构关系，而这些结构关系使得各种 being 都必须与本体相联系。本体是最为根本的、在三种含义上是在先的 being。你们也读到了，亚里士多德自己意识到人们的这种疑问，他说很多人会觉得他过分强调了其他范畴对于本体的依赖性，于是就问其他范畴的 being 是不是没有了独立性？他认为自己花了那么大的功夫去研究各种范畴，它们不能就这样没有了。本体肯定是关键中的关键，但研究完了本体，不等于就自动理解了其他范畴。你就是研究本体再多，但质还是质，量还是量，这些其他范畴还在那里，还是要去研究的。

---

① G. E. L. Owen, "Logic and Metaphysics in Some Earlier Works of Aristotle", Düring and Owens, eds. , 1960，pp. 163-190.

（六）与《范畴篇》第五章的比较

另一个问题就是，如果我们将《形而上学》第七卷第一章与《范畴篇》第五章对比一下就能发现，它们都在讲其他范畴对于本体的依赖性，即本体是根本性的 being。可在前者里面，我们再也找不到第一本体与第二本体的区分，它们之间的区分突然就消失了；而且第二本体的说法，从此再也不出现了，倒是冒出了一个很古怪的说法："是什么"（what it is）与"这一个"（a this）。

在《范畴篇》中，what it is 是指事物"是什么"，属于第二本体，a this 是指第一本体。现在亚里士多德想把它们放在一起，变成一个东西。但并不是你想把它们放在一起就放在一起的啊，肯定会冒出许多问题啊。哪怕你不明说，你说得很巧妙，人家也能察觉出来。亚里士多德自己是知道的。亚里士多德与我们一样，也是个人。他有时候写文章吧，也会偷懒，会将某些问题掩盖起来。第二天他爬起来，有精神了，觉得那些问题还在，还没有被解决，他又会将它们一个一个地拎出来，重新研究。

上一次课，我们花了很大的劲，理解了亚里士多德为什么说 being 有 10 个。今天又花了很大的劲，了解这些 being 中，真正重要的只有一个，即本体，其他的 being 都要归属于它。下节课我们就要问，这样一门作为 being 的科学，它到底是一种什么科学。

这里我要给大家说几件事情。下一个星期，就是这个月的 23 号到 30 号，我要去趟台湾。所以课就没有办法上了，你们可以自己学习。还有一个就是，这周的星期五，山东大学哲学系会召开一个东西方哲学诠释大会。世界各地会来一些学者，其中有好几个大牌教授。比如我们这里黄启祥老师的老师——普林斯顿大学哲学系主任加伯（Daniel Garber），他是世界上研究笛卡儿最好的专家。世界上研究朱熹的最好的专家之一也会来。我想，如果我在这里讲课，你们也不好意思不来上课，可是你们肯定也想去听这些大牌教授的课。所以，我不想让你们为难，我也希望你们都去听听。我们的大会是 6 月的 3、4、5 号，一共三天。6 月 3 号是大会的第一天，我给你们放一天假，剩下的我就不能给你们时间去听了。

　　这个大会是由我发起的。山东大学去年就琢磨着让我召集一个哲学的国际会议，作为山东大学百年校庆的一部分。我虽然是研究希腊哲学的，但也不能很自私吧，如果只是召开一个希腊哲学的会议，那没有几个人能够参加，所以我就整了这个东西方哲学诠释大会。因为我们山东大学，除了有哲学系，还有文史研究院，有儒学研究院，有犹太教与跨宗教研究基地等等，这些都在做解释。事实上，我们哲学就是一种解释，要么解释这个世界，要么解释一个文本，要么通过解释文本来解释世界，反正就是在解释。那就有一个问题啊，比如你我都在做解释，我们有没有反思应该遵循着一种什么样的解释程序，我们的解释才是有效的？还有，你在写文章，我也在写文章，他在写书，我也在写书，那我怎么知道我写的文章一定比你写得好啊，这里有没有一个评判的程序？产品的生产也是有自己的程序的。这个世界上的各个行业都有自己的程序。我们要知道某个产品好还是不好，就是要去查查它的制作工序。那做哲学的工序在哪里？你有没有办法解释清楚，你的某个哲学观点是怎么发展出来的？这首先需要做哲学的人自己解释一下。通过解释，我们可以看出这个哲学家是怎么看待自己正在做的事情，他的解释怎么就比他的前辈们更好，或者他的解释就是真理。我们人呢，都喜欢合群，大家更愿意照着自己的老师说。你的老师怎么说，你也这么说。但大家要反思反思啊，为什么这么做就是对的，而不能稀里糊涂地做了一辈子，最后也没有整明白为什么要这么做。这是方法论上的反思，一种哲学方法的自我意识。我希望大家都去听听。如果发言者没有讲清楚自己所做的工序，你就向他们提问。这种问题意识特别重要。

第四讲　作为 being 的 being

今天是星期五。人家老说我们山东大学的生源不好，可星期五晚上还有这么多人来听《形而上学》，怎么能说不好呢？这毫无道理啊，你们说是不是？周末大家应该出去谈谈恋爱、喝喝啤酒之类的。今天我们要讲《形而上学》第四卷。说是第四卷，其实主要是这一卷的第一、二两章。

我们先复习一下上节课的内容。亚里士多德的形而上学是一个围绕着 being 的问题一步一步往下深入的整体。他认为 being 是世界上最让人困惑的问题。而他不仅要找到这个世界最实在的东西，还要找到这个世界运动的方式。首先，他根据当时人们的语言结构，找出来 10 个范畴。其次，他说这 10 个范畴的地位是不平等的，有了本体与其他第二类范畴，即属性之分，于是便有了其他属性是如何依附于本体，而本体又怎么决定其他属性等种种讨论。这部分他讲得很是吃力。他翻来覆去地要分析清楚在每一个个体里面，都有着种、属、个体这样三个层次；在各个范畴之间，有的是根本性的，即本体，有些是依附于本体之上的，即属性，因而就导致了一个问题：如果其他的范畴都要依赖于本体的话，那么它们作为 being 或存在的根据还有没有呢，它们的独立性是不是就完了，它们是不是就完全成了本体的一种附庸？亚里士多德的回答是，虽然其他的范畴都要依赖于本体，可是它们作为 being 或存在的根据并没有被去掉。其他的 being 之所以能够作为 being，就在于根据范畴的产生规则，它们还是有一个种加属差，即 s is p 的句子类型支撑着它们。如果支撑着它们的这些句子结构没有倒，那么它们的独特性就不会被去掉。这就是《范畴篇》的第五卷和《形而上学》第七卷的一、二两章里的主要内容。

一、《形而上学》第四卷第一句话

在完成以上内容之后，亚里士多德进而在《形而上学》第四卷中说，有一种专门研究 being 或存在的科学。关于第四卷第一章的第一句，他是这么说的：

> 有一门科学，它是研究作为存在的存在（being as being）以及由于它自身的本性而属于它的属性。（《形而上学》1003a21-22）

这句话大家都很熟悉，很多哲学教科书都会引用。但是，这句话里隐藏着诸多麻烦，甚至每一个字、每一个概念都有麻烦。第一个大麻烦是，being as being 的概念；第二个大麻烦是，什么叫科学？第三个大麻烦是，作为 being as being 的属性又是什么？我将它们都放在提纲上了，我们一个一个地看。

(一) being as being

我们先看这句："有一门研究作为存在的存在的科学。""作为"是什么意思呢，通常它是指某个东西的一个方面。比如说，作为一个学生，作为一位老师，作为一个女儿等等，这些都只是他（她）人生的某一方面。同样地，对于 being 而言，除了作为存在的存在，肯定还能作为别的东西的存在，那么这个别的东西又是什么？也就是说，being，除了作为存在的存在，还能作为什么的存在呢，你们有没有想过这个问题？

你们有的同学说，being 除了作为存在的存在，还可以作为非存在的存在。哪里有"作为非存在的存在"这个说法呢？巴门尼德肯定会否定掉这个说法的。有的同学说，还作为工具的存在，这个说法可行吗？所以，你们看，这里是不是有些问题。

那你们再想一想，这门"作为存在的存在"的科学，它的研究对象到底是什么，是"作为存在的存在"，还是指存在，但只能将存在作为存在而不是别的什么东西来研究？也就是说，它是指"作为存在的存在"本身就是一个研究对象呢，还是要将它们分开来理解，"作为存在的"只是限定科学研究的一种方式？因为很多其他学科也可以研究存在，但它们不是将存在作为存在，而是用别的方式来研究的。这两种说法哪一种更为合适呢？我们将书翻到1004b6，亚里士多德在此做了进一步的阐述。

> 因为这些都是一作为一（unity *qua* unity）、存在作为存在（being *qua* being）的本质属性，而不是作为数、线段或火的本质属性，那么显然，这门科学就是要研究这些概念是什么以及它们的属性的。（《形而上学》1004b6—7）

你们看，这里亚里士多德说了，除了作为存在的存在之外，还有作为数的存在、线段的存在、火的存在。可见，作为"某某的存在"的"某某"实际上不是和"存在"本身连在一起作为一个整体的，而只是处理"存在"的一种方式。

我们再回过头来看1003b15，这里也是支持第二种说法的。

> 显然，这门科学是要研究所有的存在之物，但是是把它们作为存在来研究的。（《形而上学》1003b15）

但我们不能高兴得太早，接下来看1003b21：

> 因此，研究作为存在的存在的所有种类（all the species of being *qua* being）的科学在种上属于一门科学，而研究其中的几个种类则是这门科学的特殊门类。（《形而上学》1003b21—24）

你们看，这里亚里士多德又说，这门科学研究的是"作为存在的存在"的各种属。这时候，"作为存在的存在"就好像是一个整体、一个对象。所以，"作为存在的存在"的两种理解，在文本上都有相应的支持。

那么，究竟哪种说法更为合适呢？我自己觉得第二种说法更为合适。因为毕竟有 10 个 being，每一个都可以作为一门科学的研究对象，有的要去研究量，有的要去研究质，有的则要去研究关系等等，可是它们都是在研究 being 啊。如果我们将"作为存在的存在"看作一个整体，就如同因为哲学是研究人的，所以我们就说有一门"人学"那样可笑。因为社会学、心理学、人类学，等等，它们也都是研究人的，只不过每门科学的研究方式不同罢了。如果我们说只有哲学才是专门研究人的，那些研究心理学、社会学、人类学的人就会被气死。他们就会问你，难道我们研究的就不是人了？你们说是不是这个道理？

所以，第四卷第一章第一句话可以这样理解，即很多学科都是研究 being 的，但哲学作为一门科学，其研究 being 的方式和其他学科是不同的，就是说它是把 being 当作 being 本身而不是某个具体的存在物来研究的。以后我们会看到亚里士多德说，数学也是研究 being 的，但它是把 being 作为数来研究的，物理也是研究 being 的，但是它是把 being 当作运动的事物来研究的。

（二）科学：特殊与普遍

接下来这一段话非常有名。我们先不讲由它所引起的重大争论，即科学是什么。我们只是简单地疏通一下文本。

> 这门科学与任何所谓的特殊科学都不一样；因为后者都不是一般地研究作为存在的存在的（being as being）。它们只是割取了 being 的一部分，并对这一部分的属性进行研究——例

如数学科学就是这样。(《形而上学》1003a22—24)

由 being as being 直接引出了形而上学就是关于 ontology 的。ontology 就是希腊文 being 的词根。形而上学是什么呢?就是研究 being 的学问,这是亚里士多德下的定义。这些我们是已经知道的。亚里士多德这里说,形而上学这门科学和我们通常熟悉的其他科学不一样。怎么不一样呢?亚里士多德说,哲学是作为科学的科学,它要为其他科学提供基础。那些我们通常熟悉的其他学科被亚里士多德降级为专门科学或部门性的科学(special sciences)。

哲学作为其他科学的基础到底是什么意思呢?我们知道,哲学与科学的关系中最密切的就是科学哲学。那些搞科学哲学的人,整天去巴结那些搞科学的。他们整天都讲库恩(Thomas Samuel Kuhn),讲普特南(Hilary Whitehall Putnam),大讲特讲。只要科学家偶尔说了几句自己的科学研究是受了哲学影响之类的话,那些搞科学哲学的人就很高兴,以此来证明自己的重要性。这是一种很可怜的方式。人家只是客气客气而已。他们实际上认为自己的研究跟你们哲学一点关系都没有。我们动不动就说,哲学为科学提供了基础,哲学为科学提供了指导,可是我们连科学都不懂,凭什么去给人家指导啊。其实我们自己都不知道自己在说什么,科学家们更是认为这些都是瞎扯,他们的工作怎么可能是你们哲学界所想象的这个样子呢。不过亚里士多德还是懂科学的,所以他说这段话,应该还是有道理的。

那么,他所说的哲学为其他的科学提供基础是什么意思呢?他说,其他的科学都不是一般性研究作为存在的存在。也就是说,其他科学当然也是在研究存在，可是它们不是把存在作为存在或者作为一般的存在来研究的。那它们研究什么呢？亚里士多德说得很形象，它们把"存在"割下一块儿，然后专门研究那一部分的属性。"部分"（part）这个词用得其实并不合适，好像是从整体上割下一块似的。亚里士多德实际想说的是，"存在"不是有很多类吗，其他的科学研究的只是其中一个类，即其中一个类的属性。比如数学是专门研究"数"的，而不同的数学研究的则是"数"里面不同的属。

这是他用数学这一学科做的例证。

> 因为我们要寻求第一原则与最高的原因，那么显然一定有某些事情因为它自己的本性而成为第一原则或最高的原因。如果我们的先驱们是在寻求存在物的元素的话，他们实际上也是研究同样的原则。那么确定的是，这些元素必然不是作为偶性存在的元素，而是作为 being *qua* being 的元素。因此我们也必须要把握 being *qua* being 的第一原因。（《形而上学》1003a25-32）

这里的先驱们指的是前苏格拉底的哲学家们。我们知道，前苏格拉底的哲学家们不是整天在捣鼓这个世界的最终元素是什么吗，有的说是水，有的说是火，有的说是气。亚里士多德说他们研究的也是第一原则，也是最高的原因。本来那些哲学家是在研究水、火、土、气，这很好懂，可现在亚里士多德说，他们实际上就是在研究世界的第一原则或原因。然后，他进一步把它们抽象化，说他们实际上就在研究存在的元素，并且这个元素不是作为偶性存在的元素，而是作为 being *qua* being 的元素。你说你在研究世界的原因或原则吧，大家马马虎虎也能懂。可你要抽象一下，说这些元素是 being *qua* being 的元素，老百姓们就傻眼了。本来是很简单的事情，用哲学术语一说，就把大家给糊弄住了。由此，亚里士多德给出了一个结论，即形而上学就是要研究 being *qua* being 的最高原因。

归结一下，在亚里士多德看来，形而上学是研究 being 的整体，而具体科学或特殊科学则是研究 being 的一个部分，或者研究某一部分的属性。换句话说，形而上学专门关注什么是 being，即 what is being，而其他科学并不关注什么是 being，即 being 本身的性质，而是只研究某一类 being 的属性。比如我们数学家从不关心"数"是 being 还是 nonbeing，或者"数"是一类什么样的 being，而是认定了"数"是 being，他要研究"数"是怎么运作的。医生也不关心人是理性的动物还是社会动物，他只是琢磨着怎么能把病治好。由此可见，哲学还真的关心其他科学都不关心的事情。

亚里士多德的这个说法很有影响，即哲学所研究的是整个 being 的，而具体科学只是研究 being 的一个部分。于是便有了哲学与具体科学的区分，也便有了哲学就是"科学的科学"这一说法。但是什么是科学呢，这又是一个重要问题。我们在后面再讲。

（三）being as being 的属性

科学除了研究 being as being 之外，还要研究它的属性。它要研究它的什么属性呢？亚里士多德说，是由于 being 自身的本性而属于它的属性。也就是说，being 肯定是有很多属性的，可哲学家不是要研究它的一般属性，而只是研究它作为 being 而属于它的属性。那什么是作为 being 而属于它的属性呢？我们在前面讲过，亚里士多德把所有的 being 分作本体和属性，属性就是第二类的范畴。但在这个地方，他讲的并不是第二类的范畴，因为第二类的范畴也是 being，不能把它降为属性。在第二章的最后一句，亚里士多德提供了这样一个答案：

> 很显然，一门科学的工作是来研究 being *qua* being，或者说是作为 being 而属于它的属性。同一门科学不仅要考察本体，还要考察这些属性，除此之外，还有在先、在后、种、属、整体、部分等其他的类型。（《形而上学》1005a14-19）

部分、整体、在先、在后等等，这些并不能归于第二类的范畴，而是 being as being 的属性。它们也是形而上学这门科学所要研究的对象。而这些属性倒是与我们通常意义上的基本概念差不多。

二、being 的普遍科学如何可能

（一）《后分析篇》中的科学概念

我们要进一步地讲科学。我们刚刚说得很清楚，有一门科学是要专门研究 being *qua* being，这就是形而上学。什么时候哲学成了科学，亚里士多德所谓的科学，又是什么意思呢？亚里士多德的《后分析篇》就是他的科学哲学，他在这本书里给了一个关于科学的基本概念，即什么样的知识才称得上是科学。该书的第一章与第四章是亚里士多德关于科学概念的关键章节。他认为，作为科学的知识需要满足两个条件：第一，科学一定是关注一个种，不能跨种。比如，它要是研究量，就只能研究量，而不能把质、量、关系等等放在一起来研究。为什么不能跨种呢，这与第二个条件有关。第二，科学必须是证明性科学，也就是说，科学要有一个前提，然后从前提里面推出它的结论。大家都学过逻辑，如果前提是真实的，推论是合理的，那么结论必定是真实的。这个逻辑就是亚里士多德提出的。证明需要有一个前提，也就是推论只能在一个种里进行。从这个种推到属，推到个体，这一点也没有问题。但要从这个种推到另一个种，这就推不过去了。所以，一门科学不能关注很多的范畴，而只能关注一个范畴。因为只有同一范畴里面才有种属结构，才有可能进行你的证明推演。

这个推演系统就是他的三段论。什么叫三段论？三段论在英文叫 syllogism，原义就是把很多的逻各斯放在一起，至少需要三个才能推演，所以称作"三段论"。实际上它并没有"三"这个意思，你把四个句子、五个句子放在一起，照样可以推演。《后分析篇》阐述的是他的科学哲学理论。《前分析篇》是他的三段论。三段论的各种格、各种式，就是他《前分析篇》的工具。这个推演系统也是亚里士多德发明出来的。这是很了不起的。大家都很敬重康德。康德就对亚里士多德的三段论赞叹不已，他惊叹人类的脑袋居然可以想出这么高明的东西，而且两千年可以不被改动。亚里士多德自己也很得意啊。我在前面给你们讲过，亚里士多德一得意就说，他做的这个事情是别人都没有做过的，你们要是从中发现一些小错误吧，不要嚷嚷，不要吹毛求疵，而是要对他表示感谢，毕竟没有他就没有这些系统。

但是他的科学概念有一个问题：首先要有前提，然后才能推演。但前提是从哪里得出来的呢？他对前提的要求还很高。在《后分析篇》第二章中他认为，只有从必然真实的前提才能推出必然真实的结论。

> 如果理解就像我们所设定的那样，那么，对于证明的理解来说，就特别依赖于那些真实的、原始的、直接的，比结论更为我们所熟悉，先于这个结论，比结论更具有解释性的事物。（《后分析篇》71b20—71b24）

亚里士多德详细解释了这些条件的意思。

> 如果没有这些前提，也会有推演，但不可能有证明。前提一定是真实的，因为我们无法理解什么是不正确的。例如，正方形的对角线是可以通约的。它们必须是最初的、不可证明的，否则如果不对它们加以证明，我们就不能明白；要理解一个非偶然地有一个证明的东西，就必须有一个证明。它们必须是解释性的，更为我们所熟悉的，并且是在先的。（《后分析篇》71b25—b33）

我们来梳理一下这一段话的意思。亚里士多德说，如果前提不满足以上条件，它也有推演，但不可能有证明。前提一定是真实的，不然的话，结论就完全是错误的。前提本身不能在证明过程中得到证明，不然的话，就是循环推演了。也就是说，证明的前提一定不能在这个证明系统中得到证明，而是在别的证明系统中得到证明的。在这个时候，它必须是设定的，或者自明的。你不能说，我从这个前提出发进行证明，但这个前提是否真实，我还需要证明，这样就会出现循环论证或者无穷后退。它要比结论更有解释性。比如，人都是要死的，苏格拉底是人，所以苏格拉底是要死的。"人都是要死的"这个命题就比"苏格拉底是要死的"这个结论更具有解释的能力。因为它解释了许多的人，范围要广得多。我们对它也更加熟悉。这个更加熟悉，亚里士多德说有两个意思：一个是对我们而言更加熟悉，一个是对自然而言更加熟悉。他说，做科学研究呢，总是要从相对于我们更加熟悉的东西出发，进而扩展到对自然本身更加熟悉的东西。我们更为熟悉的东西就是我们的知觉、习惯或容易学到的东西。对于自然更加熟悉的东西就是真正的知识。可见，满足前提的这些条件都很苛刻。

可是，到底从哪里才能得到这么一个附加了诸多条件的前提呢？亚里士多德自己也傻眼了。他最后说，这个需要 nous，我们译作直观，即这个东西只能靠直观得出来。于是大家就说，如果这样的话，所有的科学就麻烦了。因为直观是没办法验证的，我怎么知道你的直观是对还是错啊，你还必须直观到最真实的东西。在《后分析篇》第十九章，亚里士多德说直观实际上没有那么神秘，它更多是通过归纳得出来的。也就是说，关于这个推论的前提，虽然亚里士多德╴定得很明确，可始终就说不清楚。

（二）《╴分析篇》对普遍科学的否定

以上是他╴《后分析篇》中的科学概念。他认为科学必须满足两个条件：第一╴它必须关注一个种；第二，它必须是推演。这样的话，就不可能╴任何科学是普遍的，即涉及好几个范畴。所以，在《工具论》的六╴书里，亚里士多德说根本就没有一门关于 being 的科学，因为 bei╴有十个种，一门科学只有一个种。而关于 being 的科学至少是十╴╴╴么能是一门科学呢。他在《优台谟伦理学》（1217b25－36）中也╴，根本就没有一门关于 being 的科学，既没有关于善的科学，也没╴关于 being 的普遍科学。所以，我们在读到这些的时候，会有一个╴象，即亚里士多德是反柏拉图的。因为柏拉图在《理想国》第七卷中说，辩证法是科学的最高知识，他可以得出一种最普遍的原则，从这个最普遍原则讲到了理念，然后讲到了具体之物，所有的知识都可以归结为一个统一体。而亚里士多德则认为，科学只能是关于一个种的，任何一门科学都是说明一个种加属差的，所以不可能有柏拉图所说的那种东西，那不能叫作科学。

（三） being 不是一个种

我们已经知道作为 being 的科学的困难在于，being 不是一个种，而是有十个 being，是十个种。如果我们把 being 看作一个种的话，这样属差就也都成了 being，那我们要把它们放在哪里呢？

但是，《形而上学》第四卷的第一句话亚里士多德就说，有那么一门科学，它是研究 being *qua* being 的。而且他还很明确地说，这一科学很普遍，因为这一科学所得出的结论，对其他任何科学都管用。以前其他叫作科学的东西，现在则被他称作特殊科学或部门科学。显然，这中间好像发生了一些变化。这就成了一个大问题。

亚里士多德的思想肯定是有一个发展过程。其中有一个阶段，他不认可有一门关于 being 的科学。可是到了《形而上学》第四卷，在建立本体论或存在论时，他突然又说有一门关于 being 的科学。人们于是就很疑惑，怎么原来说没有，现在又说有了呢？究竟发生了什么使得亚里士多德改变了他的观点，这个值得大家去考虑。

其实，如果你们仔细读书就会发现，亚里士多德也不是突然冒出这个观点的。从《形而上学》第一卷开始，亚里士多德就把智慧叫作我们正在寻求的科学。也就是说，那时候亚里士多德也不是很清楚，智慧的对象是什么。他那时没有立马就宣布，有一门研究 being *qua* being 的科学，而是说我们正在寻求的科学，"寻求"的意思就是先探索探索再说（着重号为整理者所加）。这是他一开始对形而上学的表述。这也说明在那个时候亚里士多德是动了心的，觉得对 being 的研究也应该叫作科学。可是按照《工具论》中的这些条件，他又不能使用科学这个概念。怎么办呢，他就想能不能松动松动这个概念，然后看看行不行。

（四）《形而上学》第三卷的前四个问题

在《形而上学》第三卷，亚里士多德列举了 15 个困难。我已经列了张表，发给你们了。你们看看这张表，至少前面四个是关于科学的对象的。

第一个问题是关于形而上学的研究对象的。比如他说，作为研究原因的科学，是属于一门科学还是许多科学？如果是一门科学，那它只研究本体的第一原则还是也研究其他 being 的原则？也就是说，他那个时候就开始考虑，有没有一门科学研究的原因对所有的 being 都是适用的？答案要么是有，要么是没有。如果有的话，那它只是关于本体的研究，还是也包括其他属性？如果这样的话，它又怎么能够成为一门科学？你们看，亚里士多德在一步一步地探究形而上学的研究主题。大概他在写《形而上学》第四卷的时候，有天晚上也许酒喝多了，他就不管那么多了，说有那么一门科学，然后就这么写了。虽然他这样写了，可并没有解释啊。于是大家就很痛苦，就开始琢磨，究竟发生了什么事情，使得亚里士多德提出了这个观点。我刚才说他是酒喝多了，当然只是个玩笑罢了。很多人认为，肯定有什么东西改了，才使得他这么说。

我给你们发了欧文的《亚里士多德一些早期著作中的逻辑与形而上学》[①] 的文章。这篇文章发表在 1960 年，那时候我还没有出生。这是一篇极其重要的文章。首先，它颠覆了人们对亚里士多德发展论的认识。在那篇文章之前，耶格尔的观点一统江湖，没有人提出异议。耶格尔认为，亚里士多德是从柏拉图主义者转变到经验

① G. E. L. Owen, "Logic and Metaphysics in Some Earlier Works of Aristotle", Düring and Owens, eds., 1960, pp. 163-190；参见聂敏里：《20 世纪亚里士多德研究文选》，华东师范大学出版社，2010。

主义者的，他就是按照这个模式来重新梳理《亚里士多德全集》的。我在前面就提到过这个。1964 年，在瑞士日内瓦开了一次关于亚里士多德的讨论会。那个时候的学术讨论很严肃，不是走过场的，大家都很真诚，参加的人也比较少。那时也没有计算机，论文都是用打印机打出来了。耶格尔去了，欧文也去了。当欧文读他的文章时，耶格尔就傻眼了，觉得欧文的观点确实不好对付。据说他没有做出回应，中途就离开了会场。这个不是杜撰的，是有文字记载的。与耶格尔的观点相反，欧文认为，在科学概念上，亚里士多德早期是反柏拉图的，后来又同情柏拉图了。他说，亚里士多德在《工具论》中认为科学只能是关于一个种的，这个概念和柏拉图是完全不一样的，但是到了《形而上学》第四卷，亚里士多德说有一门普遍的科学，又变成了柏拉图主义者。欧文进一步地指出，亚里士多德对于什么是真正本体的观点，同样如此。在《范畴篇》中，与柏拉图相反，亚里士多德说个体才是真正的本体，而到了《形而上学》中，亚里士多德用形式取代了个体，形式成了第一本体。形式和柏拉图的理念是同一个字，是同一个东西。这与科学概念的变化是一致的。欧文的观点很有说服力，大家都觉得他说得很对。可这一对就麻烦了，耶格尔的说法无论如何也就成立不了了。这是欧文的一个大贡献。

欧文的文章还有其他的贡献。你读他的文章就会发现，他的论证与以前学者是完全不一样的。他的论证很有分析哲学的味道。他论证得很细、很下功夫。要知道那个时候，没有计算机检索系统，欧文完全是把亚里士多德的著作读得滚瓜烂熟。哪些观点在哪儿，他都能找得到。最早的时候，分析哲学是看不起哲学史的，他们认为哲学史都是没有用的，都是错误的。像维特根斯坦，他觉得做哲学不读哲学史都没有关系，他也没有正儿八经上过大学。但是到五六十年代，出现了有两位人物，一位是 G. 弗拉斯托斯（Vlastos），一位是欧文。前者是 20 世纪后半期最好的柏拉图主义学者，写了篇柏拉图《〈巴门尼德篇〉中的第三人论证》①；后者是最好的亚里士多德主义学者。他们两人的文章让人们立马觉得古代哲学才是真正的分析哲学。G. 弗拉斯托斯说，你们看看柏拉图是怎么进行逻辑论证的。欧文说你们看看亚里士多德是怎么分析这些概念的。那些搞分析哲学的人突然明白了，历史上真正的大家都是分析哲学家。亚里士多德对每一个概念都反复地分析，每一个命题都翻来覆去地考证。如果这种人都不是分析哲学家，那谁才是分析哲学家呢？于是，普林斯顿大学、牛津大学的古典系与哲学系开始合作，一起研究古典哲学。牛津大学的很多语言哲学家，都是研究古典哲学的。因此你们看，文章的数量并不在多，而在于它有多大的分量，有的文章可以有很深远的影响。

欧文的这篇文章很多人都想去批，包括我在内。你去批别人的时候，不要去找那些"小喽啰"，即使你批倒了他们，也没有人理你。要批就找最厉害的人，但我并不是故意要批欧文啊。我是读着读着，真的觉得欧文的结论是错的。但结论错了并不影响他的贡献啊。因为这些问题是欧文最初挖掘出来的。我们只能通过他的文章

---

① Gregory Vlastos，"The Third Man Argument in the *Parmenides*"，*Philosophical Review*，Durham：Duke University Press，1957.

才意识到这些问题的存在，所有我们要对他心怀感恩。现在活跃在英美哲学界的很多古希腊哲学家，他们要么是 G. 弗拉斯托斯的弟子，要么是欧文的弟子，10 个里面至少有 8 个，就是这么厉害。而且，欧美大学没有退休制，他们也都六七十岁了，就是不退，把我们这些晚辈给压得死死的。所以，不光是中国的学术界有权威，国外也有的。一共就只有四本关于希腊哲学的杂志，只要有出头露面的机会，他们都去了，我们这些徒孙辈的，始终都挤不上去。那挤不上去怎么办呢，你就要琢磨琢磨，这些人是不是错的啊。你们做学问也应该有这种精神。欧文的文章确实很有嚼头，你仔细研究研究就会感慨，好家伙，闹了半天，原来亚里士多德有这么多的问题啊，然后你就去思考这些问题，你会越来越深入，直到某一天，你会发现欧文也有问题，这就是学术讨论与推进啊。

三、中心含义

以上是欧文的设想。那欧文是如何解释的呢？我们要往下读一读《形而上学》第四卷第二章。

> 一个事物被说成存在有很多种意义，但它们全部和一个中心点有关。这个中心点是一种很确定的事物，而且不是同名异义的。（《形而上学》1003a33）

这一段比较简单。首先，他说一个事情被说成 being 具有多种含义。我们在前面已经讲了 being 有多种含义。然后，他说它们都要与本体相联系，这个本体就是一个中心点（one central point）。我们在上节课中讲过，本体是其他类型的 being 的基础，其他类型的 being 都要依赖于这个基础；而且本体与其他类型的 being 是"同名异义"的。现在这里说法变了，本体不是作为一个基础，而是作为一个中心点来联系其他类型的 being 的；而且这种联系不是"同名异义"的。换句话说，其他所有的 being 都跟这个中心的 being，即本体相联系，而它们之所以相联系，不再是因为它们是"同名异义"的 being 了。

那么不是同名异义，是不是同名同义呢？亚里士多德不说了。我们回想一下，《范畴篇》第一章所列举的各类事物的三种关系：同名异义、同名同义、派生或衍生的关系。而现在我们有了一个中心点，其他所有的 being 都和它相联系。而且在这种联系中，它们作为 being 的意义并非是完全不同的。这样的结构又会产生很多麻烦。

你们可以对照一下李真所翻译的《形而上学》，就能发现他的译本与牛津版的一样。人们常说很难判断一个译本是不是从希腊文翻译过来的。其实很好判断。你对照一下英文结构与中文结构，如果它们是一样的，那就肯定是从英文翻译过来的。如果是直接从希腊文翻译过来的话，就很难懂。苗力田先生坚持直接按照希腊文翻译，不参照英文，可困难的是，希腊文往往很短，按照它直接翻译往往让人无法理解。而英文则经过了几百年的摸索，它们会在原有希腊文的基础上增加一些非加不可的文字，从而更加通畅明白些。这个也是我在前面讲过了的。

> 所有被称为健康的东西都跟健康有关系。有的是因为它可以保健，有的是因为它可以产生健康，有的是因为它是健康的一种征兆，有的是因为它能够健康，所有这些都和健康有关系。凡是医学的、医药的，都和医学相连，有些是因为拥有医学，有些是因为它自然地适合医学，还有一些是因为它有医学的功能。我们还能找到其他与这些词的使用相类似的词来。（《形而上学》1003a34－b5）

这里亚里士多德开始举例子。亚里士多德非常喜欢以医学、健康、生物为例子，因为他老爹就是医生，他对这些东西很熟悉。而柏拉图则喜欢举数学上的例子，比如大啊，小啊，规定啊。柏拉图要说明知识都是回忆的，就请出一个奴隶，来回忆勾股定理。因为柏拉图学园里养的都是数学家，他请了很多人在学园里教书，他们很多都是搞数学的。

在举了两个例子之后，亚里士多德便开始讲 to be 了。他想通过这个结构来解释各种 being 之间的一种新的关系。一种什么样的关系呢，我们接着读。

> 所以 being 也是在许多意义上被使用的，但是都指向一个始点（starting-point）：有些事情被说成 being 是因为它们是本体，有些事情被说成 being 是因为它们是本体的属性，还有一些是因为它们是通向本体的过程，还有的是因为它们是本体的摧毁、缺失、质或本体的生成，还有的是相关于本体，或者是对这些事物以及本体的否定等等。（《形而上学》1003b6－12）

不管怎么说，所有这些之所以被说成是 being，统统都联系到中间这个点上。你们读了欧文的文章吗？欧文给这种结构取了一个名字叫"中心含义"（focal meaning）。这个中心含义影响了两代人。在亚里士多德这里，本体是所有 being 里的中心含义或中心意义。

四、欧文的两个论点

欧文对《形而上学》的第四卷第二章提出了两个论点：第一，亚里士多德在《形而上学》里面对各种 being 或存在的意义的处理与他的《工具论》相矛盾。在《工具论》里，所有的 being 各有各的含义，即每一个 being 都有自己独特的含义。10 个存在就有 10 种含义，这 10 种含义都是不同的。可是到了《形而上学》，所有的 being 有了一个中心含义。一旦有了中心含义，其他 being 的独立含义就没有了，它们全部归结为作为本体 being 的含义，成为它的材料，可以忽略不计。这就是他的第一命题。第二，在《工具论》里，因为各个 being 的含义完全不同，而科学只能是关于一个种，所以就没有一个普遍的科学。可是到了《形而上学》，各个 being 的独立含义取消了，只剩下一个中心含义，那么所有的 being 就可以有一门关于中心含义的科学了。因为中心含义可以把所有的 being 统一起来，而不再是一个杂乱无章的堆积。这是欧文的两个命题。

总之，欧文认为，使得亚里士多德改变想法，即从原来否认有一门普遍的科学到后来承认有一门普遍的科学，其原因在于 being 的意义改变了，即 being 的意义原来有多种，而现在只有一种。being 的含义一旦统一起来，普遍的科学就建立起来了。

五、关于欧文的第一个论点

欧文认为自己对此做了最好的解释，但我觉得他的这两个主题都有问题。关于他的第一个论点，我认为，就算有一个中心点与所有的 being 相连，但这并不意味着其他 being 的含义就都一样了。这个中心点并没有取消其他的 being 原来的含义，原来那些 s is p 还是在的，并没有被取消掉啊。亚里士多德在《形而上学》第七卷第一章里也表示了自己的困惑：现在这样讲 being 之间的关系，是不是意味着其他 being 的含义就没了呢？他认为还是有的。比如我们要想知道什么是"量"，就要知道"量"这个种，就算你知道的本体再多，可还是不知道"量"本身啊。还有我们所说的"白"，要么是墙的"白"，要么是纸的"白"，要么是菜的"白"，那到底什么是"白"，不还是需要回答吗？所以，就算质与量它们都与本体这个中心点相关，但它们自身独立的含义还是在的。

亚里士多德在这里表示，他在原来各个不同意义的 being 之间，找到了一种结构性的关系，即各种"being"之间出现了一种新的关系，但是这种关系不见得非要取代原来的关系啊。这些其他的 being 可以有双重身份：一方面，它们有自己的主谓结构，有它们特定的含义；另一方面，这个特定的含义又必须连接到本体。它是两方面的，不能用其中的一方面把另一方面给否决掉。

六、关于欧文的第二个论点

欧文认为，因为有了这个"中心含义"，亚里士多德就认为有一门关于普遍的科学了，可我觉得这样也不对。上节课我们刚刚学习了《范畴篇》的第五章，这是亚里士多德的早期著作，欧文自己也承认，在那里亚里士多德已经一清二楚地说所有其他的 being 都是要依赖于本体的。可见，这个中心含义并不完全是一个新的概念。在《范畴篇》第一卷第五章以及第七卷第一章里，亚里士多德翻来覆去地说其他的 being 都是依赖于本体的。这与他现在说的所有其他的 being 都指向一个中心点有什么差别，它们差不多嘛。如果在《范畴篇》里亚里士多德已经意识到，所有其他的 being 都要依赖于第一本体，要么是表述本体，要么在本体之中，如果第一本体不在了，其他的 being 也都统统不在了，这就意味着亚里士多德那时就已经知道了各种 being 之间的结构关系。可是那时他却声称没有一门关于 being 的普遍科学。所以你看，结构的变化并没有影响到他对于其他的 being 的态度。

那究竟什么东西使得亚里士多德做出了改变呢？我认为，不是因为各种 being 的结构或它们的关系改变了，各种 being 的结构从《范畴篇》到《形而上学》第七卷都是一样的，而是因为科学的概念给改掉了。原先每一门科学需要两大条件：其一，必须处理的是同一个种或一类对象；其二，必须是证明性的。这两个条件是相关联的。因为证明只能在一个种内发生，而不能从一个种跨到另一个种。可现在亚里士多德就不一样了。

> 所以，如同有一门科学要处理所有与健康相关的事物，这种情形也适用于所有其他的场合。因为不仅（*ou gar monon*）对那些有着共同观念的事物的研究可以属于一门科学，而且（*alla kai*）对那些与一个本性相关（*pors mian … phusin*）的事物的研究也可以作为一门科学。（《形而上学》1003b11−14）

我们解释一下这段话的意思。亚里士多德原来说，必须是同一个种才能有一门科学。但他现在的意思是，关于同一个种肯定是有一门科学的，但除此之外，还有一类条件也可以成为科学，即只要这些东西连接到一个共同性的东西就行。也就是说，亚里士多德把科学的概念松动了，原来只有同名同义的东西才是一门科学，同名异义的肯定不行，而现在的条件放宽了，不是非要它们是同一个种才是一门科学，而是只要这些东西连接到一个共同的东西，也可以构成一门科学。所以，这里改变的不是 being 之间的中心含义，而是亚里士多德的科学概念。其实，欧文的"中心含义"更适合叫作中心结构，因为各种 being 的含义并没有改变，亚里士多德在这里强调的是它们之间的结构与联系。

一旦亚里士多德把科学的概念扩展了，就可以容纳一种普遍的科学。我们回过头去看看他的第一段。

> 有一门科学，它是研究作为存在的存在（being as being）

以及由于它自身的本性而属于它的属性。(《形而上学》1003a21－22)

亚里士多德说有一门关于 being 的科学，这门科学是考虑一般性的 being，即作为存在的存在，而其他的科学是专门研究属性的。这里其实有两个区分：第一，普遍科学与特殊科学的区分。第二，科学概念的区分：一个是"单一种概念"，即研究的是一个种以及这个种的属性；一个是"指向中心点概念"（*pros hen* notion），即关注的是普遍的东西，它可以不是一个种，只要这些不同的种之间存在着一个中心结构，虽然它们的意义不同，但只要互相关联，就可以作为普遍科学的对象。由此，亚里士多德在普遍的形而上学与特殊（自然）科学之间划出界限。但是亚里士多德并没有说，由于科学的概念放宽了，他就放弃了原来科学的概念或者后者取代前者了。

在他那里，作为研究普遍东西的科学，依然不是证明性科学。在《形而上学》第六卷的第一章，从 1025b13 开始，亚里士多德有非常明确的表示。

> 因此，很显然，从这样一种对科学的回顾中，对于事物的本体或本质（essence），是不能够用证明性科学去处理的，而只有通过某种其他的方式来揭示它。(《形而上学》1025b13－14)

这里是说，因为科学研究的种被放宽了，"证明的"这个条件也可以不要了。换言之，只要科学是进行跨种研究的，就不可能有证明。而亚里士多德之所以突然有了一个普遍科学的概念，不是因为他的研究主题有了什么变化，而是因为他把原来的科学概念放宽了。你们看，亚里士多德在强调什么能够成为一门科学的时候，在不断地探究并说明它能够成立的原因或条件。这是他的一种自我意识，即在论断一个东西的时候，不是直接下论断，而是反复考虑这一论断所成立的条件。这一点对于做哲学非常重要。

可是，亚里士多德的形而上学到底是个什么东西，他自己是如何看待哲学，尤其是形而上学知识的说服力的呢？从哲学史来看，虽然有些人很信服亚里士多德的形而上学知识，也有很多人并不同意他的观点。比如，休谟就说形而上学是没用的；康德说形而上学和科学没有关系；逻辑实证主义者更是说形而上学都是瞎说八道。你们有没有读过 H. 赖欣巴哈的《科学哲学的兴起》这本著作①，他在这本著作里面讲，真正的哲学应该是科学，即自然科学。他还讲到，当时维也纳小组要批黑格尔、海德格尔这些人，当有人读黑格尔《精神现象学》的时候，每读一句就有人喊："胡说，形而上学"或者"形而上学不讨论"等等。后来石里克只好说，人家在读的时候，大家都不许吭气，如果你们觉得这句话是形而上学，就举一个手指头表示，会场立马就有十个手指头举起来了，根本就念不下去。但是你读黑格尔的哲学就会发现，他很推崇形而上学，认为它是一门伟大而庄严的学科。

现在问题就来了，就是为什么同样的一门学科，有的人将它看得那么崇高而庄严，有的人却认为它一文不值？如果同样一门学科，人们将它颠来倒去都可以，这就说明这个东西本身没有客观性

---

① H. 赖欣巴哈：《科学哲学的兴起》，伯尼译，商务印书馆，2011.

啊。比如爱因斯坦的相对论定理，你去给它颠来倒去地试试？大家都不敢。那么哲学有没有一点点客观性可言？如果有的话，它在哪里呢？所以哲学家必须要自己说明他的解释是有道理的，不是瞎扯的，他需要拿出一个程序，让大家评判评判。如果你说他的解释一文不值的话，你就得指出他的程序是哪儿出错了。你不能随随便便就把人家的工作给否定了，那可是几代哲学家们的辛勤劳作啊。

经过以上说明，亚里士多德认为，终于可以很安全地说有这么一门普遍的科学了。

> 显然，这门科学是要研究所有的存在之物，但是是把它们作为存在来研究的。（《形而上学》1003b15）

所以，你们看，亚里士多德在《形而上学》的第三卷所提出的第一个大问题，即是否有一门科学要去研究所有的原因，到了这儿他给出了答案，即确实有一门科学，能把所有东西都研究到。

> 但是，在任何情况下，科学主要是处理最初的、其他事物都要依靠它的，而且是由于它而得到名称的那个东西，如果本体是这样的话，那么哲学家们必须要明白，什么才是本体的原则和原因。（《形而上学》1003b16-18）

接下去的这一段，更让人难以理解，其中有一些稀奇古怪的东西。

> 因此，研究作为存在的存在的所有种类（all the species of being *qua* being）的科学在种上属于一门科学，而研究其中的几个种类则是这门科学的特殊门类。（《形而上学》1003b21-24）

我们刚刚说了，being *qua* being 不可能是一个种，现在亚里士多德却要说它们的各个属。它们都不是一个种，又哪里来的各种属呢？人们就怀疑，这些话不仅跟前面没有关系，而且自身还很混乱，无法调和。

从 1003b19 到 1004a31 的三段话，现在所有的注释家都认为它们原先并不在这里，是被后人插进去的。它们或许是学生的笔记，所以我们略过这些，不要花太多的时间。

七、形而上学与辩证法

下面讲讲形而上学与辩证法的关系。在《工具论》里，亚里士多德说科学必须是关于同一个种的证明性科学，同时他说还有一种研究，专门处理跨种之间的事情，包括在先、在后、整体、部分等观念，但他认为这种研究不能叫作科学，也不能叫作哲学。因为这个时候，哲学是与证明性科学联系在一起的。那叫什么呢，他称之为辩证法。

现在有了一门作为形而上学的科学，也是专门研究跨种的一些问题的，那人们就要问啊，形而上学与辩证法之间是一种什么关系呢？它是把辩证法接管了过来，换了一个名字，还是有了什么新的内容？

> 哲学家的功能是去研究所有这些事情。如果这不是哲学家的功能，那么谁去研究苏格拉底和坐着的苏格拉底是否同一个

东西，或者研究一个东西是否有相反者，或者这个相反者是什么，或者它有多少种含义。其他类似的问题同样如此。因为这些都是一作为一、存在作为存在的本质的属性，而不是作为数，或者线，或者火的本质的属性。显然，这门科学应当同时研究这些概念的本质（essence）以及它们的属性。(《形而上学》1004b1-7)

其实，亚里士多德这么说并没有什么道理。因为除了哲学家之外，还可以由辩证法家来研究这些问题。在《形而上学》第三卷的时候，亚里士多德说辩证法家就是研究这些问题的。

那些研究这些属性的人，错误不在于他们做的是哲学，而是在于他们忘记了本体是先于这些其他事物的，他们对于本体没有一个正确的观念。(《形而上学》1004b8-11)

这里是说，那些辩证法家也是研究这些问题的，但是犯了一个错误，即忘了本体是在先的，虽然他们做的也是哲学。也就是说，那些辩证法家只讨论概念，却没有讨论本体是先于其他关系的。

因为正如数作为数有一种特殊的属性。比如，奇性和偶性，公度性和平等，过度和欠缺，等等。它们属于数，要么是由于自己，要么是由于它们之间互相联系。(《形而上学》1004b11-14)

这里是说"数"作为"数"有它自己的特殊的属性。在列举了"体"作为体、重量作为重量也有自己的特殊的属性之后，他说作为存在的存在，也有自己的特殊的属性。而这正是哲学家所要研究的。

> 有些属性，对于作为存在的存在是特有的，哲学家必须要研究它们的真理。辩证法家、诡辩者有着与哲学家一样的外观。诡辩术只是看起来像智慧，辩证法家把一切事物都包含在他们的辩证法里，being 是这些事物所共同的，他们的辩证法显然包含着这些主题，因为这些主题都是适合哲学的。(《形而上学》1004b 15-21)

这里是说，辩证法家、诡辩者和哲学家看上去是一样的。但诡辩术与哲学只是看着相像。辩证法家用辩证法去研究、处理这些事情。虽然辩证法家处理这些事情用的是辩证法，而 being 是所有事物共同的。所以，辩证法所处理的对象，对于哲学家来说也是很合适的。这样看来，哲学与辩证法就应该是一码事。

> 诡辩术、辩证法所处理的就是哲学所处理的同一类事情。哲学与辩证法的区别在于所需要的能力的性质上，哲学与诡辩术的区别在于哲学生活的目标上。辩证法只是为了批评哲学所宣称知道的东西，诡辩术只是看起来像哲学，其实并不是。(《形而上学》1004b 21-26)

这几句是说，诡辩也好，辩证法也好，它们与哲学所研究的是同类的事情。可是，哲学与辩证法又是不同的。哪里不同呢，就是它们所要求官能的性质以及目的是不同的。辩证法仅仅是批评性的，是要摧毁一个人的观点，而哲学家想建立一种观点。而诡辩术看起来是哲学，其实不是。

　　总结一下，亚里士多德在《工具论》里说，辩证法就是要研究对所有科学都相同的事情。而现在这门科学，即形而上学，也是要研究对所有科学都相同的事情。在理论上，辩证法与哲学应该是一样的。可亚里士多德偏偏又做了一个区分，什么区分呢，他认为辩证法只是批评性的，而哲学家则是要建立正面的结论。这显然是说，辩证法不是哲学。

　　可是，"辩证法不是哲学"这句话本身就有问题。因为辩证法有很多含义。什么叫辩证法？最早在古希腊的时候，辩证法是一种跟我们今天下围棋、打麻将一样的游戏。所以希腊人为什么聪明啊，因为我们在打麻将，他们却在玩辩证法。它是一种什么样的游戏呢？那时候没有电视，没有网络，也没有跳广场舞之类的。晚饭过后，怎么去打发时间呢？你去建立一个命题，这个命题不管多么荒唐，都没有关系。比如它可以是这棵树会不会走啊。这个游戏两个人玩。一个管提问，一个管回答。问题摆在那了，问的人开始挑毛病，回答的人就要捍卫那个命题。一开始，游戏比较严格，回答还比较僵死，只能回答是与否，但慢慢地也可以做别的回答。这个游戏还需要一个裁判。因为玩辩证法与打麻将还不一样，最后可能会变得胡搅蛮缠，没法和。这样一问一答，过了五六轮，裁判就能看出来是问的人厉害，还是答的人厉害，于是做出胜负裁决。那时候，辩证法叫作理智体操。我们只有身体体操，可希腊人是身心两方面都要发展。这是一种教育，会让人变得很聪明。这种锻炼很重要。因为当时雅典是民主制。我们知道民主制有个特点，就是需要投票。谁能用演讲糊弄住更多的人，谁就能在投票中赢。是与非反倒并不重要。

问和答逐渐会出现许多种形式。我最近才知道，打麻将也是有许多形式或规则的。去年有个朋友，非逼着我玩麻将。自从学会了玩麻将，我就觉得很多小说好懂多了。因为小说里面经常有麻将内容。同样，辩证法也有许多规则。柏拉图对话中的苏格拉底就一直在玩辩证法，他的对话就是活生生辩证法的例子。柏拉图学园有许多课，其中最主要的就是辩证法。希腊人非常迷信辩证法。迷信到什么程度呢？你看柏拉图的《巴门尼德篇》，在第一部分里，他把巴门尼德请出来，对自己的理念论展开批判。柏拉图特别推崇巴门尼德，称他为巴门尼德父亲，让他来对付少年的苏格拉底。《理想国》之后，柏拉图觉得自己的理论已经成熟了。但有一天，他突然觉得自己说的全错了，因此就写了《巴门尼德篇》。巴门尼德挨个批判了柏拉图的理念论的问题，最后语重心长地对苏格拉底说，年轻人，不要因为这些困难就不做哲学了，也不要因为这些困难就放弃了形式论，形式论并没有错，只是苏格拉底的哲学能力还很不够，还需要好好地训练辩证法，以提高自己的能力。苏格拉底只好老老实实地说"是"。《巴门尼德篇》的后半部分就是一个辩证法的训练。如果哪天你觉得计算机游戏玩腻了，想玩一把辩证法，你就去看《巴门尼德篇》的第二部分，玩它几个晚上，说不定你的哲学论证能力真的就能提高很多。

你们看，辩证法本来是一种游戏。苏格拉底开始用它来考察人的灵魂。芝诺也是用辩证法来捍卫他的哲学观点。他说运动不存在。这很荒唐吧。没关系啊，你可以攻。但你批不倒他啊，他还是赢了啊。到亚里士多德这里，他觉得民间都在玩这种游戏，而且形式多种多样，讨论的问题也多种多样，他就要研究研究辩证法。他下了许多许多的功夫，把当时能够收集到的辩证法的例子和方式都收集过来，进行归类，然后设定规则。这些成果便形成了他的《论题篇》。他把辩证法从民间的一种游戏变成了一种艺术。

什么叫《论题篇》呢，就是指同一论题下的许多类别的辩证法的论证。所以，你真的要佩服亚里士多德。他做这些不是为了奖励，也不是为了职称评比，只是为了整理这些论证。在《论题篇》里，亚里士多德说，辩证法就是从观念出发，要么是所有人都认可的观念，要么是大多数人认可的观念，或者是某位有名望的人认可的意见，然后去看看，如果这个观念是对的，它的后果是什么，大家可以辩上一辩。所以，古人讲辩证法，其实就是逮住一个点，辩得没完没了。大家看过金庸的《笑傲江湖》吗？那里面有六兄弟，叫作桃谷六仙的，他们一辈子没有什么事可做，成天就是去挑对方说话中的漏洞，然后把这个漏洞无穷放大，使得对方面红耳赤。我在琢磨捣鼓他们的辩论时就想，希腊人大概也是这么干的。

对辩证法进行归类之后，亚里士多德说辩证法至少有三大功效：第一，做理智的体操或游戏。第二，对每一种已有的观念进行考察，看看从它们出发能够更有效地推出什么结论来。也就是说，我们通过辩证法将某个观念无穷放大，看看它还能说些什么。我上大学的时候，老师通常给我们讲为什么要学哲学呢，首先是为了树立正确的世界观与人生观，然后引用恩格斯的话，说学哲学是为了锻炼我们的理性思维能力。那怎么锻炼呢？光背教科书是锻炼不出来的。但是如果把你们集合起来，分成两队，进行辩证法训练，从早晨九点辩到晚上五点，你们辩上个四年，理性能力自然就提高了。第三，它是一条通向实在的路，即能够从一般观念出发得出真理。

然而，在这里，亚里士多德说辩证法只是批判性的，与哲学是不同的。我们回想一下《形而上学》的第三卷，当亚里士多德探究形而上学的研究对象时，他先是把很多人的说法收集过来，然后看看这些说法之间有着什么冲突与矛盾。这些冲突与矛盾就构成一个个"节"。如果我们想要前进的话，就必须解开这些"节"。你们看，他就是按照辩证法的路子找出形而上学的研究对象的。如果这样的话，主张哲学和辩证法是不同的就没有道理了。辩证法不只是批判性或摧毁性的，它也是通向科学的一种途径。如果是正面的辩证法，它与形而上学就统一起来，它们是一个东西。

既然哲学家认为自己研究的是科学家所不研究的那个东西，即科学的前提或为科学所设定的前提，那科学家们就会问，我们有实验室，你们做形而上学有什么招数呢？我刚才讲了，在证明性科学中，要想知道证明性科学的前提，亚里士多德说需要我们的理智直观（nous）。现在要研究所有科学总的前提，好像就只能用辩证法，即从已有的观点出发，然后进行研究。不管从共同的观点出发也好，从少数人的观点出发也好，凡是大家说过的东西，形而上学都可以拿过来，然后从这里开始。那问题来了，如果真理不在这些人所说的话里，怎么办呢？比如你要写篇博士论文，你会把所有相关的材料都搜罗来，然后开始批评这些观点。但光靠批评批评它们，赞扬赞扬它们，引用引用它们，抄抄它们，就能得出一个真理来吗？还是那句话，如果真理不在这些观点之中，怎么办呢？尤其是这些搜罗来的材料，90％也都是东拼西凑来的，如果它们都没有真理，我们怎么能够得出真理？可是，除了这么做以外，我们还有什么别的招数来写哲学论文，来发展自己的结论呢？大家想想，我们平时是不是这样做的？考察文献资料，最多只能让我们发现它们有哪些观点不一致，然后想办法将不一致的地方解决掉而已。也就是说，我们最多只是把他人那些互相矛盾的观点加以协调，却无法得出一个客观的科学知识。这就是做哲学的麻烦。

　　如上所言，亚里士多德明明知道辩证法具有构造性功能（constructive role），却非要说哲学与辩证法是不一样的。他之所以极力要撇清哲学与辩证法的关系，我想其实是有这么一个顾虑在里面的，即在日常观点中，辩证法就是摧毁别人观点的一种游戏，而亚里士多德认为，他的形而上学不光要摧毁别人观点，还要建立科学的原则。但问题也就出来了：它是怎么做到的？

　　这里我要讲到另外一种观点，即艾尔文（T. H. Irwin）对亚里士多德形而上学的研究。艾尔文原来是康奈尔大学的教授。康奈尔大学离我们布法罗纽约州立大学很近。不过现在他调到牛津大学去了。他的太太范恩（Gail Fine）也是一个希腊哲学家。他们一辈子没要孩子，把柏拉图、亚里士多德当作他们的子女。他们两人车都不开的。你要是批评他们对亚里士多德的解释不对，他们就会跟你急。很多人不明白他们为什么会这样，说你们不对有什么关系啊，我们不是整天在说彼此的不对吗？可能他们没有别的生活，研究亚里士多德是他们生活的全部。你要是否定了他们的观点，好像就否定了他们整个的人生。但是，艾尔文做了许许多多的工作，尤其是最近他出了四卷本的《伦理学史》，它与我们国内编的《伦理学史》绝对不是一码事，确实是巨作。

艾尔文有篇文章叫《亚里士多德对形而上学的发现》①，我已经发给你们了。艾尔文在文章里区分了两种辩证法，即纯辩证法（ordinary dialectics，或者 pure dialectics），强辩证法（strong dialectics）。前者只能考察人们说话中的矛盾，就是把矛盾揭示出来，然后想办法使其一致。例如苏格拉底的考察法就只能揭示出你脑袋中观念的冲突，但他不能告诉你什么是对的，不能得出肯定性的结论。苏格拉底很老实，他说自己无知。他一方面说自己无知，另一方面他又把你搞得很尴尬，这就是纯辩证法的功能。

艾尔文认为，还有一种辩证法，就是强辩证法，它能够达到科学的原则。形而上学应该用的就是强辩证法。这个强辩证法的诀窍在哪里呢？一般的辩证法是从普通人的观念开始的，不管是谁的观点，都可以拿来。但是强辩证法不一样，它的前提或出发点是一些你根本不能否认的观点。比如我说这个世界是存在的，你只要不能否认这个世界是存在的，我就能推出下一个点来了，除非你把第一点给否定了。如果第一个点是对的，那么从它那里推出来的下一点也是对的。这很容易让我们想到笛卡儿。笛卡儿大家都很熟悉，他说哲学从哪里开始呢，他说自己提出一个点，如果你否认不了他的

---

① T. H. Irwin，"Aristotle's Discovery of Metaphysics"，*Review of Metaphysics*，1977（31）：2.

这个第一点，他就可以得出第二点，如果你否认不了他的第一点，你就得买他第二点的账。于是笛卡儿说，我们来个普遍怀疑，我们把什么都扒掉，那么就只剩下"我思"。"我思"就必然有个"我在"，"我在"肯定就有一个身体存在。而身体只能存在于世界里，所以世界也存在。哲学不能瞎扯，总得有个点吧。艾尔文认为，亚里士多德在《形而上学》第四卷里做着与笛卡儿同样的事。一般的辩证法不行，强辩证法可以。强辩证法就是，我先给你一个点，如果你不能否定掉这个点，我就推到第二个点，然后我就推到第三个点。由于第一个点你否定不了，我的哲学就像滚雪球似的，越滚越大。这个强辩证法的第一个点在哪里呢，就是亚里士多德对不矛盾律的论证。

八、不矛盾律以及对它的辩护

亚里士多德在《形而上学》的第四卷第三章中说，形而上学除了研究 being，还研究最基本的逻辑定律，第一条就是不矛盾律。

> 但是，最了解每一个种的人，必须能够陈述那个主题里面最确定的原则。所以最知道作为存在的存在的事物的人，也必须能够陈述所有事物的最确定的原则。这就是哲学家。所有事物的最确定的原则就是它无论如何都不会出错的，因为这条原则一定既是最可知的（因为所有人都会对他所不知道的事物出错），又是不能假设性的。（《形而上学》1005b9—15）

这里他是说，这条原则是大家无论如何都不会错的，是大家都知道的，而且它还不能是一个假设。对任何专门做研究的人，这条原则是必须要有的。这条原则是什么呢，亚里士多德下面说了，就是大家都熟悉的不矛盾律。

显然，这样的原则是所有原则中最确定的一个了。哪一个原则呢？接下来我们就会讨论。它就是（it is）：同一个属性在同一时间不能既属于又不属于同一个对象且在同一个方面。为了防止逻辑上的困难，我们必须假定所有进一步的规定性都已经附加上了。所以它是所有原则中最确定的，因为它回答了上述所说的要求。（《形而上学》1005b18—24）

（一）最确定的原则：存在中的定律还是思想中的定律（第三章）

这里有一个问题，我们通常说的不矛盾律指的是思想中的定律，即逻辑定律，但是你读读亚里士多德这句话，这个不矛盾律首先是世界的不矛盾律，而不是思想的定律。之所以在思想里要有这么一条定律，是因为在自然中有这么一条定律。只有这样，它才好用。所以，它首先是世界上存在的一条定律。

因为对于任何人来说这都是不可能的，即同时相信（believe）同一事物既存在又不存在，就像赫拉克利特所说的那样。因为他没有必要相信一个人所说的。如果相反的属性不可能在同一时间属于同一个对象（通常的规定性也必须为这一前提所假设），并且如果一个观点与另一个相矛盾就与它是相反的，那么显然对于同一个人来说，在相同的时间相信同一件事情既存在又不存在则是不可能的。(《形而上学》1005b25-31)

你们看，这里就变成相信（believe）了，刚才那个不是相信，而是 it is。这个表述才是思想中的不矛盾律。你不能相信同样的事物既存在又不存在，所以他认为赫拉克利特有问题。

（二）驳斥否定不矛盾律的论点：赫拉克利特与普罗泰戈拉（第四章）

有些人，正如我们刚才所说的，他们自己断言同一事物既存在又不存在，并说人们能够设想的情况就是如此。(《形而上学》1005b35-1006a1)

第一句是赫拉克利特说的，第二句是普罗泰戈拉说的，即人是万物的尺度。赫拉克利特和普罗泰戈拉是亚里士多德的对手，他们是不承认不矛盾律的。

许多研究自然的人都使用这一说法。但是我们现在假定，对于任何事物来说同时既存在又不存在是不可能的，通过这种方式我们表明了这是所有原则中最无可争辩的原则。(《形而上学》1006a1-5)

（三）对不矛盾律的论证：否定不矛盾律的困难

那怎么证明不矛盾律呢，你不能说它是定律它就是啊，总得有个证明或论证吧。亚里士多德在这里开始骂人了。我们来看他是怎么说的。

有些人居然要求我们来证明这一点。但这是他们缺乏教养的体现。因为他们不知道什么事物应当要求证明，什么事物则不应当。这表明了他们缺乏教育。因为对任何事物都予以证明是不可能的，这会有一个无穷的后退，因而也就仍然没有证明。但是，假如有些事情是人们不应当要求证明的，这些人就不能说出有什么原则比现在这个原则更加自明的了。(《形而上学》1006a5—12)

你们看，他骂那些要求他证明不矛盾律的人是缺乏教养。因为有的东西肯定没有办法去证明的。如果你连什么事情需要证明、什么事情不需要证明都不知道的话，你这个人就比较差劲了。大家想想，我们的逻辑教科书中有关于不矛盾律的证明吗？我不记得我们的教科书有这方面的证明。教科书只是说有三大逻辑定律，即不矛盾律、充足理由律、排中律等，它们是公理，是自明的，只是要求我们记住而已。现在我们琢磨琢磨，那些编逻辑教科书的人真的很奇怪，他们没有读过亚里士多德吗？尽管亚里士多德骂了人，但他还是想把这个定律说清楚。

然而，我们还是能够对它予以否定性的证明，假如我们的对手可以陈述些什么的话。如果他什么也不说，那么对一个不能对任何事情提出论证的人进行论证是荒唐的（就他拒绝论证而言）。因为这样的人，就他作为人而言，无异于植物。我所说的否定性证明不同于通常的证明，因为在证明中，证明的人会被认为假定了要证明的问题。但如果是别的人提出这个主张，那我们就会有一个否定性证据，而不是证明。(《形而上

学》1006a15-18)

这段话比较难懂，我们将它顺顺。亚里士多德说，对于不矛盾律，他没有办法给你一个正面的证明，但是给出一个否定的证明，他还是可以做的。怎么一个否定的证明呢？亚里士多德说，如果你否定不矛盾律，即确定了"不矛盾律是不对的"这个观点，便是否定了"不矛盾律是对的"这一主张。也就是说，你不可能认为，不矛盾律同时是对的又是不对的。如果你坚持自己观点的话，就是认可了不矛盾律；如果你否定自己观点，就是自相矛盾了，不能自圆其说。这就如同从"所有人都在撒谎"的前提中推出了"'所有人都在撒谎'也是在撒谎"，它们的道理是一样的。

艾尔文说，亚里士多德在证明不矛盾律的时候，用了一个不能让人否定的前提，如果否定了它，就会出错，就会自相矛盾。形而上学所使用的就是这样的一种强辩证法。艾尔文的说法听着很新颖。但问题是，我们翻遍《形而上学》这本书，也只有在证明不矛盾律的时候，亚里士多德才使用了这种强辩证法。我们要在《形而上学》里面找到另外的像不矛盾律这样确定无疑的强辩证法是很不容易的。艾尔文的观点听着很好，却让人难以信服，因为类似的例子太少了。如果真的可以找到很多类似的证明，大家也就认账了。另外，艾尔文认为，观念是分作两类的：一类是大家都认可的，一类是一般性的。可亚里士多德并没这样的区分，而是将所有的观念都一视同仁，将它们统统都摆了出来，找出其中的矛盾，然后进行调解。如果要对观念做出区分，就必须引进另外的方法与标准，就会引起无穷后退。在这篇文章之后，差不多有十几年吧，在1988

年，艾尔文出了一本 800 多页的大书，题目叫《亚里士多德的第一原则》①，很是下功夫。但是该著作就是他这篇文章的理论的扩大化，即强行地把这个强辩证法观念推到亚里士多德的各个领域。学界普遍认为，他的论述并不能让人信服。

九、对排中律的考察（第五至八章）

亚里士多德接下来还考察了排中律，这些我就不讲了，你们可以自己去看。阅读亚里士多德的书，一方面要琢磨他的学说，另一方面也要琢磨他是如何做哲学的。你看亚里士多德的自我意识非常强烈，他总是要给你解释他为什么要这么说，他这么说管不管用。当然，也不是所有的问题他都能说清楚，很多问题他确实没有说清楚。因此，每次我们在批评他人的时候，一定要有同情的态度，有一种兔死狐悲的情感。当我们说对方不对的时候，要多想想我们的根据在哪里，而不是一味地去攻击。

----

① T. H. Irwin, *Aristotle's First Principle*, Oxford: Clarendon Press, 1988.

第五讲 变化、本体与主体

真是不好意思啊，总是让许多事情耽误了我们的一些课。今天已经是 6 月 15 号了，我知道，因为要期末考试了，山大的本科生要在这个月的 20 号全部结束课程，你们是研究生，时间灵活一点，但我也不能把课拖到 7 月份啊。这样算来，包括今天在内，我们也只有五次课了。后面应该还有 6 讲，我只能把第 7 讲与第 8 讲、第 9 讲与第 10 讲、第 11 讲与第 12 讲并在一起，在 6 月 29 号把所有的内容讲完。这是我们重新设定的计划。

今天要学习两个文本：一个是《物理学》的第一卷，我们要重点讨论它的第七章；一个是《形而上学》的第七卷的第三章。为什么要将它们放在一起呢，我在后面会说明原因的。我知道，在座的有九名同学是需要这门课程的成绩的，那你们就得付出努力了。我会让你们写文章。我还会抽出一个周末，组织一次讨论课，讨论你们要写的文章。

那怎么写文章呢，我已经发给你们两个文档了，其中一个就是关于如何写哲学论文的。这是我给我们那里（布法罗纽约州立大学）① 的本科生的。那里的本科生每学期是一定要写篇论文的。什么时候写呢？我们那里每个学期至少有三次考试，提交论文要么是在第一次考试时，要么是在第三次考试时，要看具体情况而定。哲学论文的写作一定要有一些规范，尤其是在刚开始的时候。首先，我会让他们搞清楚，他们是要研究某种理论还是某个人。如果要是研究某种理论，你的文章就一定要说清楚这个理论的要点在哪里。你必须讨论它的文本。而一旦讨论文本，你就必须解释它的概念，分析它的论证，你必须要有批评性的评价，并说清楚你的理解为什么比别人的理解管用。这一点很困难，但会逼着你去读一些东西。有些同学偷懒，会从网上抄。但学生要抄，是很难能蒙得过去的。因为他自己写的东西吧，水平就在那里。如果读着读着，碰到两页突然写得很顺利，那我马上就知道这是抄来的。在美国这个要求很严格，一旦发现了抄袭，这个课的成绩马上就没有了。再严重一点，报到学校那里，这个学生说不定就要被开除了。我在读博士时，有一个同学，他的博士论文题目叫《亚里士多德论健康》。他是研究生物伦理学的。我觉得论文写得好极了，非常佩服他。但是答辩的时候，有个老师说他的文章是抄来的。他是从哪里抄来的呢？我这个同学他是希腊人，这篇文章是他从用现代希腊文写的一部书稿中抄来的。他觉得在美国肯定没有人看一个用现代希腊文写

---

① 括号里的文字为整理者所加。

的东西。可偏偏碰到一个老师看过，而且还很熟悉。结果经过核实，果然是抄来的。处罚是什么呢？博士学位被抹掉，硕士学位被抹掉，学士学位也被抹掉，从头扒到脚，什么学历也没有了。这个同学现在在做房地产经济（学生们大笑）。所以说你们不能抄，工作必须要自己做。如果有的同学不想研究某个人或某种理论，而是要讨论一个问题，比如自然的概念、必然性的概念等等，那么我就会要求他说明究竟是什么东西在困扰着他，为什么这个问题值得讨论，并且这个问题是哲学家们自己的问题，还是我们理解的问题呢？有的时候，这个问题是哲学家自己没有说清楚，有的时候是哲学家说清楚了而我们没有理解清楚，这是不一样的。最重要的是，他必须提供论证来支持自己的观点。他还要说清楚自己的位置在哪里，他的理解为什么比别人的理解要好。这是学生最头痛的。他们经常会说自己不知道啊。我会给他们推荐一些相关方面的研究，让他们去读。所以他们在写文章时，要读很多的东西。我在评判文章的时候，就会按照这个程序去评判。我要仔细地去找，你的立场在哪里，你的论证在哪里，有多少个论据可以支持你，你讨论过那些竞争者的观点了吗？评判完后，我会把文章与反馈意见发给他们。我对他们说，要是觉得我给你的分数少了，可以来办公室找我论证；要是觉得给多了，就把多的分数还给我。到现在为止，没有一个学生认为我给多了，要把多的那些分数还给我的。这是我们对本科生的要求。你们要是写文章，就先从这里开始。

还有一个文档，就是关于研究生资格论文的要求。这个就比较麻烦了。其实在我们那里录取的研究生，招进来就是要读博士的，很少是硕士，除非那个同学坚持只要一个硕士文凭。如果你说自己是一个哲学硕士，这不太好听。道理在哪里呢？我们那里，每个学生在第四个学期末，一定要给全系的老师交上一篇论文。系里的每个老师都得评判。在美国，学生是系里的学生，不是某个老师的学生。学生的名字是要抹掉的，老师根本不知道是谁的文章。有的老师或许能认出来，但没有多少人愿意去花这个功夫。结论分为三档：第一档，这个学生可以做博士论文。第二档，最多做个硕士就完了，大多数老师认为这个学生没有多少学术潜力，做不了博士论文，算算这两年他上的课也够了，就劝他拿个硕士文凭，不要再念了。第三档是这两个都不行，但是他还是有一次机会的，可以再交一篇论文，再评一次。如果第二次还是不行，那就要被开了。今年我们就开了一个。那个学生还是从伦敦经济学院念了一个硕士过来的呢，走的时候痛哭流涕。我倒是很同情他，可是也没有办法。所以你们看，哲学硕士通常是从通往博士的途中被撵出来的。但现在确实也有的学校为了赚钱，会招收一些愿意只读硕士的学生，但这种情况还是很少的。

其实最初的时候，我们并不是要求学生提交资格论文而是进行资格考试的。我们会布置一大堆问题让学生们下去准备，考试时从中抽出一些，让他们回答。后来我们发现，这种考试如同中国的高考一样，没什么意思。学生们在暑假里会相互"帮助"，把答案都充分准备好，然后背下来等着考。因此我们就改了，要求他们交一篇资格论文。我们不管这篇文章是什么时候写的，我们也不要求你必须交什么主题的论文，只要你觉得它是你迄今为止最好的哲学文章就行。系里一共有 7 位教授，所有的教授都是匿名评判。每位教授都会写上长长的评论，然后坐一起讨论，指出哪些地方不对。这时候学生求谁都没有用，所以就会更加紧张。我把我们评判论文的标准发给你们，你们可以参考。你要是评论别人的论文，总不能瞎评论吧。我认为这个标准很有用。实际上，我给期刊评审文章时，标准大致也是一样的。学生的论文如果能够达到这种要求，基本上就可以投给杂志了。你们在写论文的时候，也按照这个标准来参考：第一，文章一开始，你就应该让读者明白你想说什么。我在评审论文时，要是看了三页论文，还是不知道这个人到底想说什么，我就懒得往卜看了，直接把它毙掉了。实际上，不管你的论文是关于大陆哲学还是分析哲学的，都得让读者明白你的这篇文章到底想要做什么。第二，哲学有很多专门的术语。你不能一上来，就把那些术语都搬出来。那些不在这个领域的人就很难明白这些术语，这就比较麻烦。第三，结论要清楚。这是最基本的要求。如果你的文章一开始没有说清楚要干什么，论证的前提也没有清晰地表述出来，结论又不清楚，这就是大问题。第四，写文章时，你要自己想到会有哪些反对的意见。在别人没有反对之前，你就要想到这些问题，并试图回答这些问题。这是论证中很重要的部分。第五，一定要有现在的人对于这个问题的讨论，尤其是那些重要的二手文献。你不能闭上眼睛当作没有看见，说不定你研究的问题别人早就研究过了。学术研究是一项集体性事业，你必须了解别人的研究，然后在此基础上前进。如果相关方面最重要的文章你都不了解，那我们就觉得你不会做研究。第六，必须对引文本身做出分析。你的文章可能有大量的引文，但你不能把引文放在那就行了。你之所以要引用这些引文，肯定是因为它们能够支持你的观点，或者值得你去反驳的，所以你必须对引文本身做一个说明，而不是贴出来就算数了。第七，自己是否愿意做这个学生的导师。这一点比较狠，我们甚至考虑着是否将它去掉。我们每个博士生有三个导师，是导师委员会制。如果某个导师不愿意带这个学生，也要说清楚。第八，也就是最后一个，就是写作上不能有错别字以及语法错误。这些是对文章的外在形式的基本要求与指导性的意见。至于文章的内容怎么写，这是另外的问题。所以，那些需要修学分、写文章的同学，最好遵循这一套标准。这也是我给你们成绩的标准。一个学生的论文，不能在一个老师那里是 A^+，在另一个老师一下子却成了 C^-。它不是很主观的，而是有客观标准的。

下面进入今天的主题。不知道大家把前面的四讲忘掉了没有，我们重新复习一下。我们讲，亚里士多德的《形而上学》是要探讨两个问题的：一个是这个世界上什么东西是最真实的；另一个是这个世界是变动的，那它究竟是怎么变动的，或者说变动的是什么东西。也就是说，亚里士多德一个是要讨论世界的结构，一个是要讨论世界的过程。这两方面的研究当然是一致的。因为世界的过程就是某个 being 的过程。所以必须要先搞清楚，什么是最真实的东西，然后再看最真实的东西是不是变动的以及怎样变动的。这是《形而上学》的两个方面。

一开始呢，我们着重讲亚里士多德是怎么讨论 being 的结构问题的。亚里士多德认为，柏拉图提出了很多种理念或者形式，比如人的理念、崇高的理念、美的理念等，在他看来，这些理念都是一样的，没有等级之分的。可亚里士多德说，这不对啊，如果"我"分有"人"的理念，"我"就成为人了，但如果"我"分有"美"的理念，这不足以让"我"成为人啊。所以，有的理念肯定要比另外一些理念更根本。他一定要对 being 的世界排列一个等级，得出一个结构来，所以就有了各种 being 或范畴之间的关系学说。他认为，本体或实体（substance）应该是各种 being 的中心。我主张将本体或实体译作"本是"，但由于你们已经习惯了用本体或实体来称呼它，为了交流方便，我也采用本体或实体这个说法。这样，10个 being 之间就有了以本体为中心、其余为属性的这样一种结构。他在《形而上学》中对本体与属性的关系，即本体为什么一定是属性的基础做了大量的解释。他说，哲学应该是一种研究 being as being 的科学，即研究以本体为中心的各种 being 的结构的学问。亚里士多德在《形而上学》第七卷的第一章里，把 being 的问题都归结到本体这里，什么是 being 的问题就变成了什么是本体的问题。在说明了本体为什么是最为重要、最为根本的 being 之后，他立马说他要研究本体了。

一、《物理学》第一卷：形式与质料的引入

（一）《形而上学》第七卷第三章与《物理学》第一卷

亚里士多德要怎么研究本体呢？我们就看《形而上学》第七卷

的第三章。虽然这部分只有一页，但是却非常重要。同时，我们还要把《物理学》的第一卷也拉进来。

> "本体"这个词如果不是在更多的意义上被使用的话，至少也有四个主要对象，因为本质（essence）、普遍、种都可以看作事物的本体，而第四个就是主体（substratum）。（《形而上学》1028b33—36）

我们疏通一下文本。这里亚里士多德说，至少有四个东西可以被称作本体：一个是本质，一个是普遍，一个是种，一个是主体。你看，他突然就扔出了四个东西。那么，他是从哪里得出这四个东西来的？我们将它与《范畴篇》联系起来，对照起来看。

在《范畴篇》里，亚里士多德说，主体就是个体，个体是最真实的主体。它上面就是属和种。但是现在他不说属了，而是换成了普遍。可是还多出来一个，就是本质。我们就疑惑呀，这个本质是从哪里出来的，它是个什么东西？

总之，在《范畴篇》中，亚里士多德说主体是第一的本体，属和种是第二的本体。这里他却说，可以作为本体的有本质、普遍、种以及主体这样四个东西。这四个东西好像要重新摸牌，重新竞争谁才是真正的本体。这是他列出的第一个单子，上面有四个本体的候选项。

"本质"就是 essence。我再重申一下翻译的问题。我说过这种译法其实很不好。因为质是亚里士多德的第二类范畴。我主张将它译作"恒是"，因为 essence 是从拉丁文套来的，拉丁文的"en"就是 to be 的过去式，其希腊文为 *to ti en einai*，这是由亚里士多德造出来的，译成英文就是 what it was（for something）to be，是指它过去式的那个样子。在我看来，亚里士多德之所以使用过去式，其实是想强调本质是一个恒久如此的东西，是每个事物里始终不变的东西。后面我们还会专门讲 essence 的问题，因为这个问题非常重要。

亚里士多德说，本质是第一个本体。你马上就会问，本质是不是普遍的，种是不是普遍的，它们之间有着怎样的关系，如何将它们区分开来呢？我说过，亚里士多德在《形而上学》的探究过程就像打井似的，他要一步一步地往下打，往深处打。他把最根本的东西统统称作与 being 相关的东西，而 substance、essence 都是与 being 相关的东西。如果将 being 译作"是"，substance 译作"本是"，essence 译作"恒是"，就能看出它们之间的联系了。可是人们一直不肯改变自己的习惯用法，学术界也这样。

我们回到前面的问题，即这四个候选项，谁才是真正的本体？这四个候选项之间的关系本来就很含混。而如何理解这句话和整个《形而上学》第七卷的结构的关系，也是一个难题。许多注释家说，这句话把第七卷后面章节的大致内容说清楚了：第三章是讲主体的，第四—六章、第十一—十二章是讲本质的，而第十三章是讲普遍的。可问题是，这里没有一个章节是讲"种"的。这四个候选项中，莫名其妙就被亚里士多德扔掉了一个。有的注释者，比如罗斯（W. D. Ross）说，种也是一种普遍，所以亚里士多德在后面就不说了。但问题是，既然种也是一种普遍，为什么亚里士多德一开始要将它列出来，作为本体的一个候选项呢？可见这种说法也没有太多的道理。所以，这个列表本来就是一个麻烦。

> 现在主体就是其他的事情都去表述它，而它自己不去表述任何其他的事物。(《形而上学》1028b36-37)

我们对这个表述已经很熟悉了。主体在希腊文里就是 *to upokeimenon*，即躺在下面的意思。亚里士多德在《范畴篇》中翻来覆去讲什么是主体，而最终的主体就是其他东西都去述说它，它却不去述说别的东西的东西；它永远是在主语的位置，其他东西都可以作为它的谓语，唯独它不能成为别人的谓语。只有这样的东西，才是最后的主体。这是《范畴篇》中对主体的定义。我们接着读。

> 我们先来确定一下主体的性质。(《形而上学》1029a1)

这就让我们疑惑了，因为在《范畴篇》里，尤其是第五章，亚里士多德翻来覆去不就是讲的主体吗，这里还有什么可说的？

> 因为那个最初支撑着一个事物的东西被看作是最真实意义上的本体。(《形而上学》1029a1-2)

这听来还是他在《范畴篇》第五章中的观点，就是说，真正的本体应该是最能作为主体的那个东西，那个躺在下面承受着其他所有物的东西，才是最真实的。

> 在一种意义上，质料（matter）被看作是主体的性质。在另一种意义上，则是形状（shape）。在第三种意义上，就是这些东西的组合体（compound）。(《形而上学》1029a1-5)

你们看，现在的主体突然被划分成三种：一个是质料，一个是形状，还有一个是组合体或复合体。形状是形式（form）的另外一个写法。这个形式，包括柏拉图的理念（idea），一开始它就是指外在的形状。"理念"和"形式"在希腊文中是一个字，都是"看"的意思，就是看得见的那个形状。也就是说，原先的理念是脑子外面的东西，只是到了英国经验主义者那里，他们才把脑子外面的东西放进了脑子的里面。而在柏拉图看来，你脑子里面要是有一个理念的话，这个理念就对应着外在世界的一个理念。"理念"被亚里士多德拿了过来，就是形状。现在更麻烦了，亚里士多德先是说本体有本质、普遍、种与主体四个候选项，他首先要考虑主体。而现在呢，主体又分成了质料、形状与复合体这样三个部分。在亚里士多德这里，本质、形状、形式是相等的，所以形式是从属于主体的，但亚里士多德同时将它作为本体的四个候选项中的一项，这是第一个麻烦。

　　第二个麻烦是，亚里士多德将主体分为质料、形式与复合体三个部分。可是在《范畴篇》里，主体就是一个个体，就是你可以指着它说"这一个"的东西，比如苏格拉底、一匹马等等，上面是它的属，再上面是它的种。在那个地方，他从来没有提过形式，也没有提过质料。甚至在《形而上学》的第一、二、三、四卷中，亚里士多德也从来没有提到形式和质料。而这里，形式、质料一下子都蹦了出来。我们刚刚说了，在写文章时，如果你引进来一个新的划分或者新的概念，一定要交代清楚它们是从哪里来的。但是亚里士多德不说，而是将它们抛出来就完了。

　　亚里士多德不说的话，我们就要说了。我们就得问他，这个形式与质料的划分是从哪里冒出来的？为了说明这个问题，我们需要把他的《物理学》第一卷拉进来。《物理学》第一卷就是亚里士多德发现质料的地方。

那么，亚里士多德通过什么方式来划分形式与质料，为什么他要做这样的一个划分呢？我们知道，形式与质料是亚里士多德哲学中的一对中心概念。在《范畴篇》里，亚里士多德说，苏格拉底作为主体，是白、质、量、关系等等其他范畴的承受者。这里他却说，苏格拉底这样一个主体有质料，有形式，是质料与形式的复合体。接下去，亚里士多德就不考虑本体了，而是要讨论形式。可我们还是要疑惑，主体这三个部分的划分到底是怎么得出来的呀？

（二）关于变化的理智思潮

1. 前苏格拉底哲学家的观点

为了弄清楚这个问题，我们就得回到《物理学》的第一卷里。在《物理学》的第一卷里，亚里士多德想要解决的是变化的问题。为什么要解决这个问题呢？因为这个世界到底是变的还是不变的，这是一个重要的哲学问题。赫拉克利特虽然说，人不能两次踏入同一条河流。但他还说过，太阳底下没有任何新的东西。

其实，古希腊哲学刚开始的时候，人们认为世界是变的。而变化是一个大问题，人们总想说清楚世界是怎么变的。我这里再替你们黄启祥老师回顾一下古希腊哲学史的知识。

古希腊哲学一开始就是要探讨自然的。"自然"的希腊文为 *phusis*，它源于动词 *phuein*，就是生长、成长的意思。所以，在古希腊人眼里，自然是一个动的东西，是一个不断生长、成长与发展的东西。他们总是想说清楚，自然是怎样生长的。

最初的时候，古希腊哲学家们认为，有那么一个东西，就是 *to upokeimenon*（这是亚里士多德的一个术语），变化是从它开始的。比如泰勒斯说，水是世界万物的始基或根源。亚里士多德认为，泰勒斯所说的水，其实就是一个载体或主体。因为水在最下面，通过蒸发或者浓缩，万事万物就从那里生长出来了。泰勒斯之后，阿那克西曼德提出无限是世界的始基。他认为，泰勒斯的水是有规定的，是湿的，要变成火就很困难，作为原始始料的东西，它自己不能有任何性质，最好是挑一个没有任何性质的东西来做最根本的始基，这样它才能够变成其他的东西。所以，他找出来一个无限。这些当然都是臆测啊，我们也没有太多的根据。再后面就是阿那克西美尼，他说无限这个东西太玄虚了，让人把握不住，还是要用一点实在的东西，而这个东西同时还能变成其他的东西。那是什么东西呢，就是气。大家经常认为，从水到无限，理性朝前跨出了一大步，但从无限到气，理性又后退了。事实上，阿那克西曼德所说的无限，还是一个物，只不过是一个没有特定规定性的物。到了赫拉克利特，他就说是火。为什么是火呢？赫拉克利特认为，火总是在燃烧或熄灭着，在火的燃烧与熄灭中，万物与火相互转化。如果火消耗与熄灭了，就能产生万物；如果火燃烧得很充裕，万物就转化成火。而逻各斯规定了火燃烧的分寸。但逻各斯本身就是变化。赫拉克利特当时就意识到了，世界是变的，要确定事物的同一性（identity）其实是一件很困难的事情。

然后巴门尼德就出来了，他突然就说，世界上的东西都是不变的。你们说巴门尼德真的相信这世界上的东西都是不变的吗？也不是。他只是觉得，自己说不清楚"变"到底是怎么回事，理解不了"变"这种现象。既然理解不了"变"这种现象，却仍要说世界都在变，那肯定就没有什么道理。所以他说，世界上真正的存在就是"一"。你要说是"多"，那肯定就是幻觉。为什么是"一"，他说了很多很多的推论，你们应该都清楚。巴门尼德有个弟子叫芝诺，更是把巴门尼德的观点推到了极端。

巴门尼德否认了变化的存在，他后面的那些哲学家们就麻烦了。因为我们看到的这个世界明明是在变的啊，可巴门尼德老先生说了，在的东西根本不能从不在的东西出来，也不能从在的东西出来，因为在的东西已经在了，它为什么还要出来？而不在的东西又怎么能变出一个在的东西来呢？后面的人始终没法来解决这个问题。大家都认可这是一个真理，即从不在的东西产生不出一个在的东西来。

恩培多克勒想要解决这个问题。他说，一个东西要变成很多东西，这似乎有些难，那要是把水、气、火、土这四个元素放在一起，是不是就可以变成许多东西了呢？可别人说这也不对啊，四个元素固然比一个元素能更好地解释这个世界的多样性，可四个还是有限的，而世界上的事物是无限的，始终会有某些东西是无中生有的。后来就来了一个阿那克萨戈拉，他说四个肯定太少了，干脆就把世界的始基叫作种子吧。按照他的观点，你别看你现在是个人，可你身上什么东西的种子都有，比如蛇啊，乌龟啊，等等，只不过现在"人"的种子在你身上占了主宰地位，你就变成一个人了。可是没准哪天你一觉醒来，蛇的种子成了主宰，你就变成一条蛇了呢。你们看，他们说了半天，都是认为世界上的东西是不能无中生有的。

后面的留基波和德谟克里特说，那个种子说听起来毕竟有些粗浅，干脆叫作原子吧。也就是说，在他们看来，世界万物都是由同样的原子构成的，事物之所以不同，只不过是由于原子的位置或排列不同。德谟克里特想，如果所有的东西都是由原子构成的话，那么美与丑、好吃与不好吃、香与臭等等根本就没有任何的意义。也就是说，这个世界根本就没有美丑，没有颜色，有的只有原子和虚空。这些完全是他想象出来的，但是很有道理啊。比如说颜色，它是这个世界本来就有的，还是因为"你"的缘故才有的呢？在一个色盲的人看来，这个世界的颜色就和你们这些不是色盲的人是不一样的，因为他的眼睛没有办法接受某些东西。或许这个世界本来就是没有颜色的，只是因为人的眼睛有着某种特殊的结构，才有了颜色罢了。这个问题到了洛克那里，就成了第一性与第二性的问题。你们看，洛克极力想要辩护的东西，而德谟克里特只是用脑子想想，就想出来了。古希腊人通过思辨，可以提出很高明的理论来。

德谟克里特固然厉害，可还是没有解决巴门尼德的问题啊。如果世界上的东西都是由原子构成的话，那说了半天，这个世界所有的变化都是偶性的变化。因为变化只不过是量的多少、位置的不同而已，没有什么实质性的变化啊。也就是说，这些哲学家最多只能解决性质、数量、位置等等变化的问题，而不能说明实质性的变化。

2. 亚里士多德的态度

到了柏拉图这里，他想回避这个问题。而亚里士多德呢，他不仅不想回避这个问题，而且还对以前哲学家的解决方式很是反感。你们翻到《物理学》第七卷的第八章191a25，从这个地方我们开始读。

> 由于缺乏经验，那些最初研究哲学的人，在寻找真理和事物的本性时，错误地走向了另外一条路。（《物理学》191a25-27）

这里亚里士多德批评他前面的那些哲学家都是没有经验的，解决不了这个变化的问题。

> 他们认为，所有的事物都不是产生的，也不能够消灭。因为事物的产生要么来自存在的东西，要么来自不存在的东西。但是这两个都是不可能的。因为，那个生成的东西不能来自存在（因为它已经存在了），而从一个不存在的东西里又不能生成出东西（因为必须有某个东西作为它的基础）。他们过于夸大了这个结论，甚至否认存在的多样性，坚持认为只有存在自身。他们的意见是这样的，采纳意见的理由也是这样的。（《物理学》191a28-35）

这是亚里士多德对巴门尼德论证的重新阐述。按照巴门尼德的说法，存在若是从存在中来的，这是同义反复，没有什么意思。这世界不可能有真正的变化，有的只是量变和质变。这是巴门尼德最主要的论证，也是那个时候希腊整个学术界对变化的看法。

可亚里士多德对于这个论证非常反感。我们翻到稍前一些的 185a14。

> 相反，我们当然认为自然存在的事物，要么是一切，要么是其中的一部分，是在运动着的，这只需要通过归纳法就简单明了了。(《物理学》185a14-15)

亚里士多德说，与这些人不一样，他认为世界上的事物是运动的。而这个通过归纳法就可以得出。比如，这个人在长，这个树在长，鸡啊、狗啊、季节啊，这些统统都在变。

> 此外，无须去解决所遇到的所有困难，而只需要解决那些从科学原则中由于错误的推导而出现的困难：这些困难还是值得我们去花费一些讨论的。那些不是以这种方式所产生的问题，我们没有责任去驳斥。(《物理学》185a15-17)

亚里士多德认为，他的任务是理解什么是变化，所以不需要和那些否认变化的人去讨论。如果你连变化都否认了，他还和你讨论什么呢。不过，对于证明变化是什么样的，为什么它是可能的这些问题，他还是有一些科学兴趣的。

在另外一个地方，他将巴门尼德骂得更凶。

> 什么是自然，什么是"由于自然"（by nature）与"合乎自然"（according to nature），我们已经陈述过了。自然是存在的，如果试图去证明这一点，则是荒谬的。(《物理学》193a1-2)

这里，亚里士多德讨论了自然。以后我们会讨论什么是"由于自然"，什么是"合乎自然"。在亚里士多德看来，自然肯定是存在的。既然自然是存在的，那变化就是存在的。因为我们说过"自然"（*phusis*）在希腊文里就是成长或生长的意思。亚里士多德说，自然就在那里，世界就在动，凭什么还要去证明呢。这显然是没有必要的。

> 因为显然有许多这类的事物就是存在着的。试图用不明确的事物来证明明确的事物，表明了这个人在区分自明的事物与不自明的事物方面是无能的。（《物理学》193a3—6）

亚里士多德不喜欢这样去做哲学，即用不明确的东西去证明明确的东西。亚里士多德说，这是在干吗呢，你明明看到了变化，你去理解变化就行了，却非要说变化是不存在的，非要去和你的常识过不去。所以你们看，他和柏拉图是两种类别的哲学家，他们是不一样的。

> 这种心智状态显然是可能的。因为一个天生眼盲的人会去跟别人理论颜色。这种人在讨论这些单词的时候，必然是没有相应的思想的。（《物理学》193a3—6）

亚里士多德认为这种做哲学的方式是荒谬的，就像一个生来就是瞎子的人偏偏要去和别人争论颜色。你看，亚里士多德骂巴门尼德这些人还是很凶的。亚里士多德认为变化一定是存在的，根本就不需要你去证明。如果你想去证明，那你的脑子肯定就是有问题。

他为什么要采取这种方式呢？我们可以剖析一下。我们知道，哲学家们喜欢把本来简单的问题搞得很复杂，好像这是他们的生存之本。若是把简单的问题简单地处理，世界上就不需要那么多哲学家了。而亚里士多德研究问题有一个根本性的态度，就是要从我们所知道的出发。这在《物理学》第一卷第一章第二段以及《形而上学》第七卷第三章都有相关的论述。

> 研究问题的自然方式应该是，从那些相对于我们来说更容易懂的、更清楚的东西进展到那些对于自然（by nature）来说更容易懂的、更清楚的东西。（《物理学》184a17-18）

亚里士多德说，做研究的自然方式应该是，从那些为我们所知道的事情出发去研究那些不容易被我们认清的东西，而不是反过来，把我们能够知道的、能够看到的东西统统扔掉，非要说后面有那么一个绝对原则，再用那个绝对原则来衡量我们看得见、摸得着的东西。那些为我们所知道的东西，就是我们能看见、能明白、能马上说出来的东西。而为自然所知道的东西就是真正的真理。真正的真理经常是被掩盖着的。一旦你把它搞清楚了，你就处于一种澄明状态或知识状态，你就更加明白了。而这正是研究所要达到的目标。

> 因为那些相对于我们所知道的东西与绝对意义上可以被知道的东西并不是一码事。所以我们必须遵循这个方式，从对于自然更加模糊而对于我们更加清楚的东西前进到对于自然更加清楚、更加明白的东西。（《物理学》184a19-21）

柏拉图和巴门尼德他们却要走相反的路。在他们看来，在我们的信念（doxa）里面没有任何的真理。要想获取真理，就要把掩盖物去掉，那后面的东西才是真理。"真理"在希腊文中就是 *aletheia*，a 表示 not，letheia 表示 cover，合起来就是把遮盖物去掉的意思。他们认为，观念与意见蒙蔽了真理。要想做哲学，就要把你的信念、你的意见统统去掉，才能找到真理。而在亚里士多德看来，这种做法很荒唐。因为真理就在信念里面，只有从信念出发才有可能把真理从信念中掏出来。这就是我们为什么称柏拉图是唯心主义，而亚里士多德是经验主义者的缘故。他们在研究方法上是不同的。

（三）范畴理论与对巴门尼德的驳斥

现在让我们回到亚里士多德对于变化问题的讨论中来。一开始，亚里士多德是将自己的范畴学说进行简单的应用。在第二卷的 185a20，亚里士多德说用他的范畴理论就可以把巴门尼德打得一塌糊涂。

> 从这个问题开始我们的讨论最为恰当，即"一切事物都是一"的这个断言是在什么意义上说的？（《物理学》185a20－21）

亚里士多德这里是说，既然你巴门尼德认为一切事物都是一，而多则是虚的，那么我就先问问你，你是在什么意义上说一切事物都是一的？

> 因为"是"（is）是在许多意义上说的。他们认为所有的事情都是本体，或者是量，或者是质？或者，更进一步，认为所有的事情都是一个本体——一个人，一匹马，或者一个灵魂，

或者质，并且是同一个质——都是白，或者都是热，或者都是
其他的质，诸如此类？所有这些说法差别很大，而且都是不可
能成立的。(《物理学》185a22-24)

我们已经知道，亚里士多德认为"是"(to be) 有许多种含义。
作为最后的种，即范畴就有 10 个，并且相互之间是不能归结的，
现在巴门尼德却说所有的"是"都是"一"。亚里士多德就问，那
个"一"到底是什么意思呢？难道是一个本体？那么质、量等其他
的范畴不也都成本体了吗？所以巴门尼德这句话肯定错了。你们
看，亚里士多德直接用他的范畴理论就把巴门尼德挤兑得很惨。第
二章和第三章，亚里士多德也都是在用他的范畴学说来批驳巴门
尼德。

(四) 变化的三要素：日常语言的路径

但是，批驳巴门尼德并不是亚里士多德的主要目的。他要搞清
楚的是这些问题：如果变化是存在的，那究竟是什么东西在那里变
化？有多少个元素构成了这个变化？或者说变化的过程涉及了多少
种成分？而要达成这些目的，亚里士多德就不能简单地运用他的范
畴理论了。

亚里士多德要怎么做呢？这主要集中在《物理学》的第一卷第
七章。其实，在第一卷的第四、五、六章，亚里士多德就开始处理
这个问题。比如在第四章 187a30 这个地方，他用了一大段来讲述
阿那克萨戈拉的学说。

我们在前面讲过，《物理学》记载了大量前苏格拉底时期哲学

家们的观点。如果没有这个《物理学》，我们就无法知道前苏格拉底时期诸多的哲学主张。公元 6 世纪时，有个叫辛普里丘（Simplicus）的，他在注释亚里士多德《物理学》的时候，又将他搜罗来的更多的关于前苏格拉底哲学家们的材料放在了这里。我们今天只要读亚里士多德的《物理学》以及辛普里丘的《物理学注》，就可以得知前苏格拉底哲学家的绝大部分材料。所以多亏了亚里士多德以及辛普里丘，不然的话，前苏格拉底哲学家们的那些东西就全没了。

第七章是第一卷中最重要的章节。在这一章的一开始，189b30有这样一段话。

> 现在我们要给出我们自己关于变化的解释。因为在探究问题时，我们将遵循这样的自然顺序，即首先谈论事物的共同特征，然后再考察它们的特殊情况。（《物理学》189b30-33）

亚里士多德这里说他批别人已经批够了，他要给出自己的观点了。那他怎么给呢？也就是说，他是怎么做形而上学的呢？与他寻求什么是智慧一样，他说我们先看看我们的日常语言是如何谈论变化的。

> 我们说一事物生成于另外的一事物，某事物生成于其他的某事物。简单的事物与复合的事物都是如此。（《物理学》189b33-35）

作为"是"（to be）的那个东西，它已经稳定了，而当我们说那个东西"产生"（comes to be）的时候，它就是一个生成的过程。

　　我所说的"生成"其意思有：我们可以说一个人变得有教养（musical），或者没有教养的变成有教养的，或者一个没有教养的人变成一个有教养的人了。（《物理学》189b35—190a1）

　　这里的 musical 不能译作"音乐的"，而应译为"有教养的"。因为希腊的缪斯女神就是文艺女神。"生成"可以有三种意思：这个人变成了有教养的；没有教养的变成有教养的；没有教养的人变成了有教养的人。你们仔细看看这三句话，它们说的其实是一个意思。当我们说没有教养的变成了有教养的，它背后实际上隐含着一个东西，即一个没有教养的人变成了一个有教养的人，我们不会说是一只狗变得有教养了。因此第三句是最完整的。这三句话里，既有简单项，也有复合项。简单项是什么呢，就是"人"、"有教养的"以及"没有教养的"。复合项呢，就是"没有教养的人"和"有教养的人"。因此，真正的变化涉及三个要素：一个是主体以及一对相反的性质。而变化呢，就是一个主体原来没有某种性质而后来具有了这种性质。比如你以前不懂哲学，现在你懂了；你原来懒，现在你勤奋了；你原来胖，现在你瘦了；你原来小气，现在你大方了；等等。这些都是变。亚里士多德就从分析日常语言中得出了变化的三个要素。

（五）范畴与变化：两种类型的变化

　　可是问题又出来了。上面我们提到的那些变化都是偶性变化。你获得了某种性质，这是一种改变，但是"你"这个本体并没有动，你还是你呀。我们在前面说过，巴门尼德之后的所有哲学家都只能解释偶然性的变化，比如量的变化、性质的变化等等，但解释不了实质性的变化。这就相当于把所有变化都当作是属性的变化了。而属性的变化无非是本体失去一个属性或者增添了一个属性，但是本体自身的变化又该如何说明呢？只要你不认为人仅仅是一堆原子或者血与骨头的组合物，你就得说明作为主体自身的人是如何生成的。这才是问题的关键，对不对？亚里士多德认为，以前的哲学家只能说明属性的变化，而无法说明本体自身的变化。那么，主体自身的变化，即一个新的个体产生了，这个过程又怎么解释呢？你们只有说明了这一点，才算真正解决了巴门尼德的问题。

（六）本体性的变化

下面亚里士多德就开始他的重要创新了。他说，既然偶性变化有三个成分，那依此类推，本体的变化也应该有三个成分：主体以及一对相反的东西。也就是说，本体变化自身，也要有一个主体，再加一对相反的东西。那么这样一对相反的东西是什么呢？亚里士多德说，就是形式的缺失与获得。比方说，这张桌子以前就是一堆木头，或者是圆的木头，或者是长的木头，你把这些木头一割、一锯、一推、一组合，就将它们变成桌子了。也就是说，原来这些木头没有桌子的形式，现在你让这些木头获得了桌子的形式。那么按照这个道理，在本体的变化里面，首先肯定是要有质料的。"质料"在希腊文里就是 *hule*，其字面含义就是"木头"，亚里士多德则将它作为一个普遍性的用语。亚里士多德可能是看着工匠们将木头变成床、变成椅子、变成桌子的工作过程当中，就推出了一个本体的变化就是一个新的形式与作为主体的质料相加的结果。你们可别小看这么一推，它让你立马就明白了亚里士多德的形式与质料理论是从哪里跑出来的。

（七）形式与质料的区分是如何得到的

亚里士多德说，我们讲的变化有两种：一种是变成了"这样的一个东西"（coming to be so and so），比如这个人变成了有教养的人；一种是直接出现了一个新的东西（coming to be），而不是"这样的一个东西"。它不再是性质的变化，而是一个新的东西直接就出现了。

> "生成"这词具有多种含义。在有些情况下，我们并不使用"生成"这样的表达，而是将它说成是"变成了这样的一个东西"。只有本体才被说成是不加限制的"生成"。（《物理学》190a32—33）

在亚里士多德看来，只有产生了本体的变化才是绝对的、不加限制的变化，而本体的属性的变化，都属于偶性的变化。

> 显而易见，除了本体之外的其他生成都必然有某个东西作为生成的基础，即主体。因为，当这样的量、质、关系、时间或者地点产生了，总是预设着有一个主体，因为只有本体不能表述其他的主体，而其他的一切都可以表述本体。（《物理学》190a33—b1）

这句话我们也很熟悉，就是主体与属性的区分。因为它是主体，其他属性都可以述说这个主体。属性可以今天换一个，明天换一个，与主体自身的变化一点关系也没有。我们现在说的本质和属性不就是这种关系嘛。若是你那个人的本质没有了，你就不能被称作人了。只要你那个人的本质还在，那你上什么样的大学，读的什么书，穿的什么衣服，吃的什么饭，长得好不好看，是胖还是瘦等等，都无所谓，因为那个主体或本质还是在的。那个最为恒久的东西自然是我们最应该关注的。

> 但是经过考察也能发现，本体以及其他不加限制的事物都是从某种基础中产生的。因为在每一种情况中，我们都能发现有某种东西在支撑着从它那里产生的东西，例如动物和植物都是从种子产生的。（《物理学》190b1—5）

亚里士多德在这里用了一个类推，既然属性的产生都有一个基础在那里，那么本体的产生也应该有一个东西在那里，作为它的基础。这是个什么东西呢？如果说桌子是木头加上桌子的形式产生的，那么自然物，比如人、狗、植物，等等，则是从种子或者其他的某个东西转变来的，那么种子或者其他的某个东西肯定就是本体，是这个本体发生变化从而产生了人、狗、植物等等。当然这个过程很复杂，它涉及潜能和现实的关系。亚里士多德由此认为，自然物的产生也是一个形式与质料相结合的过程。比如他说，在人的产生中，父亲提供的是形式，母亲提供的是质料，而孩子就是形式与质料的结合体。这让很多女性听着不舒服。

下面几段都是他对这一观点的具体阐述，我们读一下。

> 那些不加限制而生成的事物有着不同的生成方式：通过改

变形状，如（由铜塑成的）雕像；通过增添，如作为成长的事物；通过离开，如赫尔墨斯（像）离开石头；通过组合，如房子；通过改变，如事物质料的改变。显然，所有这些都是从某种承载着的东西中生成的事例。

因此，根据上述，所有生成的东西都是复合而成的。一方面，有某物产生了，另一方面，有某物变成了这个。后者又有两种含义，或者是主体，或者是相反者。所谓相反者，我指的是无教养的；所谓主体，我指的是人。同样，我把缺乏形状、形式或秩序叫作相反者，把青铜、石头、金子叫作主体。那么显然，如果自然物体有构成的原因与原则，并且自然物体基本上生成或已经生成（have come to be）——所谓已经生成，我的意思是每一个事物在本体方面而非偶性方面的生成。所以，万物都是形式与质料的组合。（《物理学》190b5—20）

总之，亚里士多德区分了两种变化：一个是偶性的变化，一个是本体性的变化。在偶性的变化中，主体就是个别的物，变化是指这个物的某种性质变成了另一种性质。而本体性的变化呢，主体就是质料，变化是指这个主体获得了某种新的形式，即得到了一个新的本质。他反驳巴门尼德说，世界上的事物确实是不能无中生有的，但本体性的变化则是某个主体改变了它原有的形式。所以，通过考察主体原有形式的改变，就可以说清楚本体性的变化。既然本体性的变化就是某个主体或质料加上某种形式的结果，那么所有的东西都是形式与质料的组合。比如人就是身体与灵魂的组合，身体是它的质料，灵魂是它的形式。你们想想，这个推论还是蛮管用的啊。剩下的部分你们可以自己念，我这里不讲了。

所以你们看，在《物理学》第一卷第七章里，亚里士多德就像一个日常语言的分析哲学家。他通过对日常语言的分析，就解决了一个重大的哲学问题。

（八）《论生成与消灭》：进一步区分两种类型的变化

亚里士多德通过观察某种人造物的生成过程，比如桌子、雕塑等等，找到了形式与质料的区分，然后再将其推扩到各种自然物中，比如一个人、一个动物等等，指出它们也一定产生于形式与质料的结合。为了说明形式与质料的结合过程，他有一个详细的潜能/现实学说。在《论生成与消灭》中，他对这两种变化做了更详细的论述。在那里，他将所有偶性的变化都叫作改变（alteration），所有本体性的变化叫作真正的变化（coming to be）。其中最主要的章节就是它的第一卷的第四—五章，你们可以自己阅读时仔细体会。

二、《形而上学》第七卷第三章

明白了亚里士多德对于形式与质料的区分，现在让我们回到《形而上学》第七卷的第三章。既然本体变成了形式、质料以及复合体这样三个成分，那么再笼统地讲本体就没什么意思了。亚里士多德开始研究形式和质料了。亚里士多德在这里又将他的研究往下深挖了一层。现在的问题是，在这三者之中，哪一个才是真正的本体？我们很快就能发现，亚里士多德首先敲掉了质料。

（一）两个列表

《形而上学》第七卷第三章讲了两个列表：第一个列表作为本体的四个候选项，即本质、普遍、种与主体；第二个是形式、质料和复合体，它们要竞争谁才是真正的本体。我们将会发现，亚里士多德将形式与本质等同，而第七卷真正要做的事情就是论证形式或本质如何是真正的本体或第一本体。

（二）本体的主体标准的问题

我们刚才读到《形而上学》第七卷第三章的第一段 1029a5。亚里士多德列举出本体的四个候选项之后，接着开始处理主体，即 *to upokeimenon*。而主体又有形式、质料以及复合体的三个成分。我们接着读这一段的最后一句话。

> 因而，如果形式先于质料，并且是更加真实的，那么根据同样的理由，形式也是先于复合体的。（《形而上学》1029a6-7）

你们看，本来形式、质料以及复合体它们似乎要干上一架，看看谁才是真正的本体的。但是亚里士多德一开始就持有偏见，说形式一定是本体。不过，这个时候还只是一个条件句，他用了个"如果"（if）。

可接下去他的偏见越来越严重，根本就没有给它们一个公平竞争的机会。

> 现在我们已经大致讲了本体的本性（the nature of sub-

stance)，表明它就是那个不去表述一个主体，而所有其他的东西都要表述它的东西。(《形而上学》1029a8-9)

这句话里有个问题，即到目前为止，亚里士多德一直讲的是主体的本性（the nature of substratum），这里突然变成了本体的性质（the nature of substance）。也就是说，亚里士多德本来是要确定谁才是真正的本体，结果这里又跑出来一个本体。他解释了什么是本体，不难看出，这正是以前他对主体（to upokeimenon）的定义。"主体"与"本体"被交换着使用。他使用的依然是《范畴篇》的术语与标准，即其他的范畴都是来表述主体的，而主体却不能表述其他的范畴。

> 但是我们不能仅仅这样说，因为这是不充分的。这一论述自身是模糊的，而且，如果根据这一说法，质料将会成为本体。(《形而上学》1029a9-11)

在《范畴篇》里，这个定义是一点问题也没有的。在那里亚里士多德说，如果一个东西越是主体，那么它就越是本体。他还说，属比种更是本体，因为属比种更靠近最后的那个主体，这叫"近水楼台先得月"。但现在亚里士多德却说这个标准不够充分了，他要重新规定标准。他还说这个标准很含混。最后他说根据这个标准，质料就是本体，因为质料才是承受者。但亚里士多德又说，质料不可能是本体。

总之，在亚里士多德看来，《范畴篇》里本体的标准存在三个问题：第一，不够充分；第二，模糊不清；第三，质料会成为本体。所以这个本体的标准不能用了。这肯定就是亚里士多德的偏见了。打个比喻说，你们学校有个评选教授的条件，如果你符合了这个条件，学校给你一个教授不就完了么。可等你好不容易够了这些条件了，学校却赖账了，说原来的标准不行了，要重新制定标准。你们看，亚里士多德的研究也有着同样的问题。

接下来，亚里士多德开始解释质料之所以不能作为本体的原因。整个说明过程我们把它叫作剥离过程（striping away process），这是亚里士多德著作的注释者们经常使用的一个术语。

> 因为如果这个不是本体，其他的也都无从谈起了。当其他所有的东西都被剥离了，显然，除了质料，没有什么别的东西可以保留下来。因为其他的东西有的是物体的特性，有的是产品，有的是潜能，然而长、宽、深是量而不是本体。因为量不是本体。这些更是首先从属于本体的东西。但是，当长、宽、深都被拿走了，剩下的就是那个被长、宽、深所限定的东西。（《形而上学》1029a11-19）

这里，亚里士多德说，如果按照原来那个本体的标准，如果质料不是本体的话，我们就无法理解了。因为，如果你把一个主体所有的东西都拿走了，那么除了质料，就没有什么东西可以留下了。其他的成分，有的是特性，有的是产品，有的是潜能，这些是第一层要扒掉的东西。接着要扒掉它的长、宽、深。而质料则是被长、宽、深包围的那个东西，你把长、宽、深都拿走了，那还有什么呢？那就只剩下纯质料了。

> 所以对于那些这样来考虑问题的人，纯质料似乎就是本体。这里所谓的质料，其自身既不是一个特殊的物，也不是一

种特定的量，也不是任何用来规定 being 的其他范畴。因为，每一个这样的范畴都表述某一事物，所以这某一事物的存在（being）与每一个范畴都是不同的。其他非本体的范畴都是表述本体的，而本体则是表述质料的。因此，终极主体自身既不是一个特殊的事物，也不是一种特殊的量，也不是别的具有正面特征的东西，它甚至没有否定性的特征。因为否定性的特征也只是偶然地归属于它。（《形而上学》1029a19—27）

这里亚里士多德讨论了纯质料。他认为纯质料既不是特定的事物，也不是质，也不是量，它完全处在范畴之外，甚至连否定的东西都不能去说。因为你把它的规定性都给扒掉了，它就是一个虚的、空的东西，也就没有什么可说的了。只要你一说它，它马上就有一个规定。所以纯质料是不可言、不可说的东西。

如果我们接受了这个观点，那么就会得出质料就是本体的这一论断。（《形而上学》1029a28）

亚里士多德说，如果我们采纳这一标准，即将本体作为所有其他东西的承受者，那么在形式、质料与复合体之间，就只剩下质料这个选项了。但是质料是虚的、空的，这样的东西如何能够做本体呢？

我认为亚里士多德的这段推论有很多的问题。我在提纲上列出了其中的荒诞性。比如，在他的推论中跑出来两种质料的概念：一种是纯质料（matter prima），即什么也没有，光秃秃的质料，它是被剥离掉诸多属性之后的单纯的存在，并且不在范畴之列；另一种是具体的质料（corporeal matter），经验哲学家称之为第二质料（materia secunda），比如铜、木头等等，而铜、木头可不是什么也不能说的，它们是具有自己的性质的。所以你们看，本来刚开始质料、形式与复合体它们三个在竞争本体的时候，那个质料，比如铜、木头等等，是有性质的，但在论证过程中，亚里士多德不仅对质料抱有偏见，还把质料原来所有的东西都扔掉，把质料给扒光了，再让它去与形式以及复合体竞争。

亚里士多德为什么要这样呢？在论证中，他用了两次"对于那些这样来考虑问题的人"（to those who consider the question；for those who adopts this point of view）。这听起来好像是在批评别人。可那个将主体作为本体的人不就是亚里士多德自己嘛，这不就是他在《范畴篇》中的观点嘛。你们看，亚里士多德并不直接批评自己的主张，而是拐弯抹角将其改变了。

> 但这是不可能的，因为可分离的（scparability）与个体（individuality）这二者被主要看作是属于本体的。（《形而上学》1029a28-30）

他的结论是"这是不可能的"。可为什么这是不可能的啊，亚里士多德并不是因为质料只是一个光秃秃的东西，所以不能作为本体，而是引入了"可分离的"与"个体"这样两个确定本体的标准，使得质料出局。

从现在开始，亚里士多德不再将主体作为本体的标准了，而是换了"可分离的"或"分离性"与"个体"。什么是个体，希腊文就是 *tode ti*。你们还记得这个概念吗？在《范畴篇》的第五章，亚里士多德说，所谓第一本体，就是你可以指着它说"这一个"的东西，即 *tode ti*。而种与属叫作 *toionde*，指的是"这一类"的东西。

在亚里士多德看来，真正的本体成了应该是"可分离的"，是"个体"或"这一个"，而不是主体了。在前面我们有个比喻，就是那个评选教授的标准，在《范畴篇》里，亚里士多德说谁是主体谁就有资格当教授，但在《形而上学》中呢，亚里士多德却将标准换了，主体不再作为评选教授的标准了，新的标准是"分离性"与"个体"，只有符合这两个标准才能当教授。所以亚里士多德不仅待质料非常不公，还把评选本体的标准给改掉了。

问题是，这个标准一改，很是让人头大。我们知道，本体就是 *ousia*，也是一种 being，只不过是 being 的阴性分词。在《范畴篇》里，亚里士多德反复强调主体或承受者（*to upokeimenon*）就是 *ousia*。我给你们讲过，中世纪前期，人们只知道亚里士多德的《范畴篇》而不知道其《形而上学》，就将 *ousia* 译作了主体（subject）。到了《形而上学》，本体的标准改了，*ousia* 不再是主体了，但人们还是将它译作"主体"，这就不对了。再后来，亚里士多德说形式才是真正的本体。但是，如果按照承受者或主体的标准，形式怎么能够做本体呢，它什么也说明不了啊。比如你的灵魂是你的形式，但我只能说你这个人是白的，而绝对不能说你的灵魂是白的。只是由于习惯的缘故，你还得忍受人们在《形而上学》里将 *ousia* 译作"主体"，尽管 *ousia* 已经不再是主体的意思了。

引进"分离性"与"这一个"这样两个标准之后，亚里士多德马上得出一个结论。

所以形式以及形式与质料的复合体而非质料可以被认为是本体。作为形式与质料这二者的复合体可以被排除掉，因为它是在后的（posterior）并且其本性是显而易见的。而质料在某种意义上也是清楚显示的。现在我们必须探究第三种本体，因为它是最难理解的。（《形而上学》1029a29-35）

亚里士多德并没有交代他是如何以及从哪儿引进这两个标准的，就用这两个标准将原来那个主体的标准给敲掉。他把质料扔掉了，接着把形式与质料构成的复合体也扔掉了，只剩下一个形式了。这就是亚里士多德在《形而上学》中不断往下打洞的过程：先是 being，然后挖到本体，最后挖到形式，它们一个比一个深入。

（三）对主体标准批评的含义

《形而上学》第七卷第三章是亚里士多德对《范畴篇》主体标准的批评。这个批评的性质是什么，人们对此有很多种的理解。我在提纲上列出了主要的四点：

第一，对主体标准的重新修订。这种观点认为，亚里士多德在《范畴篇》中对主体标准批评得不够清晰，甚至是很含混的，从而导致质料可以作为本体，所以在《形而上学》里，他要重新修订主体标准，说明形式之所以是第一本体，就是因为它比质料和复合体更加是主体。也就是说，亚里士多德并不想抛弃他在《范畴篇》里的主体标准，而是想把它重新修订一下，使其更加清晰。

第二，将"分离性"与"这一个"这两个增加到主体标准中。这种观点是想捍卫主体作为本体的主张。他们认为，一个事物之所以是第一本体，必须在原来的主体标准上加上"分离性"与"这一个"这样两个条件，才能成为新的主体。

第三，放弃主体标准，转向了因果性标准。这种观点认为，从现在起，本体不再是主体了，而是形式，而形式实际上是一个原因。不过这要到后面的第七章才得以说明。

第四，在形式/质料/复合体这一层级上，将 *ousia* 与主体分开。这是我自己的观点。也就是说，在将主体分为形式、质料与复合体之后，亚里士多德想方设法地要将 *ousia* 与主体分开，不想再让 *ousia* 与主体混在一起了。

（四）第七卷第三章的结构

在我看来，整个第七卷第三章的结构是非常奇怪的。它的推论过程是这样的：

如果本体是主体，那么质料就是第一本体。（1029a10）

但是质料不是本体，因为分离性和这一个最主要地属于主体，那么主体就不是本体。（1029a28）

将这个过程形式化表达就是：

如果 A，那么 B。

但是非 B，那么非 A。

亚里士多德之所以批评主体标准，就是要说清楚，在范畴这个层次上，本体就是主体；可是一旦把主体分成质料和形式，本体就不再是主体了，而真正的本体是形式。所以在《形而上学》的第七卷第三章中，亚里士多德的本体概念有了一个根本的变化，即本体不是主体，本体要符合"分离性"和"个体"这样两个标准。

可是为了说明质料不是本体，亚里士多德弄了一个像谜一样的剥离过程，他要把主体身上的东西统统扒掉。但是在扒的过程中，他避而不谈要把形式扒掉，而是扒掉了属性以及长、宽、深等等，好像形式不存在似的；而形式恰恰就属于复合体的，只有把它扒掉，才会有真正的本体啊。可是他并没有。在这个过程中，他就偷换了质料的概念，搞出一个纯质料的概念来。而在刚开始时，他所说的质料并不是纯质料，而是有自己的规定性的。

其实，他根本没必要费这么大的劲，搞出一个稀奇古怪的剥离过程以及神秘的纯质料的概念。他可以直接说，质料不能是本体，因为它不符合"分离性"与"个体"这样两个标准不就完了吗？我想不出什么别的原因，我觉得他就是想把质料搞臭，故意将它脸谱化，把它搞成什么也没有的纯质料。

另外，我们也没有解决，"分离性"和"个体"这样两个标准是从哪里跑出来的？凭什么说只有符合它们才属于本体啊？为什么这个标准引出来以后，复合物、质料就被抛弃，只剩下一个形式？所以，亚里士多德在这里留下了一大堆的问题。

（五）形式问题的困惑

亚里士多德说，他现在要研究形式，他说这是最困难的问题。你们还记得吗，就在第七卷第一章的末尾，亚里士多德说最困难的问题是探究什么是 being（1028b4），然后这个问题变成什么是本体，而在第三章里它又变成什么是形式（1029a35）。事实上，形式确实是亚里士多德研究中的最大的困难。长期以来，人们对于处于本体论地位的形式到底是普遍的还是特殊的这一问题争论不休。我至少可以列出以下五种观点：

第一，形式是普遍的。他们或者认为形式是第二本体，即属，或者认为它可以表述许多质料而成为普遍的。但是这个观点会在后面遇到一个很大的麻烦，因为在第七卷第十三章中，亚里士多德说普遍绝对不能是本体（《形而上学》1038b35）。因此，如果形式是普遍的，它就不能作为本体了啊。

第二，形式不是普遍的，而是特殊的。这一观点认为，在《形而上学》中，尽管每一事物都可以与其他事物分享同一个属，但是它们各自所享有的形式还是独特的，而正是这种形式才将某一事物同其他的事物区分开来。特殊形式是近年来关于亚里士多德《形而上学》研究中一个非常重要的问题。我们在第三讲时提到过人格认同的问题，就与亚里士多德的特殊形式有关。比如亚里士多德说灵魂是人的形式，可灵魂是普遍的还是特殊的？如果是特殊的，那是什么使得你的灵魂与我的灵魂不一样？它们又在什么地方是不一样的？在亚里士多德看来，形式是特殊的。而这恰好是最困难的地方。

第三，形式既不是普遍的也不是特殊的。比如欧文斯（J. Owens）就持这一主张①。

第四，形式既是普遍的又是特殊的。这一观点是通过排除得出的，并没有亚里士多德相关文本的支持。于是就有人攻击说，如果你能说清楚什么东西既是普遍的又是特殊的，那我就服你了。所以，有时候看别人吵架，很有意思。

---

① J. Owens, *The Doctrine of Being in the Aristotelian Metaphysics*, 2nd ed., Toronto: Pontifical Institute of Medieval Thought, 1963, pp. 374, 392.

第五，第七卷的探寻是迷阵式的（aporia），即认为亚里士多德自己没有搞清楚形式是普遍的还是特殊的。

我的观点是，亚里士多德的观点是迷阵式的。但与观点五不同，我认为亚里士多德并不是没有搞清楚这个问题，而是他在探索各种可能性，以克服柏拉图的第三人悖论。他觉得形式应该是普遍的，摸索了半天，此路不通。于是，他又回过头来说形式是特殊的，又摸索半天，此路也不通。由此他发展出两条路径来克服柏拉图的第三人悖论。以前我们哲学教科书上通常引用列宁的话，说亚里士多德在普遍与特殊的关系上动摇不定，一会儿是唯物主义，一会儿又是唯心主义。其实他不是动摇不定，而是在两条路上艰难地探索。并且他很坦率，在一条路上能够走多远，他就说有多远。事实上，他觉得每一条路都很困难，每一条路走下去，都有很多克服不了的困难。事实上，亚里士多德最后也没有得出一个关于形式的结论，但不能说他的探索没有意义。

下一节课我们有两个任务：第一，研究什么是形式。你说形式就是本质（essence），那什么是本质？你说本质就是定义所揭示的对象，那什么是定义，我们又如何下定义呢？所以有一连串的问题有待我们去研究。第二，研究本质究竟是特殊的还是个别的。我要把这两个问题并在一起讲。这就意味着你们在明后天，即星期五之前，要下功夫去读《形而上学》的第七卷第八章。

第七卷是《形而上学》核心卷，每一章都很重要。但是每一章都很困难。几年前，美国圣母大学（University of Notre Dame）的一位教授叫麦克尔·路克斯（Michael Loux），他写了《当代形而上学导论》① 这本书。他讲在自己本科时期的哲学导论课上，他的老师介绍亚里士多德的《形而上学》，并指定让他读。他说自己从来没有读过这样的东西，读了半天，根本都不知道亚里士多德在说什么，第一次有了一个睡不着觉的晚上。第二天上课，也没有听懂老师讲的内容，反而更加糊涂了。后来他就考了博士生，决心做亚里士多德《形而上学》的论文。他在哈佛大学读了三年，根本都不敢动笔写这方面的文章。他的论文写的是古典时期某个学者对《形而上学》某一卷的注，还是没有直接去碰《形而上学》。毕业之后，他在圣母大学教授希腊哲学，每年都要讲一遍《形而上学》。就这样讲了三十年之后，他觉得自己可以写些东西了。他认为《形而上学》中的每一句话，至少可以有 12 种解释。所以，他绝不认为自己写出来的东西就是最后的成品，说不定文章还没有写完，他的观点就变了。你看，《形而上学》就有这么艰难。中间他还做了几年院长，负责行政事务。重新做老师时，为了跟上哲学研究的发展，他直奔亚里士多德的《形而上学》而去，找出最近几本相关的著作来读。这是他回归哲学的方式。麦克尔·路克斯对《形而上学》许多根本性问题的研究都取得了很好的成绩。那你们现在也要好好去感受一下阅读《形而上学》第七卷的困惑。你要是发现什么也不懂，不要着急，慢慢来。明天我给你们发送一些关于第七卷的研究文章，你们可以结合这些经典的二手文献来理解它。

---

① Michael Loux，*Metaphysics*：*A Contemporary Introduction*，3rd edition，Routledge，2006；（中译本）麦克尔·路克斯：《当代形而上学导论》，朱新民译，复旦大学出版社，2008。

第六讲　本质和形式

我们先复习一下上节课的内容。亚里士多德探究形而上学首先是从 being，也就是范畴开始的，从 being 往下是本体（这时候主体就是本体），然后本体分成形式、质料和复合物三个层次。到这个层次呢，亚里士多德就想确定形式是第一本体。怎么确定呢，他得说清楚到底什么是形式，是不是？我们上次讲了他有两个列表：一个是主体分为形式、质料、复合物这样三个层次，还有一个就是本体的四个候选项，即本质（essence）、种、普遍、主体。

在第七卷的第三章，亚里士多德说他要讨论主体。但实际上他把第一个列表中的质料和复合物都排除了，只剩下一个形式，他说这个形式最困难。下面我们学习第七卷的第四章。

在这一章的一开头，亚里士多德说，现在他要讨论本质，就是本体的另外一个候选项。

在刚开始时，我们就区分了作为本体的几种候选项，其中之一就是本质，我们必须考察它了。（1029b10－1029b16）

在第七卷的第三章结束的时候，亚里士多德说，形式这个问题很困难，但是在第四章，他却转入了对本质的讨论，实际上，他在第四章至第六章、第十章至第十二章都在讨论本质，是不是很让人困惑？

在第七章、第十章的很多地方亚里士多德都说，所谓第一本体指的就是事物的形式，或者是它的本质，这样本质与形式就变成了同一个东西。好，就算你把形式与本质变成了同一个东西，那也得先确定什么叫本质，或者什么叫形式吧，这肯定是第一条；然后还得确定它们为什么比质料厉害，成为第一本体吧。其实，这两个证明应该是同一个过程，确定了什么是本质，什么是形式，也就确定了形式为什么可以打败质料，打败复合物，从而变成第一本体。这是亚里士多德在《形而上学》的第七卷要解决的第一个任务。

他的第二个任务呢，跟柏拉图有关系。大家学习了西方哲学史，肯定知道柏拉图的形而上学有一个致命的问题，就是他的理念论中第三人悖论。柏拉图自己就很头疼。

我们回顾一下柏拉图是如何确定有一个理念或形式的。他说，有一类普遍的东西，比如人，你能看到的都是单个的人，比如张三、李四、王五、赵六等等，你能总结出他们都是"人"，"人"便是他们所共有的一个东西，即形式或理念。可是，当你把"人"这个形式和这些人放在一起看，它们是不是又有一个共同点呢？那怎么解释这个共同点呢？你只好设定另外一个人的形式，这不就是第三个人吗。那你要把第三个人与前面的那些张三、李四他们再放在一起的话，是不是还要设定一个共同点，即第四个人。依此类推，第五个人、第六个人等等，都出来了，所以就会出现无穷后退。

这个论证足以说明柏拉图确立理念的方式肯定是有问题的。柏拉图自己都解决不了这个问题，而这个问题则可以把他整个理念论都推翻掉，因为它没有道理呀。柏拉图在《巴门尼德篇》的前半部分提出了一系列对理念论的自我批评，最致命的就是这个第三人论证。他让年轻的苏格拉底总结他的理念论，然后让巴门尼德一条一条地加以反驳，把这个理念论批驳得体无完肤。驳到后来呢，苏格拉底很泄气地说："经过您巴门尼德这么一说，我整个的理念论不就麻烦了吗？"巴门尼德就安慰苏格拉底说："你还很年轻，还没有学好哲学，不能因为人家批了你，你就放弃理念论；如果你想要有真正的知识的话，就一定要有理念或形式，关键问题是你没有搞清楚形式应该以什么样的方式存在，所以你必须重新开始。"

而亚里士多德也有这个问题呀，只要你觉得有一类普遍的东西存在，你肯定就要面临第三人的问题。那怎么才能避开第三人悖论，也是亚里士多德的形而上学所面临的一个大问题。亚里士多德要批柏拉图，但又不能重犯柏拉图的错误。

总之，第七卷有两个任务：一个是确定什么是形式，什么是本质，以及它们怎么可以比质料和复合物更加是第一本体；一个是怎么避开柏拉图的第三人的陷阱。

第三人的陷阱与普遍的问题相关。我们说这个世界有个别的事物，也有普遍的类。那么普遍的类到底是以什么样的方式存在于世界呢？比如说，张三是一个人，李四是一个人，王五是一个人，那个普遍的类，即"人"在哪里呢？你可能说，这个"人"只是我们头脑中的一种概括，一种总结。如果你持这种立场的话，在哲学上就叫概念主义（conceptualism）。

我们讲到普遍的时候，至少有三种立场：第一种立场是概念论，认为普遍只是脑子里的一个概念，能反映一类事物的意义。第二种立场是实在论或唯实论（realism），认为特殊的东西，就是我们看得到摸得着的东西肯定在，而普遍的东西也肯定在，只不过后者存在的方式与前者不同，它不会在时空里面，我们的感官是看不见的。柏拉图是实在论的典型代表。亚里士多德其实也是实在论。第三种立场就是唯名论（nominalism），英国经验主义者，像贝克莱、休谟这些人，认为普遍只是一个名字而已，没有任何实质性的东西。如果我们接受了马克思主义，都会是第一种立场，总是认为普遍不就是脑子里的一个概念嘛，是我们的理性总结、概括出来的。而柏拉图根本就不会买你的账。他认为，如果这个东西在世界上根本就不存在的话，你怎么能总结概括出来呢？你总结概况出来的那个概念，世界上肯定要有一个相应的对象才是。不然的话，你如何说清楚这个总结概括的过程呢。好比灵魂这个东西吧，我们看不见摸不着，但我们看不见摸不着不等于它就不在。灵魂只是你脑子中的一个概念吗？肯定不是啊。柏拉图和亚里士多德都持实在论的立场，只不过通常把柏拉图的实在论叫作"共相先于对象而存在"（universalia ante res），而把亚里士多德的叫作"共相存在于对象之中"（universalia in rebus）。在柏拉图看来，普遍是先于看得见摸得着的东西而存在的，而在亚里士多德看来，普遍肯定是客观存在的一个东西，虽然它是在具体之中，但与具体东西的存在方式不同。你看，中世纪哲学用了许多这样的概念。实际上，在这三个立场中，实在论最吃香，唯名论第二，概念主义是最没有办法说清楚的。

回到我们的问题，即亚里士多德要如何说清楚普遍的存在方式。亚里士多德自己也很头大。他觉得柏拉图把理念分离出来，肯定是有问题的，可是他又觉得如果理念是本体的话，一定是要分离的。我们上节课讲了，亚里士多德放弃了本体即是主体的标准，而是用了"分离性"与"个休"这样两个标准来代替。所以，他一方面批评柏拉图，说分离是他的形而上学的致命的病根，一方面他自己也说本体一定是分离的。但他要说清本体如何是与特殊分离的，则是一个难题。

一、本质与定义

（一）什么是本质

这里先谈一下关于"本质"的翻译问题。这个问题已经讲过很多遍了，但这里还是要重复一下，因为它太重要了。"本质"的希腊文为 *to ti en einai*，我说过这是亚里士多德造出来的一个概念。西塞罗他们将其翻译为 essentia，就是拉丁文的 to be。我们汉语将其译作"本质"，其实这种译法犯了范畴混淆的逻辑错误，因为

"质"在亚里士多德那里属于第二范畴，离它的原义已经很远了。本质似乎也是哲学中不可缺少的一个概念。但是现代西方哲学的各个领域都有反本质主义（anti-essentialism），即认为根本就没有本质这种东西，尤其是语言哲学、心智哲学，它们整天都在争论世界上到底有没有本质这个东西。人们现在更喜欢讲同一性（identity）。

既然这么多的人都在反对本质这个东西，所以就迫使那些主张有本质的人，必须要说清楚什么叫作本质。但本质似乎越来越难以说清楚。比如，我们经常会讲这个东西具有本质意义，或者这个东西与那个东西有着本质性的不同。可是你们想没想过，你们所说的这个"本质"是什么意思啊？再比如，你的本质是什么啊？所以说，本质不是一个可以直接拿来就用的概念，而恰恰是最麻烦、最需要说明的一个概念。

由于 to ti en einai 是亚里士多德造出来的一个概念，那么他所说的本质一开始是什么意思，就显得尤为重要。这就是第七卷第四章的重要性，这是他最早想详细说清楚什么是本质的一个文本。

我们回到第七卷第四章的开头，再念一遍这句话。

> 在刚开始时，我们就区分了作为本体的几种候选项，其中之一就是本质，我们必须考察它了。（《形而上学》1029b10-1029b16）

这里我要先讲一下文本上的混乱。我们在前面说了，在第七卷第三章结束的时候，亚里士多德说形式是一个很困难的问题。但在接下来的第四章到第六章以及第十章到第十二章，亚里士多德都在讨论本质。也就是说，从第四章的一开始，亚里士多德就把形式扔在一边，他要讲本质。因此，第三章与第四章这两章是不相连的。

这还不算，你们看，第三章末尾有句和《物理学》第一卷里一模一样的话。

> 研究问题的自然方式应该是，从那些相对于我们来说更容易懂的、更清楚的东西进展到那些对于自然（by nature）来说更容易懂的、更清楚的东西。(《物理学》184a17-18)

这句显然是被人放错地方了。于是我们就可以合理推论啊，说不定整个一段和这句话是一样的，是某人从别的地方抄过来的。这个文本上的混乱我们不管，我们就看他怎么讲本质。我们一句一句地读。

> 首先我们要对它做一些语言上（in the abstract）的说明。(《形而上学》1029b14)

什么是 in the abstract 呢？实际上它是一种语言（logic）。也就是说，他不是从自然科学的角度来说明什么是本质，而是从逻辑学、语言学的角度来说明的。

> 每个事物的本质就是由于它自身而被说成是什么的那个东西。(《形而上学》1029b14-15)

这句话很重要。什么叫本质呢？本质就是事物自身。正是由于本质，某个事物才被说成是某个事物自身。

> 因为你之所以是你，并非是因为你是有教养的。(《形而上学》1029b14-15)

那就是说，你的本质就是你的自身，由于你的本质你才被说成是你。比如你要问谁是张三，如果你回答说张三是很有教养的，亚里士多德说这个回答就不算。

> 不是由于你自身你才变得有教养或无教养。(《形而上学》1029b14-15)

这就是说，你这个人有无教养与你自身是没有关系的。就像你给别人看你三岁时的照片，人家说这个是你。可这个为啥是你啊，你已经学习哲学了，已经开始长胡子了。可是人家觉得，你会不会哲学、长没长胡子，与你自身没有关系。

> 由于你自己你才是什么的那个东西才是你的本质。(《形而上学》1029b15-16)

你们去翻阅所有的哲学字典，本质一般都是这个定义，就是一个事物成为该事物的那个东西，如果那个东西没有了，这个事物就不再是这个事物了。比如要认识你成为你自身的那个东西，亚里士多德是这样推论的：首先你有各种各样的 being，颜色、形状、性别等等。那么，它们之中哪一个才是你真正的 being 或者本体呢？也就是说，他要确定你的本体。接下来，本体可以归类为形式、质料以及二者的复合体。那么这三者里面，哪一个是你的本质呢，它又是如何成为你最主要的 being 呢？在亚里士多德看来，要说清楚你真正的 being 是什么，就得说清楚你真正的本体是什么，你的形式是什么，你的本质是什么，也就是你成为你的那个东西是什么，这些都是一个东西。不只是认识你自身要这样，要认识世界上所有的事物同样如此，非得说清楚它成为它自身的那个东西。

苗力田先生把本质译为"是其所是"。这听起来没错，解释起来，确实像"这个事物成为它的那个东西"。可"是其所是"有个问题，即按古文来解释，它就是"坚持自己所认为是对的那个东西"。大家读读《庄子·齐物论》就会明白，庄子说两个人①在那里吵架，每个人都固执己见，你说你是对的，他说他是对的，其实他们都是在"以是其所非而非其所是"。所以这个翻译就有点困难。当时我跟老先生说起这个问题，可是老先生比较固执，还是坚持自己的译法。

（二）本质和偶性复合体的区分

接下去你会发现，第四章的其余部分很难读。为什么很难读呢？亚里士多德用了很长的过程想说清楚什么是本质，他想把本质和偶性复合体相区分。他觉得只要区分了这二者，就能说清楚什么是本质。

什么是偶性复合体呢？比如人与有教养的组合，便有了"有教养的人"这样的一个复合体。那通过什么来区分呢？通过定义（definition）。在《工具论》里他说，怎么才能揭示本质呢，那就只能靠定义。但是有时候你觉得偶性复合体也会有定义啊。所以在第七卷里面，他力图想说清楚什么样的定义才能够揭示真正的本质，什么样的定义是在讲偶性复合体。在他看来，只要把这个问题搞清楚，什么是本质就能够比较清楚了。

---

① 庄子意指儒墨之争。

我们来看讲课提纲上的第一点。我说明一下，我打拼音实在是很慢，所以在电脑上我更喜欢写英文。大家都知道我是浙江人，从小没有学过拼音，更没有学过四声。在美国，我看到许多教中文的老师，他们通常要花很大的劲去教学生四声。可是美国人也学不会啊，这对他们来说很难。有时候我看到他们教了三个月，还在那里教四声，就很着急，就跟他们说学中文其实不需要学四声的，我就没有学过四声，不是也没有问题吗。于是那些老师马上就攻击我说，怪不得你中文讲得这么难懂。

你们看，本质和定义经常是一对的。按理说，亚里士多德应该解决的本质是否为本体的这一问题，可他根本就没讲这个问题，而是一开始就将本质确定为本体。现在的问题不是本质是不是本体，而是什么才是本质。什么是本质成了他真正的问题。

那怎么回答这个问题呢？亚里士多德想通过对偶性复合体的定义和对本质的定义来区分二者。

第二点，在第四章到第六章里根本没有形式和质料的区分。他在第三章里刚刚引进了形式/质料的区分，但在第四、五、六章里又把它们给忘了，我们在第四章到第六章里根本没有读到形式/质料的区分。这就说明第四、五、六章这三章原本不是在这儿的，是从别的地方挪过来的。在他写第四、五、六章这三章的时候，他还没有形式/质料的区分。

第三点，解释 *to ti en einai* 的意思。

第四点，总结了一下，究竟什么样的定义才能够解释本质。什么叫作像样的定义呢？一开始，他给出一个一般性的规定，在定义

里面有 *definiendum*（被定义项）和 *definien*（定义项），被定义项不能出现在定义项里面（《形而上学》1029b19－21）；其次，他说定义项和被定义项必须是对称的。不能附加或者省略一个决定因素。这些都是形式逻辑的基本要求（《形而上学》1029b30－32）。你读亚里士多德的《形而上学》就会发现，我们很多形式逻辑教科书的知识都是从他这里扒下来的。在讲课中，我会给你指出它们是从哪里给扒下来的。

在阅读这一章的时候，你们一定要把握清楚本质和偶性复合体的区分，比如"人"与"有教养的人"。大致上说，从第五章到第六章，亚里士多德都在区分这两个东西。他认为，如果排除掉所有是偶性复合体的东西，那么剩下来的就是本质。比如，有教养的人就是一个偶性复合体，一个人完全可以没有教养，但也是人。所以有没有教养，对于人而言，完全是一种偶性。

但是，有一种复合体，就比较麻烦。亚里士多德自己举的例子，比如凹鼻子或塌鼻（snub nose）。我们要说你塌，好像就指的是塌鼻。我们通常不说凹的鼻子，对不对？我们一说塌，就是塌鼻。好像"塌"不是鼻子的一般偶性，好像它就要跟鼻子连在一起，是不是这样？所以对于塌鼻来说，它一定是塌的，可"塌"又不是塌鼻的本质。亚里士多德将它叫作"依凭自身的偶性"（*per se accidents*）。这种偶性比一般的偶性要更靠近本质，可又不是本质。又比如，我们一讲到偶和奇，你马上觉得偶和奇一定是与数连在一起的。如果你不将它们与数连在一起，它们好像就没有用了；同样地，一讲到雌和雄，你马上觉得这些属性一定是与动物甚至植物连在一起的，你不会说一个石头是雌的还是雄的，也不会说一栋房子是雌的还是雄的，雌和雄肯定是动物或植物的一种偶性。可它们也不是一般的偶性啊，因为你可以没有教养，但这并不妨碍你是一个人，可如果说你既不是雌的也不是雄的可还是一个人的话，这好像就有点儿奇怪了。所以，在第五章里，亚里士多德说这一类复合体，也不是本质（《形而上学》1030b28－1030b35）。

在第六章里，亚里士多德说，当我们说一个东西或者一个事物时，通常有两种意义，要么是指偶性复合体，要么是指本质，我们要尽量区分这两种意义。

接下来，我们看第十一—十二、十二—十四、十四—十六章。我刚刚讲，在第四、五、六章这三章里，亚里士多德根本没有提到形式和质料，所以跟本质相对的肯定就是偶性复合体。但是，亚里士多德虽然认为形式和本质是一样的，可与形式相对的，并不是偶性复合体，而是形式/质料复合体。这是另外的一种复合体。比如，你的灵魂和作为整个的你，就是这种相对。第十一—十二、十二—十四、十四—十六章都在讲形式与形式/质料复合体。所以，在亚里士多德看来，为了说明什么是本质，必须把它和偶性复合体相区分。而要说清楚什么是形式，就要把它和形式/质料复合体相区分。

通过什么来区分呢，同样是定义。亚里士多德在第七卷翻来覆去都是在讲定义。他要说清楚有些定义是关于形式/质料复合体的，包含着质料的部分，而有些定义只是关于形式的。只有关于形式的定义或者这种定义所揭示的东西，才是真正的本体。

你们看，他也没有太多的招数来说清楚什么是形式，什么是本质，他只能把与形式或者本质相区分的东西尽可能地表达清楚。这就是第十一—十二、十二—十四、十四—十六章的主要内容。其实我们应该一句一句地念，看看他是怎么区分的。这个过程很痛苦。但是这些区分很重要。我们经常讲本体论以及世界的区分，亚里士多德在这里将它们描述得非常详细——这个东西是一种什么样的复合体，它是什么与什么的结合，那里面的各种成分是什么——这些问题请大家自己慢慢地琢磨。

前面我们说，亚里士多德在第七卷要解决两个问题：第一个是说清楚什么形式，什么是本质，为什么它们是第一本体；第二个是想避开柏拉图的陷阱，即第三人悖论，这一问题涉及为什么在第三章中亚里士多德说形式是最为困难的。而这一困难的中心点就是形式到底是普遍的还是特殊的争论。在讲这个问题的时候，我还会把现在章节的一些内容重新给找回来。我们讲课提纲中的"形式在本体论中的地位"（the ontological status of form）一共有两页，专门讲的就是这个问题。这个问题很复杂，但是很重要，我尽可能花点时间给大家讲清楚。

二、形式在本体论中的地位

（一）对《范畴篇》与《形而上学》第七卷的关系的传统认识

哲学史上总是说普遍和特殊的问题是一个根本的哲学问题。它们确实是哲学上的一个根本问题。我们经常给亚里士多德扣上一顶帽子，说他在普遍和特殊之间动摇、摇摆。我已经讲过，在我看来事实完全不是这么一回事。在讨论普遍与特殊的时候，亚里士多德比柏拉图更加实在，他在一条路上走不通，就回来走另外的一条。他不是在普遍与特殊之间动摇，而是想在每条路上都摸索摸索，所以我们一定要将这个看法纠正过来。我尽可能地照着讲课大纲给大家讲，以免你们产生困惑。

第一点，我们传统的哲学史，就算是比较好的哲学史，在讲到亚里士多德的时候，总是说亚里士多德的思想有一个变化，即在他的早期哲学，也就是《范畴篇》里面，他说个体是第一本体，而种和属是第二本体，用我们马克思主义哲学术语说，那个时候他是唯物主义的。但是到了《形而上学》，他却说形式和本质才是第一本体，这时个体不见了，个体成了形式/质料的复合体。因为在亚里士多德看来，个体是在后的，是可以摒弃掉的，这就肯定使得它不是太重要了。最重要的是那个使得个体成为个体的东西。而这个东西就是形式，就是本质。比如，我们要找到那个使得张三成为张三的东西，那就要把张三的肉、骨头等等都扒掉。也就是说，要把他的质料、他所有的偶性都给扒掉，剩下的那个东西就是本质。如果你把他的肉、骨头都算在形式和本质里面，肯定就不对了。于是人们就说，亚里士多德在《形而上学》里的立场变了，他不再认为个体是最重要的，而是将形式和本质看作是最重要的。

在我们的传统概念里，本质一定是普遍的。因为本质是定义的对象。当你要定义一个事物的时候，你就得揭示它的普遍属性。你不能说，只适用于单个事例的那个东西也会有一个定义。它没有定义，定义的对象一定是普遍的。而定义的对象是本质，所以本质一定是普遍的。按照我们马克思主义哲学的术语，亚里士多德在《形而上学》里面就成了唯心主义者。

可问题马上就出现了，你会发现，就是在《形而上学》的第七卷，就是在亚里士多德反复地论证形式是第一本体的时候，他同时很坚决地强调，形式或者本质不是普遍的。

我把下面这句话放在了讲课大纲的第一点，这样我们就不用去翻书了。

> 人、马这些可以普遍用到个体上的词语，不是本体，而是一种被当作普遍来处理的特殊形式和特殊质料的复合体。（《形而上学》1035b27—30）

这里亚里士多德说，像人、马这些词语，它们可以普遍用到个体或特殊物上，但不是本体。我们知道，在《范畴篇》里，亚里士多德认为人、马都是属，是第二本体。这里，亚里士多德依然认为它们不是本体，它们只不过是一种复合体。一种什么样的复合体呢，一种被当作普遍来处理的特殊形式和特殊质料的复合体。读到这里，你马上就觉得，嘿，亚里士多德的立场并没变啊，他很一致啊，因为人、马这些词语在《范畴篇》与《形而上学》里一样，它们都不是第一本体。

大家是否还记得，在这一卷的第三章，亚里士多德说本体有四个候选项，即本质、普遍、种、主体。到了第十三章，他就开始讨论普遍。他得出的结论是，普遍肯定不能是本体。全部的第十三章，亚里士多德都在说明本体绝对不能是普遍的。

所以，传统那种认为亚里士多德在特殊与普遍之间摇摆的观念肯定就是不对的。除了这一点，亚里士多德并没有怎么改变他的观点，哪一点呢，就是在《范畴篇》里，个体是第一本体，而在《形而上学》里，形式或本质是第一本体。但是，形式或本质依然不是普遍的，它还是个体，还是特殊的。你们看，亚里士多德始终认为，特殊是第一本体。只不过这个特殊呢，有时候是指一个特殊的物，有时候是指一个特殊的形式或本质。那如何理解他所说的特殊呢？我们需要说清楚什么是特殊的形式或本质。我们还需要考察亚里士多德是怎么引导到这个问题上的，也就是说，为什么出现了一个本体，即形式的特殊性和普遍性的问题。

（二）本体的特殊性与普遍性

要弄清楚为什么出现了一个本体的特殊性与普遍性问题，还是要从《范畴篇》讲起。在《范畴篇》里亚里士多德把最基本、最重要的 being，即本体分成了两块：一块是第一本体，一块是第二本体。第一本体是真正的主体，它承受着其他的所有东西，是最实在的、最根本的 being。而第二本体呢，是知识的对象，去说明第一本体是什么。可这里有个问题啊，如果第一本体需要第二本体来说明的话，那么第二本体是不是要比第一本体更实在啊，因为第一本体要用第二本体来解释啊。你不能说我支撑着你，而我又需要你来说明我是谁，但是我还是最实在的，这样似乎没有道理啊。就这样，亚里士多德在区分第一本体与第二本体时，将实在（reality）

和知识（knowledge）分成了两半：最根本、最实在的东西并不是知识的对象，而知识的对象又不是最实在、最根本的。这种现象被切尔尼斯（H. Cherniss）称为"实在与理解间的差异"①。这里已经种下了一个分裂，一个紧张。

在《形而上学》第三卷第一章，在讨论各种困惑的时候，亚里士多德说最大的一个困惑就是，本体到底是普遍的还是特殊的（《形而上学》996a10-11）。那个时候，亚里士多德就决定放弃第一本体和第二本体的区分。现在，虽然他也讲第一本体，可这个第一本体的候选项是形式、质料和复合物，而并不是主体、种、属。他只想要一个东西，即这个东西既是最根本的，也是知识的对象。他觉得以前让不同的角色去承担不同的功能，这种方式是有问题的。他希望真正的实在与知识的对象是一个东西。

可怎么才能做得到这一点呢？如果你有《形而上学》这本书呢，我们翻到《形而上学》第三卷第六章的最后面。我们来看这一段话。

> 我们不仅要提出这些关于第一原则的问题，而且必须要问，它们到底是普遍的还是特殊的。如果它们是普遍的，就不会是本体。（《形而上学》1003a6-7）

你们看，亚里士多德在那个时候就开始头痛，如果第一原则是普遍的话，它怎么可能做本体呢。他接着解释了原因。

---

① H. Cherniss, *Aristotle's Criticism of Plato and Academy*, Baltimore: Johns Hopkins Press, 1944, p. 340.

因为一切是共同的东西都不表示"这一个"，而是"这一类"。（《形而上学》1003a8）

亚里士多德坚信，本体就是你能够指着它说"这一个"而不是"这一类"的东西。也就是说，本体一定是单个的东西，不能是一类的。

并且，如果我们能把共同谓项设定为单一的"这一个"，苏格拉底就会是多种动物了——"他自己"、"人"以及"动物"，要是每一个这样的谓项都表示单一的"这一个"和一个单一的事物的话。假如原则是普遍的话，也会得出同样的结果。（《形而上学》1003a9-13）

如果第一原则是普遍的话，就会得出好多的第一本质，像苏格拉底啊，动物啊，人啊，都是一个种类。但只有一个东西，才是"这一个"。

如果它们不是普遍的而是特殊的话，那它们就是不可知的。因为任何东西的知识必须是普遍的。（《形而上学》1003a13-14）

这样麻烦不就出来了吗，本体不能是普遍的，而知识又必须是普遍的，因此本体就不能是知识的对象。你让一个不能成为知识的对象去作为最根本的东西，这怎么可以，是不是？它是最根本的，可又不是知识的对象，那我们为什么要叫它是最根本的。所以那个时候，亚里士多德就觉得这是一个困扰他的问题。

到了第七卷的第一章，亚里士多德不再有第一本体和第二本体的区分了。但是他认为，第一本体应该是"是什么或者'这一个'"（what a thing is or a "this"）。也就是说，本体既是"这一个"，又是"是什么"。他想要一个东西承担起这两个方面的责任来。

可问题是，这怎么可能？亚里士多德是怎么跑到这个问题上来的？也就是说，他为什么非要坚持说知识一定是普遍的呢？你们说，知识一定是普遍的吗？我们知道，从笛卡儿开始，哲学家就不讲知识是普遍的还是特殊的问题了，而是讲确定性（certainty），讲论证（justification）。可亚里士多德一定要讲普遍，为什么呢？

这要从古希腊哲学的发展中寻求答案。巴门尼德说，变动的东西不能作为知识的对象。作为知识的对象，必须是一个稳定不变、固定的东西。柏拉图进一步地说，这个固定的东西就是一类事物的共同谓项，就是理念。只有被称为理念或形式的东西，才是一类事物的共性，才是不变的。比如，张三、李四、王五、赵六等等，这些具体的人都会死掉，可是"人"却不会死掉。所以在柏拉图看来，"人"才是最实在的。

你想啊，我们每个人都会死掉，但"人"却不会死掉，从这个意义来说，只有"人"这个理念才是恒定不变的，它确实比个体更牢靠、更永恒、更实在、更具有必然性。这很有道理啊，一点也不野蛮，是不是？

不管怎样，亚里士多德显然完全接受了这个观点，即知识肯定是要揭示事物里面那个最持久、最恒常的东西，而这个东西常常是一类事物的共性。因为任何个体性的东西都会消亡。比如个人，就算能活到一百岁，不还是要死掉嘛。还有，松树、柏树、杨树等等，就算能活几百年，也都会死掉。你能见到的任何单个的事物，都会消亡的。但是，使一个东西成为它自己的那个属性则是不变的。所以亚里士多德认为知识应该是普遍的。在这一点上，他是深受柏拉图影响的。可是他又要跟柏拉图过不去，他不同意共同谓项才是最实在的，而是认为最实在的还是单个的东西。所以，他的问题就出现了。

（三）分离和"这一个"

现在让我们回到《形而上学》第七卷的第三章。我们已经知道了，在亚里士多德看来，如果主体是本体的话，质料就成了本体啦，所以他干脆把主体从本体那里抹掉，取而代之的是两条标准：一条是可分离的；一条是个体，即"这一个"。但是，他根本就没有解释为什么作为本体需要这两条标准，也没有说这两条标准到底是什么意思，就突然塞给我们了。

想要明白为什么一个东西既是最根本的又是知识的对象，我们就得回去找找，何种性质能够使得一个东西具有这两种功能。可要了解什么东西既是分离又是"这一个"，我们要回到第七卷的第三章那里。正是在那里，亚里士多德将分离与"这一个"引进来作为本体的标准。

先看分离。分离从来就是哲学的一个大问题。就算我们现在不读列宁的《哲学笔记》了，肯定还是要读辩证唯物主义的。什么叫唯心主义呀，我们那时的教科书说，唯心主义的基本主张就是，普遍是可以与个体分离而存在的。但是教科书并没有解释分离是什么意思，好像它是不需要解释的，你只要背下来就可以了。可是亚里士多德要解释什么叫分离。学界对于如何理解亚里士多德的分离的内涵，却充满了争议。

我们的讲课大纲上列有这些问题，即分离与"这一个"的标准是从什么地方来的，以及这个问题对于柏拉图的困难性。

我们再翻到《形而上学》第十三卷第九章的最后一段话。

> 那些只设置数并且是数学数的人，我们以后再考虑。（《形而上学》1086a30-31）

这里他是在指责柏拉图的继承人希普西普波（Speusippus）等，他们试图将柏拉图的理念与毕达哥拉斯的数结合起来。

> 但是，对于那些相信理念存在的人，我们需要同时考察他们的思维方式和他们陷入了什么样的错误。因为他们一方面说理念是普遍的，另一方面又说理念是分离的，是一种个体。（《形而上学》1086a31-36）

这里他是说柏拉图把理念当成分离的与个体。可是亚里士多德在《形而上学》第七卷第三章中自个儿也说，分离性与个体更加是本体。换言之，在他自己的本体论里面，他仍然认为真正的本体必须是分离的与个体。但他却指控柏拉图把普遍当作分离的与个体。我们接着往下读。

> 我们以前就说过这是不可能的。那些把本体说成是普遍的人，为什么把这两个观念合二为一，其原因是他们没有把分开来的本体和可感事物相等同。（《形而上学》1086a36-1086b1）

柏拉图自己从来不认为，理念和可感事物（理念的分有物）是同一类的东西，并且他的理念并不是我们头脑里的概念，而是真的在这个世界存在。我们往往很难理解这一点，比如"人"这个理念在哪里呢？在我看来，"理念"是一个不好的翻译，因为我们一说"理念"，就好像它是脑袋里面的东西，而将它翻译成"形相"或"相"，或者直接译作"形式"就很好。

理念不只是真的存在于这个世界，它还是个模型。世界上所有美的东西之所以是美的，是因为它们分有美的那个理念。这就是说，在柏拉图看来，有一个美的形式或形相，它就是一个模型，世界上所有美的东西都是模仿它、分享它，而成为美的；而如果那个模型本身不美的话，你再怎么模仿它，也不可能会变成美的。那么结论就是，美的理念或美的形象本身就一定是美的。这就叫作自我谓项（self-predication），也就是指用于表述主体的谓项自身与主体相同。根据这个道理，"大"的理念一定是大的，"人"的理念本身一定是人的。如果"人"的理念本身不具备人的种种属性的话，怎么可能让那些分有它的东西成为人的呢？那个形相或理念一定要具备可感物的所有属性才对啊，只有这样，可感物才能分享它、模仿它。如果它没有这些属性的话，可感物模仿什么呀。

不过话又说回来，"美"的理念一定是美的，"人"的理念自身一定是人的，这听起来好像很奇怪。有人因此说柏拉图的观点很粗鄙。我认为我们不能这样说，因为这些古希腊哲学家都是哲学的开路先锋，他们在艰难地探索这个问题。他们看到世界上所有单个的事物都有共同属性，这个共同属性就是普遍谓项，所以一定是要讲这个普遍的。那以什么方式来描绘这个普遍谓项呢？他们也想尽了办法。到后来他们发现，他们自己也很困惑，很难把它说清楚。直到今天，对于普遍是怎样存在于这个世界上的，我们依然说不清楚，依然分作了几派，而这几派依然在吵架，它们各有利弊，却没有一个共同的说法。

我们接着往下读。

> 这些人认为可感世界中的特殊物，始终处在一种流变的状态，没有一种东西是可以长期留居在那里的。但是普遍和这些东西是分离的，并且是不同的。（《形而上学》1086b1-3）

这显然也是在说柏拉图的理念。据说柏拉图曾经跟克拉底鲁（Kratylos）学过，而克拉底鲁是赫拉克利特的学生，所以柏拉图完全同意赫拉克利特的观点，认为世界上所有的事物都处在流变状态，是不停留的。可柏拉图又想，既然世界上所有东西都处于流变状态，那肯定就不是知识的对象，那么为了让知识有一个对象，就必须去设计一整套普遍的理念，它们才是真正知识的对象。

> 苏格拉底启发了这一理论。如我们在前面所言的，通过他的定义。（《形而上学》1086b4）

苏格拉底给了柏拉图启发。因为苏格拉底寻求的是普遍的定义。而要想有一个普遍的定义，就必须解释普遍的属性。我们知道，《游叙弗伦篇》《申辩篇》《克里同篇》《斐多篇》这四个早期对话是讲苏格拉底的审判和死亡的。你们大家都很熟悉《游叙弗伦篇》。它讲的是，苏格拉底被起诉了，他到市政厅去应诉、去注册。

根据当时的规定，如果他不去应诉、注册的话，那就麻烦了。在去注册的路上，苏格拉底碰到游叙弗伦，他也是去市政厅注册的。苏格拉底就问他的缘由，游叙弗伦说他父亲杀了人，他要去告他的父亲。后来我们知道，他父亲其实并没有杀人，而是他父亲管的一个长工杀了人，但他认为他的父亲对此负有责任。苏格拉底就问游叙弗伦，我被人家起诉，是因为他们认为我不孝、不虔敬，现在你起诉你的父亲，那你肯定很懂得什么是孝了，请你教教我。游叙弗伦马上说，那当然啦，我这就教你。苏格拉底就问，那你告诉我什么叫孝。游叙弗伦给出了一个定义，孝就是惩罚那些犯了错的人。苏格拉底回答说，不对不对，我要的是一个理念，是一个形式，而你只给了我一个例子，可有很多的孝，跟惩罚作恶的人并没有关系。你不能给我一个例子，我要的是普遍的质（universal quality）。你们看，这就是苏格拉底对定义的要求。

> 但是他没有把普遍从特殊中分离出来。苏格拉底是对的，即不把普遍从特殊中分离出来。从结果看来，很显然，没有普遍就没有定义，就没有知识。而分离是针对理念论所提出的各种反对意见的根源。（《形而上学》1086b5—9）

苏格拉底要寻求一个普遍定义，可他从来没有把它从特殊中分离出来，没有把普遍当成一个独立存在的东西。在亚里士多德看来，苏格拉底不把普遍从个别中分离出来的这种做法是对的，而柏拉图将其分离出来就是错的。根据亚里士多德这里的陈述，分离是造成柏拉图理念论种种困难的根源。

你们把这一段话跟第七卷第三章加以对照，就会感到非常困

惑，亚里士多德怎么把他前面所扔掉的东西又捡了回来？亚里士
多德在这里明确地说，分离是造成理念论种种困难的根源，可是
在第七卷第三章，他说分离才是真正的本体，而不是那个主体
标准。

可是，这中间还有一点，就是关于柏拉图分离是正确的讨论。
我在大纲中已经给大家列出来了。我们翻到《形而上学》第七卷的
第十六章第三段 1040b27-30。

> 这些认为形式存在的人，一方面他们是对的，即把理念分
> 离（exist apart）出来。如果它们是本体的话。（《形而上学》
> 1040b27-28）

因为柏拉图是把形式和理念通用的，亚里士多德在讲柏拉图的
时候，也是将二者通用。exist apart 就是分离的意思，这是说形式
作为本体是必须分离的。

> 但在另一方面，他们又是错误的，因为他们分离的方式是
> 多上之一（one *in* many）。（《形而上学》1040b29-30）

这里有个英文翻译上的错误，即 one *in* many 应该是 one above
many。柏拉图从来不会说 one in many，这是亚里士多德的观点。
柏拉图说的是 one above many，即"多上之一"（*hen epi pollōn*）
才是理念。所以，你们看，就算是英文本，也会有错误。在第十三
章里，亚里士多德说苏格拉底是对的，因为他没有将普遍分离。而
到这里，他又换了，他说柏拉图在理念是分离的这一点上是对的。
那么柏拉图的麻烦在哪里呢？在于分离的方式错了。总之，亚

里士多德一开始认为分离是错的，现在他又说分离是对的，只是分离的方式错了，这不就换了嘛。

我说过，在第七卷里，亚里士多德很是为柏拉图的这个问题所困惑。我把这点也直接放在提纲了。我们看第七卷的第十三章。

> 没有一个共同谓项表示的是"这一个"（*tode ti*），而都指的是"这一类"（*toionde*）。否则，许多疑难将会随之发生，尤其是"第三人"论证。（《形而上学》1038b36–1039a2）

亚里士多德认为柏拉图把 *tode ti* 和 *toionde* 搞混了，所以导致了第三人悖论。

我刚才说过，当柏拉图看到张三、李四、王五、赵六等人，就想着怎么才能说清楚他们都是人呢，他就找到他们有一个共同的谓项，即"人"。他说作为共同谓项的"人"肯定比这些个体更实在。

可麻烦的是，为什么我们看到一群人就能得出一个理念呢？柏拉图说，因为他们有个共同谓项，这个共同谓项就是他们的共同性质。而巴门尼德则说，那把"人"这个共同谓项同张三他们放到一起，是不是又得到一个"第三人"啊。

当然，巴门尼德这一论证的成立需要有两个前提。第一个前提叫作非同一性（non-identity），也就是说，理念和个别事物应该不是等同的，如果完全是等同的，理念就不会变成第二类的东西。只有它们是不同的，你才能在上面建立一个不同于它们的另一类事物来解释它们的共性。第二个前提是自我谓项，也就是说，这些人之所以都是人，是因为他们有个共同谓项，所以就有了一个"人"的理念，可是你把这个"人"的理念和张三他们放在一起，要能显现出共性的话，就需要这个"人"理念也是"人"，这就跑出一个"第三人"来。如果这个"人"的理念和他们放在一起不是"人"的话，那就不能跑出"第三人"来，因为"人"的理念跟他们是不同的。

究竟需要多少个前提才能推出"第三人"来，学界至少有100多篇文章在讨论这个问题。这个问题是谁先说出来的呢？就是20世纪最好的研究柏拉图的学者弗拉斯托斯。他是1991年去世的。我认为他是我们这个时代最伟大的柏拉图研究者。1954年的时候，他就写了篇文章叫《柏拉图〈巴门尼德篇〉中的第三人论证》①。就是这篇文章，使得普林斯顿大学把他挖去，让他建立一个哲学与古典学的联合培养项目，培养了一大批做希腊哲学的学者。弗拉斯托斯觉得，有这两个前提就能得出第三人。后面的学者整天就琢磨是不是还有别的前提，或者这两个前提是否够。这些学者一天到晚就琢磨着怎么使得柏拉图的"第三人"论证是可能的。

这个问题为什么很重要呢？因为它足以说明逻辑分析论证的重要性。即使像柏拉图这样著名的理念论，居然可以因为一个论证上的错误，就可以毁掉其整个体系，而柏拉图自己居然都回答不出来。正是因为他自己都回答不出来，所以像弗拉斯托斯这样的学者，也始终解释不了柏拉图在《巴门尼德篇》中那个早期的自我批

---

① G. Vlastos，"The Third Man Argument in the *Parmenides*"，*Philosophical Review*，1954（63），pp. 319-349.

评到底是干什么用的。弗拉斯托斯的结论是，柏拉图到了一定年纪，看出了自己哲学中的很多问题，但又解决不了，所以就把这些问题全部写下来，这就成了《巴门尼德篇》的前部分。

但有意思的是，在我们看来，就算柏拉图看出了这些问题，但并不削减他的形而上学的重要性啊，他在《理想国》《斐多篇》等对话中发展出的理念论，依然是西方世界最重要的形而上学体系之一。柏拉图的理念论在哲学上始终有着深远的影响。我们反而经常会忽视柏拉图自己提出的那些根本性的错误。所以，如果你真的建立了一个伟大的理论，哪怕到了晚年，你说自己的理论都是错的，你的理论也还是很伟大。人家不在乎你说的错不错，而是觉得你的理论很管用。你们不觉得哲学很奇怪吗，对不对？就像我们都知道维特根斯坦，他有个前期哲学，有个后期哲学，他的后期哲学说自己的前期哲学不对，可我们从来不觉得他不对，我们觉得他的那些东西好伟大。说了半天，那你们说说哲学到底是个什么样的学问？你可以说它完全是错的，可你又觉得它好像蛮有道理。可见，哲学肯定不能用对和错来判定。哪怕这个东西好像很荒唐，你也觉得它很有吸引力，你说麻烦不麻烦。

非同一性与自我谓项是柏拉图理念论的两个前提。这个非同一性还是有些道理的。因为普遍的理念和特殊的个体应该是不一样的。可自我谓项却是要命的。因为一旦说人的理念是人，或者说美的理念是美的，人的理念或者美的理念就成了一个个体，因为美的共同谓项也可以使用于它啊。也就是说，本来共同谓项是一个 *toi-onde*，是一类，但一旦这个共同谓项也可以用来说明美的理念的时候，那么美的理念自身又成了一个 *tode ti*，就成了"这一个"。所以亚里士多德才说，如果你把 *tode ti* 和 *toionde* 二者混淆起来的话，就得出一个"第三人"来了。

归根到底，这是问题其实就是，人的理念或者美的理念到底是怎么存在的？我们已经知道柏拉图不承认理念是脑子里的，而是存在于世界当中的。那理念是以什么样的方式存在于这个世界？如果我们要用它来解释所有美的个别物的话，那么美的理念一定要是美的属性的一个典范。按照柏拉图的观点，所有美的个别物都只有相对的美。相对于这个事物是美的，而相对于那个事物就不美了；在这个时刻是美的，在那个时刻就不美了；在这一方面是美的，在另一方面就不美了。美的女孩子听了这个可能会伤心。在他看来，只有美的理念是永恒不变的，你左看右看它都是美的，在任何时候它都是美的，相对于任何事物它都是美的。你们不觉得他说的很有道理吗？可问题是，理念是如何存在的？它在哪里？人们怎么去把握它？又怎么能把它的存在方式说清楚呢？在亚里士多德看来，这些都是困难的。

批评完柏拉图，亚里士多德自己准备怎么办呢？他一方面说分离是柏拉图的理念论中所有困难产生的根源；另一方面又说柏拉图把理念分离出来是对的，只不过其分离的方式不对，也就是不应该是"多上之一"。

如果亚里士多德的形式是普遍的，那就面临着与柏拉图同样的问题。如果他的形式是特殊的，那么第一个条件或原则，即非同一性就麻烦了，因为形式与一般特殊物的不同点在哪里啊。并且，它还面临着知识论的问题，即它如何成为知识的对象啊？

我觉得是这样的，当亚里士多德发展自己的本体论时，他必须要保持两个条件，才能避开这个"第三人"的问题。哪两个条件呢？我在讲课大纲里写了这么一段：第一，他应该发展出一种关于分离的观念，这个分离观念肯定与柏拉图的分离观念是不同的；第二，他必须严格遵守"这一个"和"这一类"的区分，绝对不能将"这一类"说成了"这一个"。比如，绝对不能说美的理念是美的。而要满足这两个条件，他有两条路可以走：第一条路就是坚持本体是分离的，但肯定不是柏拉图意义上的分离，而是他自己意义上的分离，即本体是分离的，但是"这一个"。第七卷第三章走的就是这一条路，他说本体不再是主体，取而代之就是分离与"这一个"的标准。第二条路就是本体是分离的，但是"这一类"，始终不是"这一个"，从第七卷的第七章到第九章，走的就是这条路。也就是说，亚里士多德在第七卷里将这两条路都试了。可最后你会发现，这两条路他都走不通。

在具体讲这两条路之前，我先讲一下关于两个概念的争议：一个是 *todi ti*，"这一个"；一个是 *toionde*，"这一类"。*todi ti* 作为哲学词汇，也是亚里士多德自己的创造，别人都没有用过，就他自己用。很多人认为，*todi ti* 就是特殊的，形式是 *todi ti*，那形式是特殊的。但也有很多人觉得这种解释过于简单了。他们认为，*todi ti* 是"这一个"，但不见得就是特殊的，也可能是个别的。

这个地方就冒出来一个特殊（particularity）与个别（individuality）的区分。这个区分也有点麻烦。我在前面就讲过这个问题，特殊指的是这张桌子、这瓶水、这本书等等，但个体或个别并不是我们通常认为的某个个体，它还可以是一种普遍。我们已经知道，"个体"一词来自拉丁语 individum，它是对希腊语 atomon 的翻译，而 atomon 其字面意思就是"不能分割的"，就是德谟克里特所说的原子。同时，atomon 还可以指"最后的属"（*infima species*）。也就是说，"最后的属"也是不能分割的，所以个体还可以是一种普遍。而亚里士多德自己真的说了这样的话，我们看第七卷第八章的最后两句话。

> 当我们有一个整体，这个整体是如此这般的一个形式，在这样的肉和这些骨头里面，就有了一个单个的个体，叫作卡利亚或苏格拉底。他们之所以不同，是因为他们的质料是不同的，而形式是一样的，因为他们的形式是不可分的。（《形而上学》1034a5−8）

卡利亚与苏格拉底的形式可以是共同的，因为 *toionde* 是"这一类"的。如果他们的形式都是一样的，那把他们区分开来的根据在哪里呢，就只能是质料了。这显然跟他在第三章中的路径是不一样的。他这里是想试一试，如果本体是普遍的话，会得出什么结果。

最要命的是最后这一句话，即形式是共同的，却是不可分的。看来普遍也可能是不可分的，即是 *todi ti*。那些力图主张形式一定是普遍的人，就一定想办法说明 *todi ti* 不是特殊而是个体的意思，因为个体也可能是普遍的。所以，本质是 *todi ti*，但不见得就是特殊的。但我认为，这些人忘了亚里士多德的 *todi ti* 和 *toionde* 是相对而言的，而 *toionde* 才是普遍的，如果 *todi ti* 也是普遍的话，那 *todi ti* 和 *toionde* 的区分就完全没有意义了。因此，*todi ti* 还必须是特殊而不是个体的。这个相对还好说一点。

那分离呢，就更难解释了。我在山大读书时，当时的哲学教科书说，普遍可以分离于特殊而存在，或者普遍可以独立于个体而存在。可什么是分离或者独立呢，教科书就不讲了。在 1982—1985 年这四年里，希腊哲学圈子曾经引发过关于怎么理解"分离"的大争论。不过那时候你们还没有出生，我还在这里学习马列主义。当时希腊哲学中最好的杂志叫《牛津古代哲学研究》，一开始的时候，弗拉斯托斯写了一篇短文，讲的就是柏拉图的分离理论。你们很多人都知道，中国有个从事古希腊研究的陈康先生，他在柏林大学的博士论文就是柏拉图论分离的问题。这是 1940 年的博士论文，好像没有引起太多的反响。五六十年代陈康先生也有几篇文章讲的是柏拉图与亚里士多德论分离，也没有太大影响。

但是 20 世纪 80 年代的那场争论就很厉害。有两个人吵得最凶，一个就是我在前面提到的范恩。她与她的先生艾尔文原来是在康奈尔大学。2007 年弗雷德在希腊开会时，在一次游泳中不幸溺水身亡。据说他当时都不准备游了，可不知怎么又下水了。艾尔文就接替了弗雷德的位置，到了牛津大学，范恩也跟着进去了。我跟你们说过，范恩与艾尔文他们不要孩子，也不开车，把他们的一辈子都献给柏拉图与亚里士多德。他们确实在这方面做了很多的工作。可他们将解释柏拉图、亚里士多德看作是他们生命里唯一让他们兴奋的事，如果你要说他们解释得不对，他们就跟你急。所以开会的时候，我们只好躲着他们。他们跟你争得脸红脖子粗，很没有意思。范恩写了一篇大文章——《分离》①，她翻来覆去地证明分离就是"独立存在的能力"。但我一直觉得这个解释好像没有太多意义，因为我们可以继续问，独立存在是什么意思啊。总之，她做了大量的论证。但是她主要是讲柏拉图的。

另外一个人呢，叫莫里森（D. Morrison），他是弗雷德的学生。他说分离就是"不在彼此的本体论界限之内"。也就是说，分离就是你和我的本体论的界限不同，我们都处在彼此的本体论界限之外，本体之间不存在包含关系。但我觉得他的说法也不对。我们知道，分离是亚里士多德用来区分形式、质料与个体的一个标准，在他看来，只有本体可以与其他范畴相分离，而其他范畴是不能够与本体相分离的。在第七卷，亚里士多德说，只有形式可以跟质料相分离，而质料跟形式是分离不了的。因此，有些是可以分离的，有些是不可以分离的，如果分离是指"不在彼此的本体论界限之内"，那大家都在彼此的本体论界限之外，那大家也都平等了，分离也就不能作为一个标准了。

实际上，范恩和莫里森对分离的关注点并不相同。前者的关注点是，当亚里士多德指责柏拉图将形式和可感事物相分离时，亚里士多德的意思到底是什么，并且柏拉图的分离理论是否像亚里士多德所说的那样需要批判？后者关注的是，如何理解亚里士多德所说的作为本体标准的分离概念。他们犯了同样的错误，即认为亚里士多德所说的"分离"只有一种含义。也就是说，他们都认为有这么

① G. Fine, "Separation", *OSAP*, 1984 (2), pp. 3–87.

一种分离的概念，既可以应用于亚里士多德对柏拉图的批评，同时又适用于亚里士多德自己的本体论。

范恩与莫里森就这样来来回回吵了好多年，一直吵到了 1985 年。大概莫里森觉得自己惹不起范恩，就说分离这一概念对于亚里士多德来说虽然非常重要，但他自己始终没有说清楚它的意思。这算是给他与范恩之间的争论找了一个借口吧。他意思是说，我们不是非要去争谁对亚里士多德的分离概念的理解是正确的，而是亚里士多德自己都没有搞清楚、自己都觉得很困惑，那你和我又怎么能争得清楚呢。言外之意就是，我们现在不要争了。

2005 年，我要编一本书，就是《理性与幸福：从古希腊到中世纪》。我请莫里森来写苏格拉底论理性和幸福。我问他范恩现在是否愿意跟他说话了，他说大概过了 10 年的时间，范恩才肯跟他打招呼。你看，不光是我们中国学者会为了某个问题吵得脸红脖子粗，西方学者也这样。人性很多都是一样的，比如说狂傲啊，粗鲁啊，到处都有。我见到我的哲学同行们最狂妄的一个例子，是有一次我们在意大利开会，讨论怀疑主义。我们在一个旅馆吃完饭，要到另外一个地方去住，便在门口等出租车。西方的出租车可不像我们济南、北京这样，招招手就有了。纽约是可以的，但一般城市是要打电话叫的。先来的那个出租车呢，我们出于尊重，让三位老兄先上车，第一个是乔纳森·巴恩斯（Jonathan Barnes），就是编辑《亚里士多德全集》（*The Complete Works of Aristotle*）的那个人，他写过很多关于怀疑论的东西。第二个是弗雷德。第三个是伯恩耶特（Myles Burnyeat），牛津大学另外一个古典学者。他们三个都坐进去了。可出租车刚刚起步就停了下来，他们三个又下来了，说这辆车他们三个当中只能坐进去一个，剩下的两个位置要给其他的人。你们猜是因为什么？他们说，如果他们三个都坐了进去，万一这个出租车翻了，那这个世界对怀疑主义的理解也就完了。大家听了真是哭笑不得。所以各种狂妄都有。中国的狂人也有很多，但我还没见过这么狂妄的人。

　　我认为，实际上，分离在柏拉图和亚里士多德那里有着不同的意义。在柏拉图那里，分离真的是二者之间的互相隔离，即具体事物跟理念是分离的。具体事物分有和模仿理念，理念处在一个世界，特殊事物处在另一个世界，一个世界比另一个世界高；特殊事物不是知识的对象，而理念是知识的对象，好像它们是两个世界，互不相干。在《巴门尼德篇》的前半部分，柏拉图在自我批评时就提出了这么一个问题：既然它们是互不相干的，那么理念怎么影响特殊事物呢？它可以不影响啊，反正它们是两个世界，互不相干嘛。但在亚里士多德那里，分离实际上指的是定义在先，就是说，A 和 B 可以分离，是指 A 的定义不需要有 B 加入进来。如果 A 和 B 不能分离，那么当你要定义 A 的时候，你必须使用 B。我们说过，本体比其他范畴要更加实在的一个理由就是：本体在定义上是在先的，本体是不需要其他范畴来定义的，但其他范畴一定要用本体来定义。所以亚里士多德与柏拉图分离的概念是不一样的。亚里士多德想要避开柏拉图的第三人悖论，就必须运用他自己的分离观念。如果一个东西硬生生地被分成两半的话，那第三人悖论就肯定是避免不了的。但如果它们只是定义上可以分离的话，就不用单列出来，它们还是同一个物。

三、"这一个"和分离之间的紧张

根据本体就是分离性与个体（"这一个"）这样的两种属性，我们要具体看一下亚里士多德的每一条路是怎么走的。

在此之前，我们有必要简单回顾一下前面的内容。在第七卷第三章的开始，亚里士多德批评本体就是主体的那个标准。这个主体标准是他在《范畴篇》里千辛万苦建立起来的。但在这里，他说本体不再是主体了，本体是个体和分离性。读到这里，我们就得问问个体和分离性是从哪里来的，它们是什么意思，为什么是这两个标准，等等。面对这些追问，亚里士多德说他有两条路要走：要么分离的是"这一个"，要么分离的是"这一类"。

在第七卷第三章，亚里士多德显然走的是"这一个"和"分离的"这条路，而在第七卷第七、八、九章，走的是"这一类"和"分离的"这条路。如果说本体或本质是"这一个"，那么它所面临的最大的困难就是定义问题。因为本体如果是"这一个"，那它怎么能够作为定义的对象呢？如果不能作为定义的对象，那它又怎么能够是最初的本体？这就涉及本体究竟是个别的还是普遍的问题。

（一）两种尝试之间的矛盾

"这一个"和定义之间的矛盾，在第四、六、十、十一、十五章这些章节里暴露得特别清楚。我们可以举几个例子。大家翻到第四章，这是关于本质很关键的一章。

> 每个事物的本质就是让它由于它自身而成为它的那个东西。（《形而上学》1029b13）

这听起来是说，你的本质就是你自己的东西。其实关于本质就是事物自己的东西或单个的东西，最明确的表述是在第五卷的第十八章。

> 因此，"由于它自身"一定有几种含义。第一种含义是指每个事物的本质（essence of each thing），比如卡利亚是由于他自身而是卡利亚，即是卡利亚的本质。第二种含义是指包含在"是什么"之中的那个东西，例如，卡利亚由于他自身而是一个动物，因为"动物"出现在他的公式之中，卡利亚就是一个特殊的动物。（《形而上学》1022a25-29）

动物不是卡利亚，尽管它是卡利亚的本质，但只是一种意义上的本质。而卡利亚有他自身的本质，从而使得卡利亚成为卡利亚。如果卡利亚没有他自己的本质的话，那他与苏格拉底或者柏拉图不就是一样了吗？我们要注意的是，亚里士多德这里说的是"每个事物的本质"，即每个事物自己的本质，它与普遍是相对的。

其实，我们仔细想想还真的很困惑。比如"人"这个定义，它所揭示的是一类人。所有人都具有"人"这个属性，但这只能把"人"和其他的动物，比如猫、狗相区分，而无法区分张三、李四或者王五。他们还需要下一个区分。这个区分是什么，就是他们的本质特征（essential distinction）。比如，我们认为，苏格拉底、柏拉图、亚里士多德是一个个不同的个体，那区分他们的依据是什么啊？你们会说，是他们的思想定义了他们是谁，他们的哲学决定他们的身份（identity）。所以，从这个意义上说，你和我都应该努力建立起我们自己的身份，这个身份就是你的独特性。如果你的思想没有了，那么你的肉体死了之后，说不定就没人能记住你了。就算你写了很多的书，如果人家觉得没什么用，人家也不会念。你要是不在了，就更没有人念了，这就是做学问的人可悲的地方。没有几个人在他死了之后还有人念他的书。尤其是现在的书，两三年之后就放在旧书堆里去了，三五年之后如果还有人念它，就已经不错了。那你通过什么方式来建立你的身份呢？那个让你名垂千古的东西在哪里啊？这实在是件很困难的事情。你看历朝历代都有许多人在做哲学，成千上万的人，可是能留下名字的就那么几个人。可见干这一行，还是很艰辛的。如果是一个人的独特哲学定义了他，那么人的本质区别应该是个别的，否则我们该怎么区分苏格拉底与柏拉图呢？

我们回到第七卷第四章。

> 那么，凡不是种的属就没有本质，只有属才有本质。（《形而上学》1030a10-11）

这里他又说，只有属才有本质，而属肯定是普遍的。

所以，亚里士多德就有两种对立的观点：有的时候他说，本质是每个事物所固有的，一个事物的本质就是使得它成为它的那个东西；但有的时候他又说，只有属才有本质，才是揭示定义的对象。

　　既然只有属才有本质，那么作为个体就没有自己的本质了，个体只能归属于某种本质，它是某种本质下面的一个特例。这方面的例子有很多，尤其是在第七卷的第十章。我要指出其中几个特别矛盾的地方，这些让我们读起来非常困难。

　　　　作为定义对象的形式是普遍的。（《形而上学》1036a1）

　　亚里士多德区分各种各样的事物，说明在什么东西里面，形式和质料是可以分离的。我已经给你们列出来了，在讲课大纲第十一—十二章的第七点：

　　（a）圆与多种质料（1036a32　34）；

　　（b）球与一种质料（例如铜）（1036b1–3）；

　　（c）人与肉、骨头等等（1035a17–22，参阅 1035a31–1035b1）；

　　（d）动物与手或者手指头（1035b23–25；1036b30–32）。

　　我们可以说，在（a）、（b）与（c）中，形式与质料是可以分离的，但在（d）中是不可能的。

　　但是，就在同一页的 1035b27，他却说人或者马这些普遍术语不是本质。

　　　　但是诸如人、马以及那些可以运用到特殊物的普遍术语，它们不是本质。（《形而上学》1035b27）

　　你们看，亚里士多德一方面说定义或知识一定是普遍的，另一方面又说像人、马这些普遍术语肯定不是本体。这两种观点明显是紧张的、对立的，但它们却是同一页的内容。读到这里，谁不困惑啊，亚里士多德到底要说什么啊？

在第十五章，他将特殊物分作两种：一种是可感特殊物，一种是柏拉图的理念。而如果理念是特殊的，它就是不可定义的。

> 因为像理念论者所说的那样，理念是特殊的，它可以分离地存在。（《形而上学》1040a8-9）

他的结论是，对于所有可感特殊物而言，它们只能是意见而非定义的对象，因为它们是易变的、可毁灭的。而对于理念或形相而言，一旦被分离，也成了一个特殊物，就不再是知识的对象。在这里，知识与普遍事物相关这点是确定无疑的；同样地，所有特殊物都是不可定义的。总之，只要认为本体是"这一个"，那定义这条路就走不通。这是他第一种尝试。

他的第二种尝试呢，认为本体是"这一类"。我们已经知道，这三章，即第七卷的第七、八、九章，是完全独立的一部分，肯定是后来被插到这里的。因为在这三章里面，亚里士多德从来不说本体是"这一个"，而是说本体就是"这一类"。这显然与第三章中的观点是相反的。

> 当我们有一个整体，这个整体是如此这般的一个形式，在这样的肉和这些骨头里面，就有了一个单个的个体，叫作卡利亚或苏格拉底。（《形而上学》1034a5-6）

我们刚才已经念了这一段话。它讲的是，一个整体就是把一个形式加到一种质料上。比如说木头这种质料吧，它原来可以是一张床，现在还可以变成一张桌子、一个凳子、一间小房子等等。假如它变成一张桌子，就是桌子这个形式被施加到这根木头上，使它变成一张桌子。当然，桌子这个形式可以被施加到各种木头上，比如松树、橡木、檀木啊，虽然松树的最便宜，檀木的最贵，但桌子就是桌子。桌子的形式肯定是普遍的，是这一类的，是可以被放到不同的材料上生成不同的东西的，就像他在《物理学》第一卷中所说的那样，各种属性的下面必定有一个主体。但不管怎样，被加进去的那个形式是普遍的。

可在第十章中，亚里士多德又说，作为普遍的形式，肯定不能是本体。类似这样的表述，他在第十、十一章里说了很多，有着各种各样非常详细的分析。你们可以按照我的讲课大纲，将有的东西重新去读一下。

第十三章是最麻烦的一章，它的前半部分值得我们好好念念。我们来看亚里士多德是如何说明本体不是普遍的。

> 让我们再（again）回到我们所探究的主题，即本体。（《形而上学》1038b1）

这里他用了一个"again"。这中间他一直在讨论本体，现在他说他要讨论普遍了。

> 正如主体、本质以及它们的复合物都叫作本体，普遍也是本体。其中的两个我们已经讨论了，就是关于本质与主体。（《形而上学》1038b2-3）

很多人认为，主体在第三章已经讨论了，本质在第四、六章已经讨论了。

> 我们说过，主体有两种含义，要么是作为一个"这个"，

就像一个动物承载着它的属性那样，要么是作为质料承载着全部的实体。(《形而上学》1038b5-7)

亚里士多德特意区分了两种意义的主体，这与他所说的两类变化相对应。一类是偶性变化，在偶性变化里面，主体就是本体，是单个的东西，比如单个的人从没有教养的人变成有教养的人，主体的属性变了，而主体自身没有变；一类是本体性的变化，比如将原来的椅子打烂，重新做成一张桌子，一张桌子产生了。这是两类变化。

也有人认为，普遍在最完美意义上是原因和原则。(《形而上学》1038b7)

很多人由此认为，当亚里士多德说普遍不是本体的时候，他是在指责柏拉图。也就是说，第七卷第十三章攻击的对象就是柏拉图。而我认为这种读法完全没有道理。只要我们看看第十四章开头第一句话，就知道第十三章根本不是在攻击柏拉图。

从这些事实中可以清楚地看出，那些主张形相是本体，并且是分离存在的，同时将其看作是由种加属差的人，会得出什么样的结论。(《形而上学》1039a24-26)

这里亚里士多德是说，在第十三章，他已经批了别人了，而这些论证他也可以拿来批柏拉图。也就是说，他在第七卷第十三章的论证，虽然暗含着对柏拉图的批评，但并不是直接指向柏拉图的。我们回到第十三章。

任何普遍项都不可能成为本体。(《形而上学》1038b9-10)

为什么呢？他给了几个理由：

第一，因为第一本体作为一种本体，是为一个事物所特有，而不能属于其他的事物；而普遍则是共相，可以为一类事物所有。（《形而上学》1038b10-13）这是共相与特殊的对比。

第二，本体是不能做谓项的，而普遍则是始终可以做谓项的。（《形而上学》1038b17-18）这是表述某物和不表述某物的对比。

第三，显然，没有普遍属性是本体。同样显然的是，共同谓项都不表述一个"这个"（this），而是一个"那样"（such）。如果情况不是如此，就会导致许多困难，特别是第三人悖论。（《形而上学》1038b35-1039a1）

这是"这一个"与"这一类"的对比。这个理由最为厉害。也就是说，如果谓项是本体的话，那就要产生第三人悖论了。

如果亚里士多德的形式或本质是普遍的话，就有了这样一些麻烦（见讲课大纲第六点）：

第一，形式是本体；

第二，形式或者本质是普遍的；

第三，没有普遍是本体或者普遍就不是本体。

这三句话肯定不能同时都是对的。你想把哪一句去掉，第一句、第二句，或者第三句？

第三句肯定不能去掉，因为整个第七卷第十三章都在论证普遍不是本体，显然这是亚里士多德自己的观点。第一句肯定也不能去掉，这是他在第四卷辛辛苦苦所建立的结论。思来想去，只能把第二句去掉，可是这句在很多地方也是有论据的，亚里士多德在很多地方都反复说，知识一定是普遍的。

很多人就在这里动脑筋。他们不是把其中的某一个句子去掉，而是要对某一个句子做出一种限制，即做一种概念上的区分，这是做哲学的一种方式。比如，那些认为亚里士多德的形式一定是普遍的人，就要想办法琢磨第三句。

他们怎么琢磨呢？有一种做法就是将普遍等同于种，从而使其与属区分开来。比如他们说"形式是普遍的"中的"普遍"和"普遍不是本体"中的"普遍"或许不是一个东西。当亚里士多德在第七卷第十三章中说"普遍不是本体"的时候，实际上他只是说"种"不是本体，但"属"还是本体，因为在第四卷里，亚里士多德说只有"属"才是本体。于是，在《范畴篇》里作为第二本体的"属"在《形而上学》第七卷中就升级为第一本体。

可是这种理解遭到很多人的反对。他们认为，"种"在《形而上学》第七卷第三章的时候，是与普遍、本质和主体它们一起构成了本体的四个候选项，普遍和"种"是相区分的；并且，我们已经读过这句：

> 但是诸如人、马以及那些可以运用到特殊物的普遍术语，它们不是本质。（《形而上学》1035b27）

这里亚里士多德显然否认了属是本体。所以这条路比较困难。

还有一种做法，这是近些年研究得来的，也更加精细些，即将第七卷第十三章里的"普遍"等同于属，又将普遍形式与属相区分。他们认为，当亚里士多德说"普遍不是本体"时，这个普遍指的是"属"，即"属"不是本体；而当亚里士多德说"形式是普遍的"，这个形式不是"属"，这样就能保证亚里士多德的"形式是普遍的"。

可这种理解也有问题啊，因为如果形式不是"属"，那么形式是一种什么样的普遍，这种普遍可不可以做共同谓项呢？如果它能做共同谓项，那么第十三章的批评就是成立的。因为亚里士多德说，没有共同谓项可以做本体。如果它可以为某一类事物所分享，这个问题依然存在。因为第十三章的第一个论证就是说，本体一定是一物所独有的，而不能为其他事物所共享的。

你们看，这些人都想着怎么对普遍限制一下，从而避免前提二与前提三相对立。但是到现在为止，还没有什么成功的路子。

我自己觉得呢，我们最好还是老老实实地承认这两个普遍是一样的。那问题就是，第十三章的攻击或批判对象到底是谁呢？如果不是柏拉图，那就只有一个攻击对象，即亚里士多德自己在第七章至第九章所提出的"本体就是这一类"的主张。亚里士多德曾经想让形式或本质是这一类，但这会导致事物之间的区分只能依靠质料了。所以在第十三章，他要把这一理论否定掉。

如果我们将第七卷第十七章看作一个新的起点的话，那么第十六章应该是第七卷事实上的结尾。我们来看第七卷第十六章的最后两句话是怎么说的。

> 显然，没有普遍性的术语可以用来称谓本体，并且没有由本体构成的本体。（《形而上学》1041a4-5）

在这个结论中，亚里士多德用了两个否定词，即"没有"。那什么是肯定的？他没说。他只是说普遍肯定不是本体，复合物肯定也不是本体。那本体是什么？没有什么答案。所以我认为，第七卷是一个无解的谜，亚里士多德自己觉得对形式或本体的研究走到死胡同了。

（二）《形而上学》第七卷的困境：三个前提

这个迷阵或困惑是由什么形式所构成的呢？它是由三个前提构成的。我给它们放在了讲课大纲的第七点。

第一，形式或本质要么是"这一个"，要么是"这一类"。这是第七卷第七—九章所讨论的。

第二，形式不能够是"这一个"。因为"这一个"不能够是定义的对象。这就是第七卷第四—六、十一—十二、十五—十六章所讨论的问题。

第三，形式也不能是"这一类"。因为本体自身就不是普遍的。这是第七卷第十三章所讨论的问题。

既然它不能是普遍的，也不能是特殊的，前项后项统统被否定了，那它到底是什么啊？亚里士多德自己也没有答案。所以如果你看到有的书上说亚里士多德的形式是什么，你们不能相信，亚里士多德自己都没有答案，我们不能非要强加给他某个东西。实际上，他有的只是一个不断艰难探索的过程，他要把每一条路都探索一遍，然后告诉我们，他没招了。

尽管他没有明确的答案，但至少有一点可以确定他力图想从哪个方向走。从哪里得到这个启示呢？我们回到第十三卷第十章的这段话。

> 宣称所有的知识都是关于普遍的，所以事物的原则也必须
> 是普遍的而不是分离的本体，实际上引发了上面提及的所有论
> 点中最大的困难。（《形而上学》1087a10−13）

亚里士多德准备拿什么下手啊？他说，我们翻来覆去地坚持知
识是普遍的，这给我们造成了所有的困难、最大的困难。由于"这
一个"与定义之间存在着张力，那么能不能改变一下定义的要求，
从而化解这个张力呢。

> 虽然这一陈述在一种意义上是错的，但在另一种意义上是
> 真实的。（《形而上学》1087a13−14）

那么，在哪种意义上这一陈述是对的，在哪种意义上不是对
的呢？

> 因为知识，就像"知道"这个词一样，也有两种含义，一
> 种是在潜能上，一种是在现实上。潜能作为质料是普遍的、无
> 规定的，涉及的是普遍的和无规定的事物；现实则是有规定
> 的，关涉一个确定的对象，它作为"这一个"，是关于"这一
> 个"的问题。（《形而上学》1087a15−18）

他说知识可以有潜能与现实这两种含义：潜能的知识是关于普
遍的，它要处理的是普遍的对象；而现实的知识对付的是那个最明
确的对象，是最明确的。

你们看，亚里士多德想了一个办法来解决，就是把知识分为两
类：一类是潜在的知识；一类是现实的知识。潜在的知识对付的是
普遍的事物；现实的知识对付的是"这一个"，特殊的事物。这样

一来，第七卷的麻烦似乎得到了一种解决：形式是"这一个"，并且是现实知识的对象；潜能的知识是关于普遍的，所以它才能够有定义。

亚里士多德好像就这样把困难解决了。可他这个答案实在是太简单了，他没有任何论证，扑通一下就把答案扔给你了，这没有道理呀。还有，这个答案本身也有困难。因为这里潜能和现实其实是一种清晰和不清晰的关系：在清晰的意义上，它是"这一个"；在不清晰的意义上，它是普遍的。那么知识的内容到底是关于普遍的还是关于个别的，他却避开了。也就是说，当他用潜能和现实来解决两种知识的时候，其实是把知识归结为明确的知识和不明确的知识，明确的知识是关于"这一个"，而不明确的知识是关于普遍的。我们不能说现实的知识先于潜在的知识，因为现实的知识只是潜在的知识的一个应用。决定一种知识能够成为知识的其实还是那个普遍，而你要是普遍下面的一个成员，这种知识才可以应用到你身上，才可以在你身上得到体现。

所以他这个答案本身有两个问题：第一，没有一个发展的过程，没有论证，得出来太突然了；第二，答案本身是不通的。以后我们要学到他的潜能和现实理论，他讲了各种方式的潜能和现实，偏偏没有提及这种意义上的潜能和现实。而通常意义上的潜能和现实，现实是在先的，而潜能是还没有得到实现的，需要有一个现实的过程来实现它自己、展现它自己，变成真正是它的那个东西，所以现实的知识才是真正的知识。比如你们现在都在学哲学，你们学的是普遍哲学，根据亚里士多德的这一理论，那你们学的都是潜在的知识，即使你拿到了博士学位，你也只是一个潜在的博士。这样你们肯定就不高兴了。所以他的这个答案不是很有道理。

因此，尽管亚里士多德提供了一个答案，可很多人并不买他的账，觉得还不如没有这个答案呢。但我认为，至少他在这里提供了一个答案，虽然这个答案不那么合理，也没有足够的论证。

总之，通过今晚的学习，我是想让大家明白亚里士多德的本体论或形式论是非常复杂的，并非像人们所说的那么简单，更不能用几句话就能概括它们。这些理论里面有着各种途径，有好几种选项。这是一个思考与探索的过程，你们今后也要学着对一个问题进行各种可能的探索。

第七讲　形式因、自然与目的论

　　今天我们要念的是《形而上学》第七卷的第十七章以及第八、九卷。这一讲的内容很多，我只能讲得宽泛一点。我主要讲的是它们之间的结构而非内容。下周五，我们要讲到第八、九卷的内容，即潜能和现实，还有《物理学》第二卷的内容。

　　还记得在第一节课时，我就说过亚里士多德的形而上学有两个方面：一方面他要探索这个世界的结构，即这个世界最基本的构成成分以及它们之间的关系；另一方面他要搞明白这个世界究竟是怎么运动的。而上一次课，我们讲的是亚里士多德对这个世界实在结构的研究。他是从 being 开始的，然后到本体，再到本质与形式。我说过这个过程就像打井似的，他要一步一步地往下深挖。但在这里他遇到了困难。他认为本质和形式肯定是定义的对象，可这个定义的对象究竟是普遍的还是特殊的，他觉得非常麻烦。所以在第七卷的第十六章他用了两个否定词来结尾："没有普遍性的术语可以用来称谓本体，并且没有由本体构成的本体。"（《形而上学》1041a4－5）这是一个否定性的结论。这就是说，当亚里士多德将这个实在世界探到底的时候，他发现哪种答案都有问题。他说自己也没招了。这些都是形而上学第一方面的内容。

一、《形而上学》第七卷第十七章：一个新的开始

（一）作为形式因的本体

在第十七章的开始，亚里士多德说他要从另外的一个出发点来重新探索本体到底是什么。你们看，他就是这么围绕着一个问题，不停地摸索。

> 让我们从另外的一个起点来表述本体应当被说成是什么，即是什么类型的事物。也许从这个角度我们能看得清楚一点，本体是脱离于可感本体而存在的（that substance which exists apart from sensible substances）。（《形而上学》1041a6－10）

这里的本体指的是柏拉图的理念吗，这似乎不可能。因为亚里士多德说他要从新的角度来探索他自己的本体。换句话说，他更关注的是他自己的本体，至于柏拉图的本体是什么样的，他就不管了。而这个脱离于可感本体而存在的本体，其实就是神，就是那个不动的动者。在他看来，从另一个角度或出发点来重新考察本体，

最终会引到那个不动的动者。为什么会这样呢？我们以后会解释的。

> 那么，既然本体是一个原则、一个原因，就让我们从这个角度开始探讨。（《形而上学》1041a10-11）

在《形而上学》的第一卷，亚里士多德说形而上学就是要研究原则和原因的，而且是第一原则和第一原因的。现在他却说，如果本体是原则和原因的话，我们就从这里开始，这是不是有点奇怪？我们只能将它理解为，亚里士多德依然是在研究原则和原因的，只不过现在他要从另外一个角度来研究原则和原因。

> "为什么"这一问题总是以这种方式来追问的，即为什么这种事情会附加到另外一种事情上？（《形而上学》1041a11-12）

这句话有些突然。亚里士多德在上一句说他要研究原因，这一句却说他要研究"为什么"这一问题，这两句话之间似乎没有太多的交集。

我们要先解释一下什么是原因。按照现在的标准理论，所谓原因就是引起某种事件的先在事件，前一事件是原因，后一事件是结果。当然原因和结果也可以是同步的。这种对原因的理解是从休谟开始的，他就是这样来研究因果关系的。

可是在古希腊那里，原因并不是这么回事。"原因"的希腊词为 *aitia*，表示负责任、受指责（to blame or to hold accountable）的意思，它是指一个东西要对另一个东西负责任，这个负责任的东西就是一个原因。

我们都知道，亚里士多德有四因说，即形式因、质料因、动力因、目的因，他用这四因来解释事物。比如，我们要想认识这张桌子，在亚里士多德看来，就要搞清楚这四个原因。第一个原因是形式因，这是一张桌子的形式，不是一个凳子的形式。第二个原因就是质料因，这张桌子是钢铁做的，或是木头做的。第三个原因就是动力因，这张桌子是谁做的，木工或者其他人，这比前面的两个听起来像是原因。第四个原因是目的因，这很麻烦，它是原因在后，结果在前，我们先不考虑这个。现在要考虑的是，形式和质料怎么会成为原因，它们符合一个事件引起另外一个事件的解释吗？它们并没有引起什么呀，是造桌子的人，用了桌子这个形式，用了木头或钢铁这些材料做成了一张桌子的。可桌子的形式与材料本身并没有说它们要动一动，引起桌子产生啊，它们没有这个要求。从"四因说"就能明显地看到，亚里士多德和我们现在对原因的解释是完全不同的。

在亚里士多德那里，原因就是对这张桌子的形成承担责任的成分。有多少承担责任的成分，就有多少个原因。我们设想一下，如果这张桌子坏了，你不高兴了，想发一通牢骚，你可以埋怨造桌子的人，可以埋怨桌子的材料，可以埋怨所有与这张桌子相关的成分。这里的原因并不需要引起另外一个事件，而只需对一个已经生成的东西承担责任就行；并且，原因常常就是这个东西自身的构成部分。所以，古希腊人所说的原因远比我们现在的概念要宽广。我们可以将原因理解为：对"为什么"（*dia ti*）的一种回答或解释。

每次你问"为什么"的时候，就需要用"原因"来回答。也就是说，古希腊的原因并不是"原因"（cause），而是"因为"（because）。一个"因为"就是一个解释。对于一张桌子，你可以提出四个"为什么"。对于其他事物，同样如此。在亚里士多德看来，这四个原因就能解释世界所有的事物。理解了这一点，我们就能明白，为什么亚里士多德要将本体作为一个原因来重新进行讨论，并且立马转入到"为什么"这一问题方面。我们提纲所列的第一点就是"作为形式因的本体"。

（二）关于原因和形式/质料的讨论

我们已经知道，在第七卷，亚里士多德一直把本体当作形式或质料来讨论的。他一直琢磨着第一本体到底是形式还是质料，以及二者之间的关系。现在他讨论的思路换了，本体似乎成为原因了。在第七卷的前面十六章，我们有没有读到过原因？好像从来没有。虽然他说过，形式是第一原则或第一原因，但显然不是在这个意义上讲的。现在他要直面原因。这二者究竟有什么不同，我们一会儿就能看到。

现在亚里士多德要把本体作为原因来考察了。那他究竟要怎样考察呢，第十七章的内容就是要回答这个问题。但这一整章的内容都非常晦涩，所以我要总结一下。

将本体作为原因来考察，提问的方式也会有所不同。要怎么提问呢？在1041b5-6，亚里士多德提出了这么一个问题。

因为我们必须知道某物的存在，并且它一定是被给定的，

问题显然就是，为什么这个质料是某种个别的事物，例如，为什么这些材料是一座房子？（《形而上学》1041b4-6）

亚里士多德所提出的问题是，为什么这些材料构成了一个房子？同样，他还可以问，为什么这些材料构成了一张桌子？而他在前面所提出的问题是，作为本体的三个成分——形式、质料、复合物——它们中的哪一个更为重要，哪一个是最在先的，哪一个是更为根本的？现在他不这样问了，他问的是，这些材料是怎样构成一张桌子的？他也可以以这种方式来问，你的肉、骨头怎样就拼凑成一个你呢？你们有没有问过自己这个问题？你有没有对着镜子想想，你的这一堆肉怎样就构成了你呢？亚里士多德认为，只有问你成为你的那个原因是什么，才能把你给找出来。可你是在运动的呀，比如将你的心和另外一个人的心给换了，那你们两个谁是谁呢，这是不是有点麻烦？同样，把你的脑子挖出来，放到另外一个人那里，而把另外一个人的脑子放你这里，那你们两个谁是谁呢，是不是又麻烦了？不过，亚里士多德这个问题是对一般事物而言的，他问的是这些材料是怎样成为一间房子或者一张桌子的。但显然，他所提的问题与以前不同了。

所以，严格地说，在亚里士多德那里，本体论有三种说法：在《范畴篇》里，本体就是主体；到了《形而上学》第七卷的第三章，亚里士多德说，本体不再是主体了，而是"这一个"与"分离的"这样两个标准；到了第七卷的第十七章，本体又有了一个新开端，即原因。而这些观点之间究竟有着怎样的关系，我们还是要自己去搞清楚。至少在第七卷的第三章，当亚里士多德说本体是"这一个"和

"分离的"时，本体就不再是主体了。

（三）为什么 S 是 P

亚里士多德现在的问题是，为什么一个事物属于另外一个？（1041a10-11）接着，它就变成为什么如此的质料构成了如此特定的一个东西？而研究"为什么"的问题实际上就是研究一个事情怎样可以述说另外一个事情的问题。（1041b5-6）这是一种新的研究方式。

与这个新的研究方式所对立的是什么呢？就是亚里士多德在第七卷前面的那种研究方式。亚里士多德将前面的那种研究方式概括如下：

> 当一个词项不能明确地表述另一个词项时，寻求的对象最容易被忽略。例如，当我们研究"人是什么"（*anthrōpos ti esti*）时，因为这只是个单纯的说法（*haplōs*），而没有确定地说"为什么这些成分构成了一个整体"。但是在我们寻求之前，一定能够区分一个整体的成分；如果不能的话，这个寻求是否有意义我们就不清楚了。（《形而上学》1041b1-4）

亚里士多德认为，在前面的研究方式里，所针对的是一个简单实在物，并不区分事物的不同成分。比如，它研究的是"人是什么"或者"主体是什么"，而不是将人或主体作为一个复合物。对"为什么是人"的研究实际上就是研究"什么是人"，而不是研究"为什么这些骨头和肌肉构成了一个人"。在这种研究方式里，"一个词项不能明确地表述另一个词项"。而在第十七章里，他要研究

"为什么这些材料构成了这样的一个事物"这一问题。

（四）第十七章与以往章节的不同

> 为什么这些材料构成了一间房子？因为这些材料里有了房子的本质或形式。并且，为什么这个个别的事物，或者这个身体，具有这个形式就是人？因此，我们所寻求的是原因，即形式，由于形式，这个质料才变成了某个确定的东西，而形式就是事物的本体。（《形而上学》1041b6-9）

这里，对本体的研究就变成了对事物形式的研究。由于这些事物的形式，这些质料才变成了这么一个东西。

可在此之前，亚里士多德想尽一切办法要把形式和质料区分开来。他说形式是第一本体，跟质料是不沾边的，质料是第二位的。现在他却将形式和质料绑在一起，形式之所以是形式，就是因为它能够把这些材料整合在一起。

> 很显然，对于那些简单实在物（*tōn haplōn*）而言，既不能（通过上文所讲的那个询问"为什么"的方式）来寻求，也不能（以此种方式）来传授；我们只能用其他方法来寻求。（《形而上学》1041b9-10）

读到这里，我们马上就会想到在第七卷第四章里亚里士多德翻来覆去地强调，本质就在它的定义里面，即它不能去表述其他的事物。也就是说，本质必须用自己的本质性的种加属差来定义，不能去表述其他的事物。所以本质就是一个简单物，不能是一个偶性的东西与另外一个范畴的联合。比如，白的衣服就不是一个简单物，因为它涉及衣服和白，所以白的衣服就没有本质。而现在亚里士多德所要研究的恰恰就是，一个事物必须去表述其他事物。但不同的是，它是用形式来表述质料，偶性复合体依然是被排斥的。所以你们看，第七卷第四章跟第十七章居然是两种不同的研究方式。而我们则要想一想，这两种研究方式到底是什么？它们到底哪里是不同的？这就涉及《形而上学》的中心卷，即第七、八、九卷它们之间的结构问题。

二、第七、八、九卷是一个统一体吗

（一）传统的观点

在开始讲课的时候，我就跟你们说，人们在读《形而上学》时，总觉得亚里士多德的本体论有多种学说。在前三卷，他说形而上学就是智慧；在第四卷，他说形而上学就是关于 being 的研究；第五卷是一个字典，我们不算它；第六卷我们以后再说；第七、八、九卷是它的中心卷，讲的是本体；到了第十二卷，亚里士多德开始研究神，就是不动的动者。所以《形而上学》一共有四部分：作为智慧的形而上学，关于 being *qua* being 的科学，研究本体，研究神。

中世纪的托马斯·阿奎那看到这里会特别高兴，因为这个结构是从智慧逐步上升到神的，神就是《形而上学》的顶峰。他曾说，亚里士多德天生就是为基督教教义做辩护的。然而很多人并不同意他的看法。他们认为，第十二卷是最早的，但人们在编书的时候把它放在了后面。尽管以上有很多的不同，但他们都认为，作为中心卷的第七、八、九卷是一个统一体。亚里士多德对本体的研究从第七卷开始，经过第八卷，到第九卷结束。

（二）它们是一个统一体吗

可现在的问题是，当你读到第七卷的第十七章，你会发现它与前面有着很大的不同。也就是说，作为中心卷的第七、八、九卷并不是一个统一体。第七卷的大部分都在讲本体是可以分离的，即本体在定义上是和质料相分离的。然而到了第十七章，他却说本体是一种原因，是把质料组合在一起的形式，这样分离就不可能了，因为形式要把质料组合在一起，所以第七、八、九卷这三卷怎么可能是一个统一体呢？如果你把它们看成一个统一体，那么最大的困难就出现了，即本体是原因，而本体又是分离的，这两个规定怎么能够统一起来？也就是说，本体作为原因，它怎么能够是分离的呢？跟谁分离呢？如果它跟别的东西是分离的，那它去做谁的原因呢？所以你就开始怀疑那个传统统一的观点到底对还是不对？这只是引起你怀疑的一种原因。我们看看还有其他哪些原因。

（三）多种形式/质料的关系

在学习西方哲学史时，我们会了解亚里士多德的形式/质料学说，这是他最主要的学说。他把事物分成形式和质料，这很符合我们的直观。我们只要看看自己就能明白了，我们无非就是灵魂和肉体这样两部分的组合。尽管对于灵魂和肉体的关系，我们可以有着自己的看法，却不能否认，在最一般的成分上，我们就是有灵魂与肉体这样不同的部分，灵魂是你的形式部分，肉体是你的质料部分。你会觉得亚里士多德讲的一点都没错。

可是形式和质料到底是怎么联系的，在亚里士多德那里是一个非常复杂的问题。有多复杂呢？大家还记不记得，在第七卷第三章的一开始，亚里士多德就说，本体分为三部分：一个是形式，一个是质料，一个是复合体。我们再把这段读一遍。

> 我们先来确定一下主体的性质。因为那个最初地支撑着一个事物的东西被看作是最真实意义上的本体。在一种意义上，质料被看作是主体的性质。在另一种意义上，则是形状。在第三种意义上，就是这些东西的组合体。我所说的质料是指，例如青铜，形状是它的形式，以及这二者的混合物（具体的东西），即雕像。（《形而上学》1029a1-6）

在这段之后，他一字不提潜能和现实。也就是说，在第七卷的大部分章节里，形式/质料与潜能/现实的关联都没有出现。

但在第八卷的第一章，亚里士多德重新提到本体分为三个部分：一个是形式，一个是质料，一个复合体，却加了一个成分进来。

> 我们重新来讨论那些大家都承认的本体，这些都是可感的本体，而可感的本体都有质料。主体是本体，这在一定意义上就是质料。而所谓质料呢，我指的是潜能的"这一个"而不是指现实的"这一个"，而在另一种意义上就是公式或形式（作

为"这个"的东西可以分离地用公式来表示），而第三种意义就是形式与质料的复合物，只有它是被生成的和可毁灭的，也是能够无条件地分离存在。（《形而上学》1042a25－29）

同样是对质料、形式以及复合体的区分，比较一下第七卷和这里，就会得到这样一个结论，即亚里士多德在这里引进了一个潜能和现实。在第七卷的时候，他说质料就是质料，形式就是形式，二者之间的界限划分得很清楚。而到了第八卷，质料是潜能的"这一个"，而形式则是现实的"这一个"，二者的关系一下子就很密切了；而讨论的重点不是如何把二者区分开来，而是怎么将二者结合起来，他说大家不要分家了，大家要和谐。

形式和质料自然就有了两种不同的关系。这种不同是从第七卷的第十七章开始的。也就是说，在第十七章之前，有一种关于形式和质料的关系，而在第十七章和第八、九卷之间，也有一种形式和质料的关系，并且有着不同的理解。我在讲课大纲中的（3）给大家列出了五点不同，稍后会一一展开来讲。

概括而言，在第七卷第十七章之前，质料就是质料，形式就是形式，不会和潜能/现实发生关系；但是到第十七章以后，质料/形式跟潜能/现实发生关系了。我们的哲学教科书通常说，亚里士多德的质料就是潜能，形式就是现实，这种说法磨灭了其中的许多东西。

下面，我们专门讲讲形式/质料和潜能/现实是否关联所导致的五点不同。

第一，生成的方式，即个体是怎样产生的。在第十七章之前，具体地说，是在第七卷的第七、八章以及第十一章，亚里士多德认为，个体的生成就是把形式放到或引进到一堆质料里面，我把它叫作"嵌入模式"（embedding form），比如在 1034a6－7 亚里士多德说把苏格拉底的形式放到这样一堆肉里面，苏格拉底就产生了。如果形式是被生成的，那么每个被生成的东西又分为形式和质料，这不是很荒谬吗。

可是到了第八卷，就不能简单地把形式放到这堆质料里了，在某种程度上，它已经放不进来了。我们读一下第八卷的第四章。

> 当一个人研究什么是原因的时候，由于原因有几种含义，应该阐述所有可能的含义。例如，什么是这个人的质料因？就是月经。什么是这个人的运动因？就是精液。什么是这个人的形式因？就是它的本质。什么是他的最终因？就是他的目的。但是，或许后面二者是相同的。我们应该陈述的是那个最靠近的原因。究竟什么是人的质料因，不是火，也不是土，而是这个事物所特有的那个质料。（《形而上学》1044a34－1044b3）

这段话很管用。怎么管用呢？他在第七卷的第七章里讲，把苏格拉底的形式放到这堆骨头里，他就是苏格拉底，也就是把形式给引进来就行了。可是这个地方就不同了，事物的生成就成了一个由潜能到现实的内在发展的过程。它是一个形式指引着质料朝向目的的过程，也是形式的自我实现，而不是两种先在的要素相结合的结果。我们就有了一个"发展模式"。而最接近苏格拉底的那一点，才是他真正的质料因。

这段话可以用来讨论堕胎问题。堕胎最大的伦理问题是，到底什么时候胚胎才算作是一个人，是受孕的时候，还是受孕 30 天或者 60 天以后呢？如果不算，她可以堕胎；如果算，就不可以了。受孕 6 个月肯定就不行啦。到底哪个阶段的胚胎算作是人，最接近的那个质料因是什么啊，大家的观点完全不同。亚里士多德早就意识到这个问题了。只有精子算不算？如果要是精子都算的话，那么形成精子的东西算不算？如果形成精子的东西也算的话，那你吃进去含有瘦肉精的猪肉之类的东西算不算?① 这就可以无穷后退了啊。所以，什么时候才是一个潜能的人，这个问题就很麻烦。人的形成肯定有一个长长的过程，我们必须找到合适的那一点，而不能无限地后退下去。潜能和现实的关系对堕胎理论来说很重要，尽管这个问题还在争论。不过在很多应用伦理学的人看来，这个问题还是可以解决的。他们认为，如果只是一个潜能的人，不管怎样，它都不应该拥有一个现实的人才具有的权利和义务，只有当它成为一个现实的人之后，才能享用这些权利和义务。比如，在美国的中小学教育中，人们经常说，每一个人将来都可能是国家总统，可你总不能说我潜在地就是总统，所以我今天就可以搬进白宫呀。这肯定不行啊，还是要等到你成为现实的总统之后，你才可以住进白宫。所以潜能和现实的关系有很多种用法，就看你怎么用。

　　回到"那一点"的问题上。亚里士多德现在说，如果这些肌肉不是构成苏格拉底的最近的质料，那把苏格拉底的形式拉进来也没有用啊；再说，这个形式怎么会拉得进来呢，说不定它已经在那里面了。比如，小孩是一个成人的潜能，你总不能说小孩一开始就是

① 这里是讽刺那些为了牟利而给猪喂瘦肉精的人。

一堆肉，而形式是后边加进来的吧。加不进去啊，形式已经在里面了啊。这就是说，形式不是从外面加进去的，它是从里面慢慢发展出来的，慢慢得到实现的。所以，亚里士多德在第八、九卷讲人的生成的时候，不再是原来那种形式和质料的关系了。这是第一点不同。

第二，定义中的形式和质料。亚里士多德在第七卷里反反复复地强调，形式的定义绝对不能包括质料。形式之所以是第一本体，关键就在于它的定义可以独立于质料。而个别物就不能是第一本体，因为个别物的定义里一定得有形式，它不能独立于形式而被定义。而质料只能存在于个别物的定义中。由此看来，在第七卷里，形式和质料区分得很清楚。可是到第八、九卷突然就不一样了，形式和质料在定义里面再也分不开了。为什么呢？在第八卷第六章的结尾部分，亚里士多德却说最近的那个质料，也就是发展到最后的那个质料，不只是质料了，形式也在那里了。他进一步地说，最近的质料和形式其实是一个东西。

> 但是，正如已经说过的那样，最近的质料和形式是一个东西，只不过一个是从潜能来看，一个从现实来看。（《形而上学》1045b18）

比如说一个产妇，她 6 月 30 号要分娩了，6 月 29 号在她肚子里面的那个胚胎肯定就是人了，它就是最近的质料，只不过其形式和质料再也分不开了。这里的形式和质料的关系确实跟第七卷完全不同了。这里的形式和质料无非一个是潜能而另一个是现实，它们是一个东西，它们是等同的。那么它们的定义能够截然分开吗？是分不开的。这是第二点不同。

第三，形式本身是否具有质料。上面是关于形式和质料在定义里能不能区分的问题，而现在的问题是，形式和质料本身能否相区分。在第七卷里面，形式和质料本身可以区分得非常清楚，形式是先于质料的，而且形式自身不包含任何的质料，形式和质料的结合不过是偶然的。可是一旦潜能和现实被引了进来，质料和形式相分离就不太可能了。比如，你的手是形式还是质料呢？你说是质料。可这个手是动的啊，这个手是有功效的，是可以抓东西吃的，这个功能可不是质料啊。如果很不幸，有人把这手割下来扔了，从外形上看它还是一只手，可是已经不能动了，不能吃饭了，真的是一堆死肉了。可见要是把手的形式给抽出来，这个手就成为死手了。而一旦形式在它里面，这个手就是活的。这样的话，究竟哪个是形式，哪个是质料，我们就难以区分了。这是第三点不同。

第四，形式和复合体。在第七卷里面，形式和复合体是两个竞争者，它们要竞争哪一个才是第一本体。亚里士多德在第七卷的第三章里划分了形式、质料、复合体之后，立马就说质料可以抛掉不管，而复合体肯定也是在后的，所以只要研究形式就行了。那个时候，形式和复合体必须是完全分离的。在第七卷的第十、十一章，他反反复复地讲复合体不能是第一本体，因为复合体的定义不能和形式、质料相分离，在定义上没有在先性。

可是到了第八卷，他的口气就完全变了。我们看第八卷第三章的开头。

　　我们不要忘了，当一个名字在指称的时候，我们搞不清楚

它是一个复合体呢，还是指现实性或形式。(《形而上学》1043a29－30)

比如，当我们说"这个人"，我们可以指称的是灵与肉的复合体，也可以指的是他的灵魂。亚里士多德还说，连房子都是这样的。

但是这个问题，对另外一个研究是重要的，可是对我们现在这个研究就没有什么意义。(《形而上学》1043a30－b1)

这怎么可能呢，在第七卷里，亚里士多德花了那么大的力气想把形式与复合体区分开来，现在他却说这个研究没有意义了。因为当这个形式实现了，它就是一个复合体，就是一个个体啊。比如，一个人完全成熟了，他（她）就是一个完完整整的人，你就不能说这只是他（她）的形式成熟了，后面还有一个个体要出现，它们二者是一样的。再比如，这棵树长成了，它就是一棵树，它既是形式和质料的复合体，也是树的形式到了其实现的阶段，二者是同一个词，它们肯定是同时实现的。所以这个时候，一个名字所指称的是一个复合体还是形式，已经不具备太多意义了。

第五，本体的统一。人们通常认为，如果确定了传统的那个观点，即第七、八、九卷这三卷是一个统一体的话，那么第七卷的第十二章和第八卷的第六章所讨论的主题就是一样的，即都是在讲本体的统一。但是仔细品读你们就能发现，它们其实是不一样的。在第七卷的第十二章，他关心的是本体如何在定义上是统一的，而到了第八卷的第六章，他关心的是形式和质料怎么能够成为一个统一体。

　　你们看，根据形式/质料是否与潜能/现实相结合，就可以搞出两个不同的系统，就有以上五个方面的重大差别。这导致的结果呢，那就是必须要重新区分第七、八、九卷这三卷。也就是说，这三卷不可能是一个统一体。如果你把它们当作一个统一体，无穷无尽的麻烦就出现了。

（四）对第七、八、九卷的重新组合

　　为什么《形而上学》第七卷的每一句话都有那么多的争议？在我看来，就是因为许多学者在解读形式/质料关系的时候，经常迫不及待地就把潜能/现实先给补上去了。可是，如果亚里士多德在第七卷里根本就没有提过潜能和现实，而是想着怎么能够把每个成分都区分开来，那么他们就是跟亚里士多德自己所讨论的问题干上了，他们非要加进去亚里士多德自己都不想讨论、都不愿意加进去的东西，能不引起争议吗？所以，我们先要把亚里士多德自己想要讲的问题搞搞清楚，再读下去就要简单得多。

　　我要把第七、八、九卷这三卷分成两半，在我看来，它们并不是一个统一体。具体而言，第七卷的第三章到第十六章是第一组。这一组里的形式/质料是不跟潜能/现实发生关系的。它所研究的主要问题是形式、质料、复合体这三者之中，哪一个才是第一本体。所以，在这里重要的不是怎么将它们放在一起，而是如何将它们分开。第七卷的第十七章到第八、九卷是第二组。在这一组里，亚里士多德研究的中心问题是形式/质料如何跟潜能/现实绑在一起，即潜能是怎么实现的。

比如，你的肉、骨头是怎么变成你的？你说你是喝了很多三聚氰胺奶粉①，于是就变成了你。其实不是这样的。你仔细想想你的成长过程，从1岁到25岁，不管你吃的什么东西②，你的骨头会越来越大，重量也会越来越增加。就是那些吃糠咽菜的人，也照样呼呼地长，说不定比你长得还结实呢。可是，真正让你变成你的不是你的骨头，也不是你的肉，而是你的另外一个东西。在你的另外一个东西的成长过程中，你的肉啊、骨头啊也一并跟着长。那么，你的另外一个东西是什么呢？就是你作为人的那个形式。你的形式已经决定了你可以成长，这跟你吃的什么东西或者处于什么样的环境没有什么关系（当然是人能够居住的环境）。再比如，一粒种子发芽了，过一段时间，长成了一棵小树，再过几年，长成了大树。那到底什么东西在长啊，是树的枝干还是树的形式？从树和其自身的关系来看，它是从潜在的一棵杨树变成了现实的一棵杨树。这不只是指它的枝干长高了，而是树本身的形式体现出来了，长到了它应该有的那个样子。所以，你在同样的院子、同样的土壤里种上杨树、柏树以及其他的树，它们长出来就是不一样的树。这是由种子里面的形式决定的。树的成长其实就是树的形式从潜能里面嗖嗖地实现了。当然，在这个过程中，质料肯定也在长，可真正要长的还是那个形式，是形式自身从潜能变成了现实。再比如侏儒吧，即便他的骨头因为某种原因而停止成长了，但他这个人也成熟了。我们不能只是根据他的骨头或肉来判断其成熟程度，而是要根据他的

---

① 暗讽2008年的三聚氰胺毒奶粉事件。
② 当然是人可以食用的。

形式。

　　实际上，真正的潜能不是质料。潜能肯定在质料之中，但它不是质料。真正的潜能是形式本身，是形式本身从潜能变成了现实，尽管在这个过程中质料也在成长。所以四因说里，质料是一个因，其他的三个，即目的因、动力因、形式因，它们是一个东西。

三、亚里士多德的两条路径：范畴的 being 和潜能/现实的 being

　　如果我们能做这样一种区分的话，那么亚里士多德的《形而上学》就是要处理两类的问题：一类是对实在的基本成分和结构的研究，一类是对变化与运动的研究。第七卷的第三章到第十六章处理的是结构的问题，就是哪个 being 更现实、更根本、最使得一个事情成为一个事情。而第七卷第十七章到第八、九卷处理的是变化和变动的问题，他要讨论潜能是怎么实现的，是什么东西在背后支撑着它的。你们不要小看亚里士多德的形式理论，我们现在的基因理论、DNA 结构就是亚里士多德所说的形式。这些东西亚里士多德早就提到过了。《形而上学》的第七、八、九卷确实很重要，它们在处理两个不同的问题。这两个问题肯定是联系的，可侧重点毕竟是不同的。

　　你们还记得吗，亚里士多德刚开始讨论 being 的时候，就说有四类的 being：一类是范畴的 being，一类是潜能/现实的 being，一类是真/假的 being，一类是偶性的 being。对于真/假的 being，亚里士多德很简单地处理了，而偶性的 being 他说不需要讨论，真正要讨论的就是范畴的 being 以及潜能/现实的 being。这两组 being 在第七、八、九卷这些中心卷里就得到了反映。

总之，亚里士多德的《形而上学》有两类探讨问题的方式：一类是范畴的 being，一类是潜能/现实的 being。对这两类 being 的探讨有着不同的层次，我在讲课大纲里做了三个层次的概括：

第一，对范畴的 being 的研究是关于现实的基本成分的研究，而对潜能/现实的 being 的研究是关于运动过程和功能的研究，二者的分工不同。

第二，对形式和质料联系的研究。前一种研究是把形式/质料当作范畴的 being 来研究，所讨论的不是它们之间是怎么变动的或联系的，而是它们之中哪一个更为根本，这个时候它们跟潜能/现实是不相联系的；而后一种研究是把质料/形式当作潜能/现实的 being 来研究的，这个时候形式/质料和潜能/现实就交涉在一起，变得很复杂了。

第三，第七卷的第三章到第十六章，属于范畴的 being 的研究，而第十七章加上第八卷、第九卷，属于对潜能/现实的 being 的研究。

这两类区分有一个好处，你在研读第七卷的时候，千万不要把潜能和现实带进去。一旦你带了进去，就会引发各种各样的争议。潜能和现实的联系本身也很复杂，具体情况我们下节课会讲，这里先指出一点，根据我们的划分，第八卷应该已经在研究潜能和现实了。可是，虽然第八、九卷都是研究潜能和现实的，但它们好像是老死不相往来：第八卷是在自己讲自己，好像第九卷根本不存在似的；而第九卷也是在自己讲自己，好像第八卷从来就没有写过似的。

我们翻到第九卷的开头，看看亚里士多德是怎么说的。

> 我们已经研究了第一意义上的 being，这个第一意义上的 being 是所有其他范畴都要参考，都要去指向的，所以它就是本体，本体就是第一范畴。由于本体的定义，其他的范畴才被说成 being 或存在，这些其他的范畴就如同是质、量，等等。在质、量这些定义里面一定会包含本体的定义，就如同在我们的讨论开始时所说过的。（《形而上学》1045b27-32）

谈论的开始当然指的是第七卷。上面这段话引起了很多争议。我们接着看。

> 这个 being 在一定意义上分成各种范畴，比如个别事物、质啊、量啊。而在另外一种意义上它就会分成潜能、现实和功能。现在就让我们来讨论潜能和现实。（《形而上学》1045b32-35）

这段话说得很清楚，在此以前，亚里士多德并没有讨论过潜能和现实。我们知道，在第七卷，亚里士多德确实没有讨论潜能和现实。可这中间还有一个第八卷呢，在第八卷，亚里士多德可是从头到脚都在讨论潜能和现实啊。所以你们看，第九卷就是在自言自语，好像它的前面根本没有第八卷似的。于是人们就会这样想，或许这段话不是亚里士多德自己说的，而是某个编者要把第九卷放在这里，觉得应该交代一下它与前面的关系，所以就写了这么一段话。但是不管怎么说，这段话使得第八卷、第九卷好像是没有关联的两个卷次了。人们由此也可以看出《形而上学》就是一部被拼凑起来的书。

我们只能这样理解，虽然第八卷、第九卷都在讲潜能和现实，但第八卷显然要在第九卷的后面。因为在第八卷里，潜能和现实的概念已经很清楚了，亚里士多德是可以直接说的；而在第九卷，他却要老老实实地讲我们所讨论的潜能是什么含义，显得更像是一个初步性的工作。

这里暂停一下，我们可以讨论一下，看看你们有什么问题①。

问：种子是不是质料？

答：种子也是形式/质料的复合体，既不是纯形式的，也不是纯质料的。

问：潜能在成长的过程中有没有时间概念？

答：肯定有啊。各个复合体，比如人和树的实现过程是不同的，但肯定需要一个过程的。

问：潜能是怎么转化成种子的？

答：这就是刚才我们所讲的问题，即什么时候人作为人的这个点出现了，你是无穷后退下去呢，还是认为有一点就能够确定人就是人。

问：要是有那么一点的话，是不是就没有了时间概念？

---

① 以下是师生之间的对话，学生问，老师答。

答：那还是需要时间吧。从进化论的角度来讲，就是经过漫长进化的过程，那一点就出现了。当然，你要是不相信进化论，也不相信亚里士多德，你觉得是神创造那一点，就是另外一个事情了。进化论确实有很多漏洞，to be 也有它的根据，依据 to be 论，那一点，那个形式就在那里了。但不管怎么说，你总得找到那一点吧。

问：如果形式/质料与潜能/现实纠缠在一起的话，似乎就颠覆了他以前的说法。也就是说，我们永远无法区分开形式和质料，它们似乎只是一个纯概念的东西。

答：是。如果我们讲一个事情是怎么起作用的（function），亚里士多德说我们就是没法区分开它们啊。他不是还有另外的一条路径，就是从抽象的意义上区分开形式与质料。

问：这两条路径很难同时成立，如果用这一种视角，另一种似乎就是不可理解的。

答：对啊，这就是亚里士多德《形而上学》总是让人们思考的原因。你马上会看到还有更多的不同，其中很多还关系到我们对中西方哲学的认识问题。比如，我们整天说西方哲学讲求清晰的概念和定义，但亚里士多德却说潜能和现实就是没法定义的。可是在讲范畴的时候，他却翻来覆去地强调定义。那他到底是个什么样的哲学家？你可以说他在一方面是一位顶端的分析哲学家，可在另一方面，他又不是。

问：亚里士多德是不是一个有逻辑的人？

答：你说的哪种逻辑？逻辑有很多种啊，是形式逻辑，还是他的类推性逻辑？类推也是一种逻辑啊。他有各种逻辑方式，就是说他有各种理性思维的方式，只不过在每条路径上是不一样的。人们经常说西方哲学如何地与中国哲学不同，或许他们对西方哲学根本就没有搞懂。亚里士多德也知道有些事情是说不清楚的，但只要能够说明它们是怎么起作用的，怎么运作的，就可以了。人们经常说中国哲学的独特思维是讲求整体性的，这当然是不错的，可亚里士多德也是要整体的。可是除了整体，你半夜醒来还可以琢磨琢磨单个的怎么办呀？我们不能满足于一种方式，另外一种方式还是存在的，它不会消失掉。比如有一天你想专门讨论整体性，有一天你突然不想不讨论整体性了，而是想讨论每个成分，对它们进行分析，是不是也可以呢。就算你整天吃肉，有一天突然你想吃菜了，这样也可以啊。你不能老是说一种思维很好，而是什么都要去尝试一下。亚里士多德就是这样一个哲学家。这个他要琢磨琢磨，那个他也要琢磨琢磨。哪怕最后哪一个他都没有完全说得很清楚。可是思维本来就是有极限的啊，我们的脑袋说不定就只能想这么多。我们与其老是说亚里士多德讲不清楚，还不如想想怎么能够将它向前推动一点点呢？那些想得很辛苦的人，你整天去骂他，可你自己怎么不去想。人家想出来了你去骂他，当然容易了。

问：我们来想刚才那两个问题的出发点，我觉得第一条路径，就是在对实在的基本结构的分析中，他似乎是从技艺类产品出发的，比如如何做一张床、一张桌子等加工物，这个时候从经验直观上我们知道什么是形式、什么是质料。但是后一条路径是从生物生长的方式来类比的，形式和质料就无法区分开。我想知道，亚里士多德的内心深处到底更倾向于哪条路径？毕竟他作为一个哲学家，想没想着用更大的一个框架来说明这些问题？

答：我们在最后一章要讲《形而上学》的统一性问题。亚里士多德自己是知道这个问题的。他想要把这两种方法统一起来。但是，想要统一是一码事，统一的方案是不是成功、能不能说服别人则是另外一码事。我们在读他的书，他的书是古书，而我们是在做哲学。那哲学怎么才能做得下去啊？不就是要沿着前人的路子，在他们停下来的地方继续思考吗？如果有一天你往下想了，比他前进一步，那你就了不起了。

四、自然与目的论

接下来，我们讨论《物理学》的第二卷。因为所有这些问题都和他的自然概念相关。

当我们把《形而上学》第七、八、九卷这三卷看作一组的时候，还需要加入《物理学》的第一、二卷。实际上，亚里士多德对形而上学研究的第二条路径就是他在《物理学》中的一种途径。在第七卷，亚里士多德翻来覆去讲他只是在抽象地、语言性地讲问题，而到了第八、九卷，他却要讨论一个事物是怎样起作用的。这样一来，亚里士多德所谓形而上学与物理学的区分就被打破了。在第八卷，亚里士多德说潜能和现实在别的地方已经讨论过了。这个别的地方不是指第八卷，而是指《物理学》。

从下面这段话，你们就能够看出，《形而上学》第八卷的第二章是接着《物理学》讲的。

> 无条件的生成与一个有限制意义上的生成之间的区分，在物理学中已经阐述过了。（《形而上学》1042b8）

现在我们回头去看亚里士多德在《物理学》中所讲的自然，只有这样才能进一步地明白他的潜能和现实学说。

我在讲课大纲上列出了《物理学》第二卷的基本内容。《物理学》第二卷总共有九章。第一、二章，讲的是自然和技艺的区分。亚里士多德说自然有两类：一类是形式，一类是质料。第三章和第七章可以归在一起，讲的是原因。这是四因说的真正出处。第四、五、六章这三章，讲的是偶性和自发性。第八、九章，讲的是目的论和必然性。但目的论和必然性在《物理学》第二卷只是初步涉及，更多的内容是在《论动物的生成》《论动物的部分》等著作里面。以上是《物理学》第二卷的大致内容。

亚里士多德研究动植物花了大量的时间。我们都不知道他是怎么完成研究的。一开始我就说过，传说在亚历山大东征时，每到一个地方就会搜集各种稀奇古怪的动物、植物，并用快马送给亚里士多德。可他们的师徒关系并不好。亚历山大大帝把亚里士多德的亲侄儿都砍掉了，亚里士多德对他很气愤。所以这是不太可能的。可是如果没有这些条件，亚里士多德又是怎么研究这么多东西的？那个时候又没有什么国家项目，也没有什么职业证书，什么都没有，可他愣是写出了这么多的书。政治学、动物学都是他一手建立起来的。他在讲动物学、生物学等学科的时候，并不只是讲具体的科学知识，还经常有大量方法论方面的论述。这些方法论方面的论述常常是他的哲学内容。我们先了解一些他的目的论、必然性。而要完整地掌握他的目的论，这些著作，比如《论动物的生成》《论动物的部分》《论灵魂》《气象学》《论天》等等，都非常重要。我们说亚里士多德哲学是具有系统性的，并不是说它是从几条原则推出一个体系的，而是指它用同一个概念框架，比如形式/质料、潜能/现实等等，来解释所有的事物。它们只是一个概念框架。亚里士多德觉得它们太好用了，什么东西都可以用它们来解释。这就使得他的研究有一种独特标志，你一看就能知道这是亚里士多德的东西。

我要分三部分来讲：第一，讲自然这个概念；第二，讲原因这个概念；第三，讲目的论和必然性。

（一）自然

我们先从第一章的"自然"开始。如何理解中文中的"自然"很麻烦，它的意思并非只有一个，而是经常变动的。比如我们讲大自然，那是指整个宇宙。我们也说某个人的自然、某种东西的自然，似乎就是指这个人或事物的本性。所以在翻译英文时，如果遇到个体的"自然"，就将其译作"本性"，而遇到宇宙的"自然"，就将其译作自然。但是，当我们在超市购买东西时，发现超市里有自然产品、有机产品，这里的"自然"就是指没有加农药，没有加添加剂的东西。这里的"自然"又不是指产品的本性了。这是不是很麻烦？下次你们去超市买东西，就好好研究研究自然是什么东西。更为麻烦的是，"本性"又被译作"本体"。本体也就罢了，翻译家们把"本质"都给搬出来了。但实际上，本性、本体、本质它们在西方哲学里绝对不是性与质。早期中国的翻译家们在中西哲学交流方面确实做了很多的贡献，但他们对于同一单词的不同译法，也给我们造成了许多的麻烦。这些麻烦到现在还无法厘清，因为大家已经习惯了这些翻译。说一个事物自身的"自然"（nature），好像有点莫名其妙，听着都别扭，而说一个事物自身的"本性"，你觉得就很顺口。可问题是，自然就是本性啊。为什么同样一个概念，在描述不同事物时为何把它给改了呢？如果不改的话，说不定我们理解西方哲学就更容易一些。

亚里士多德所说的"自然"不是指大自然，恰恰就是每一个事物自身的自然，就是事物自身的本性。如果不好理解，就去找它的对立面，即技艺（art）。自然的东西肯定不是人造物。

在《物理学》的 192b10，亚里士多德说，有的事情是出于自然而存在的，比如水、火、土、气等，而有些东西不是。

> 以上所提到的那些东西（水、火、土、气）显然跟那些不是由自然构成的东西是不同的。因为它们中的每一个自身内部有着运动与静止的源泉（或原则）。（《物理学》192b12-15）

如果你是一个自然物，你自身就有一个生长运动的原则。如果你内部没有这个生长、生存的原则的话，那么你就不是一个自然物。比如这张桌子，它肯定不会生长，它就不是一个自然物。山大校园里有些楼，30 年前它们就在这里了，它们也不会生长，只会坏掉。但是你看那些树，原来是小树，现在长成了大树，它们就是自然物，它们在长。这个长呢，不是我们说了算的。我们可以把树砍掉，但阻止不了它的生长。你说我不浇水它不就不长了吗，但这只是它生长所需要的外在条件。你给桌子浇水它也不能长。你把不同的树木比如橡树、柏树、梨树、桃树等等，放一起，浇同样的水，施同样的肥，但它们长出来的就是不一样。就算你是特别辛勤、特别用心的园丁，也不能把一棵橡树变成一棵梨树。每棵树都有它自己生长的原则或者自然。而像一张床、一件衣服以及其他这样的东西，它们就不是自然物。为什么呢？亚里士多德说，因为它们没有内在变化的动力或者原因（innate impulse to change）。它们就是人造物。

> 由此表明，自然是其所属的事物因其自身而非偶性就有的一个原则或者原因，这个原因可以让它自己运动与静止。（《物理学》192b22-24）

在亚里士多德看来，自然物本身就有一个原则或者原因，这个原则可以让它自己生长，让它自己停止生长。这就是自然的原则。我们经常说，艺术要模仿自然。这就是要求我们去参悟自然是怎么生长的，然后创作出一个艺术来。我们往往一听到人工的东西，就感觉它不怎么好，更愿意要原生态的、自然的。但人造的东西也有好处啊。因为它不仅可以模仿自然物，还可以完成（complete）自然的属性。你们能想出属于这种情形的几个例子吗？

这样的例子有很多，我们只列举一个。比如亚里士多德在《尼各马可伦理学》中讲，我们出于自然或本性都具有发展美德的根基。但是这个发展美德的根基要通过习惯来完善。

> 自然赋予我们接受美德的本性，而这种本性则需要通过习

惯来完成。(《尼各马可伦理学》1103a23-24)

每个人生下来都是一样的，可以变好也可以变坏，恰恰是习惯决定了我们是变成一个恶人还是一个好人。但习惯的养成首先需要一个自然基础。这就是人的情感和欲望可以接受理性的命令或指导。这种接受能力就是人的自然，它像事物内部运动的原则一样。你去跟老虎谈判肯定不会成功，它不会理你的。你跟小孩说他太胖了应该少吃两块肉，说不定他会听你的，这就说明他们的自然不同。小孩子有接受教育的自然在里面，老虎就没有啊。这个自然怎么才能实现呢？就是培育的功夫。人类社会规定你这么做就是一个好人，不这么做就是一个恶人。伦理不是一个自然的东西，而是一个应然的东西。而人工的东西要把人变成一个什么样的人，需要有他的自然基础。

但这里会有一个哲学问题。比如，一个东西有它的自身自然，可是我们通过基因改造啊，让它偏离自己的发展轨道来为我们服务。那我们究竟是在完成它的自然，还是在摧毁它的自然呢？再比如，鹅肝是一种很贵的菜，为了让鹅肝长得更大，多赚钱，很多养鹅的人就给鹅打一种针，让鹅长得不大，而鹅肝却可以长得很大，你们说这叫完成自然吗？这显然不对啊！因为鹅自身是不需要那么大的肝的，只不过因为人们喜欢吃鹅肝，就用人工干预使它长得更大。再比如种植苹果树，人们都想让它长出又大又多的苹果，就给它各种干预，然而苹果树自身其实是不用长这么多苹果的。所以我们需要考虑自然（nature）与培育（nurture）的关系。你们看现在我们的中学生都很苦，学校与家庭都在拼命地管，拼命地培育，拼命地"鸡娃"①，想把他们都培育成名牌大学的大学生。那我们到底是在培育一个人啊，还是在培育一个大学生啊？这二者好像是不一样的。

所以要完成自然的话，就要先确定自然得以实现的时候是什么样子。当它自己实现不了，你就帮它去实现。比如一个人生来就是斗鸡眼，这里没有歧视残疾人的意思啊，现在眼科的医疗技术很发达，可以将他的眼睛矫正好，不再是斗鸡眼，就叫作完成自然了。同样，人一生下来就应该是耳聪目明，如果一个人天生是色盲、聋子或者眼睛看不见，这叫有生理缺陷，通过医学手术矫正，这也就叫作完成自然②。

问：可是如果这么说，那人的本性就是约定的。你想啊，如果我们都是斗鸡眼，而有一个人不是斗鸡眼，那我们就要给这个不是斗鸡眼的人矫正了。

答：不是这样的。自然不能是约定的，而是科学研究的对象，属于科学知识。比如这里的人，除了其中的一个，其他的人由于喝了某种水或者其他的原因都是斗鸡眼，你要去纠正那个人就不对了。如果经过科学研究或科学知识确定了人应该就是斗鸡眼，那就是自然的。但是，斗鸡眼对于正常的人是不自然的，所以就得纠正纠正。

问：比如我们说植物的成长需要水、阳光等等。如果得不到这

---

① 网络流行词，指的是父母为了孩子考出好成绩，不顾孩子的成长规律，不断地给孩子安排学习和活动，不停地让孩子去拼搏的行为。

② 以下是师生问答环节。

些东西，我们就说它不自然了？（学生）

答：不是它不自然了，是它的自然没有得到实现。

问：那么是先有自然，后有约定的？

答：应该是这样的。比如说一个人长得很瘦小，这是营养不良。我们就说他没有发育好，没有发育成熟，是有缺陷的。再比如说，我们可以说这棵树长得很好，这不是道德评价上的好，而是指这棵树实现了其自身的自然，好人、恶人都得说它是棵好树。亚里士多德的伦理学其实也是这样的。一个好人，不是张三、李四或者全村的人都说他好，他就是好人了，而是要看他有没有实现人的自然目标。只要实现了人的自然目标，就是一个好人。这个"好"是从人的自然来看的，是就他是否实现了他的潜能而言的，或许他并不是一个道德意义上的好人，所以事情突然就很复杂了。也就是说，作为一个道德术语的"好"和作为一个用来描述现实状态的"好"是不一样的。很多实现了潜能的人，说不定在道德上是罪大恶极的人呢。我经常用的一个例子是高更，他是一个艺术家，法国后印象派画家。他有老婆，还有 4 个孩子，他养活不了这个家，就跑了。在伦理道德上，我们说他没有尽到自己的职责，是不负责任的。可我们敢说高更这个人不好吗？人家可是一代艺术大师，在他面前，你我又算得了什么呢。你说他的生命没有意义吗？很有意义。你说他生命不重要吗？很重要。你说他道德吗？他不道德。可见，评价一个事物，你是按社会要求还是按它的本性来评价，很可以完全不同。

问：咱们中国人讲天理，将应然之则作为当然之本，这也很自然啊。

答："自然"不能是由某个人或者某个学派来断定的，而是需要去研究的。按照亚里士多德的说法，自然是一个事物自身能生长的东西，而中国传统哲学的天理并不是事物自身的原则。孔夫子硬说儒家的那套伦理是天道，你叫天理也可以。但凭什么啊，是科学证明的，还是自然界就这么生长的？这不过是他的一种论断而已。而老子就说："天地不仁，以万物为刍狗。"老子根本就不承认孔夫子所说的那个天理，他觉得他说的那个才是天理呢。

问：但是老子所说的那个天理也不是科学知识啊。

答：但天理可以去研究啊，只是他们不愿意去研究罢了。王阳明倒是想研究的，所以他去格竹子。可问题是他那种研究方式不对。亚里士多德既然讲天理，就要去琢磨琢磨那个天理是个什么东西，所以他的态度比较好一点。

我们接着往下讲。如果自然是事物的内在的动和静的根基，那什么是自然呢，也就是什么是事物内部动和静的原因呢？亚里士多德说有两个：一个是质料，一个是形式。你看，他又回到质料与形式了吧。一个事物本身是由质料和形式组成的，那么事物内部的动因要么是质料，要么是形式，要么是二者都在起作用。对于很多自然物来说，是质料在让它们动。比如石头，由于质料的原因它肯定往下走，不会往上飞；火，由于它本身的自然，肯定往上走，不会往下走。你想办法让它往下走，只能去扭曲它的自然，这当然是另外一回事了。你要让它自然而然地发展，它肯定是往上的。亚里士多德认为，以前的哲学家都认为质料是动因，而他认为自然才更是动因。也就是说，有两种自然：一是质料性自然（material nature），二是形式性自然（formal nature）。亚里士多德就问，如果做科学研究的话，我们应该要更加关注哪一种自然，或者说哪一种自然才更加是自然，才是真正的自然？他的结论是，形式才是真正的自然。

为什么呢？他说了两个原因，就是《物理学》第一节的最后那几段。

> 形式比质料更加合适作为自然，因为一个已经实际存在的事物要比它只是潜在存在着时被说成是该事物更加合适。（《物理学》193b8-10）

亚里士多德说，形式而非质料才是自然。质料只是潜能的东西，形式是现实的东西，而现实的东西更像是自然的东西。这是他的第一个论证。

> 再者，是生成意义上的自然向着自然前进。因为它不像是治病，治病不是导向治疗技术而是导向健康。治病必须从治疗技术开始，而不是导向治疗技术。但是自然与自然的关系并不是这样的。作为生长事物的生长是从某种事物生长成另外的某种事物。（《物理学》193b13-18）

这里要讲一下"自然"的词源。"自然"的古希腊文是 φύω，其原义就是生长（growth）。从这个词得出来 φυσις（phusis），然后变成 physis。我们通常所说的物理学就是对自然的研究。亚里士多德说，生长的东西都是要生长到某一个目的（它要长成的那个东西），而不会生长回去（长出它的那个事物）。生长到的那个目的才是真正的自然。生长所导向的那个目的是什么呢？就是自然，就是形式。这是他的第二个论证。

第二章，他讲了自然哲学和第一哲学的关系，这些你们可以自己下去阅读。

（二）原因：形式因和质料因

现在我们要进入第二个大问题，就是原因。我们已经知道，《形而上学》第七卷第十七章讲本体是原因，并说原因就是回答为什么的问题。原因一共有四个，而形式因、目的因与动力因可以归结为一个。但只有在《物理学》第二卷的第三章和第七章，这些问题才得以展开论述。

我们先看《物理学》第二卷的第三章。

> 在区分了自然与艺术的差别之后，我们要进一步地讨论原因、它们的性质和数量。知识是我们探究的目标。人们不会认为他们自己知道了一件事情，除非他们把握了这件事情的"为什么"，即把握了它最初的原因。那么显然，我们必须研究生成、毁灭以及各种自然变化。在研究这些问题的时候，我们也必须要把握"为什么"，必须把握原因，以便解决每一个问题。（《物理学》193b16-23）

接着，他说原因一共有四个，在《物理学》的 193b24-33。

> 在某种意义上，那个事物由之产生并留存在事物之中的东西，被称作原因。

比如，铜是雕像的原因，是质料因。

> 在另一种意义上，形式或原型，即本质的定义以及它们的种。

这个也叫作原因，就是形式因。

> 再一个就是变化或静止的最初的源泉。

这个是动力因。

> 最后一个原因，在目的的意义上或者做这件事是为了什么。（《物理学》193b16-23）

这个是目的因。比如你为什么要散步，亚里士多德说，你是为了健康。同样，你为什么要选这门课？在座的只有 11 个学生是为了获得学分，而其他不要这个学分的学生真的是为了一种知识，对不对？

接着亚里士多德讲了其他的各种变种，我们先不管这些。第四、五、六章是讲偶性、自发性这些东西。

而第七章非常重要，我们要一句一句地念：

> 我们已经清楚了有原因，它们的数量就是我们已经陈述的四个。

> 能问多少个"为什么"的问题，就有多少个原因。

> "为什么"要么在不涉及运动的事物中，例如数学，指的是"是什么"（直线或可约数等等的定义）；要么指的是引起运动的东西，例如他们为什么要去打仗？——因为他们被别人攻击了；要么是我们所询问的为什么——为了统治；要么用在产

生的事物中，指的是质料。(《物理学》198a14-22)

亚里士多德认为，最终有四个"为什么"的问题，那就有四大原因。

　　一个研究自然的哲学家就应该知道所有的这些原因，他通过参照它们来解答那个领域所有的问题。(《物理学》198a23-24)

比如，你们说你在研究自然，是个科学家，那你到底在干什么啊？你说你是为了得到知识。那人家又问，知识是什么意思啊？亚里士多德说，知识就是你能够回答"为什么"。比如我们不懂的问题，就去请教专家，专家就能给我们提供"为什么"的知识。在亚里士多德看来，"为什么"的知识有四种类型：形式、质料、运动和目的。

　　形式因、动力因和目的因经常合三为一。(《物理学》198a25-26)

我们已经知道，有一个形式因，有一个目的因，有一个动力因，有一个质料因。现在亚里士多德说，形式因、动力因和目的因经常是重叠的，可以把它们统一叫作形式因。在事物的不同阶段，形式因有时作为动力因，有时作为目的因，有时作为形式因本身。你们看，在讲事物本身的时候，亚里士多德将它分作形式与质料。在讲变化时，他从中得出了形式/质料这两个成分。在讲自然时，他说自然有形式与质料这两个自然。你最终不是要研究自然吗，到头来你研究的则是两类原因，就是形式因和质料因。在讲原因时，说了半天，还是形式因和质料因。可见，形式和质料在亚里士多德那里有多重要。从变化的角度、自然的角度、原因的角度、主体的角度、复合物的角度统统可以讲，对不对？也就是说，形式和质料有很多不同的方面，它们构成了一个非常复杂的关系。

你可以进一步地问，我要研究形式因，那我研究什么啊？要么把形式因作为动力因来研究，要么把形式因作为第一本质来研究，要么把形式因作为目的因来研究。由于形式因和目的因是一致的，所以在研究形式因的时候，实际上就是在研究目的因。那么最后的结果呢？就是要找出来这个事物最终要变成的是什么。只要找到事物最后所要实现或者成熟状态的样子，你就可以回过头来解释事物在这个过程中的发展状态。所以研究自然，首先就是研究事物最终要达到的那个目的。telos，这是希腊文的目的，而 teleology 就是目的论了。所以，研究一个事物形式，就是要研究它的目的。

亚里士多德的这段理论有什么意义？我在后面列出了亚里士多德与现代科学的关系。在近代科学发展的很长一段时间内，亚里士多德是不吃香的。我们都知道伽利略的故事，传说他到比萨斜塔去做落体运动来批判亚里士多德物理学的错误。亚里士多德真的错了吗？30 年河东，30 年河西啊，现在亚里士多德又回来了，人们突然发现，捣鼓了半天，亚里士多德讲的那个形式就是现在人们所说的 DNA 结构。现代生物学认为，只要找到事物的 DNA 结构，就能解释整个事物。一开始我在介绍亚里士多德《形而上学》在当代的发展时说过，亚里士多德的生物哲学现在非常吃香。但是，在近代哲学领域为什么大家对他这么不客气呢，像牛顿、伽利略他们都认为亚里士多德是科学进步的最大障碍？

　　因为近代科学研究的是质料，它的标本或模型是物理学，而 21 世纪科学的标本或范式是生物学。也就是，科学的范式换掉了，这个范式一换，亚里士多德就回来了。伽利略、牛顿那些人捣鼓的是物理学，但并不是亚里士多德的物理学，而是他们自己所理解的以质料为中心的物理学；而亚里士多德的整套科学不是研究质料的，他认为质料是从属于形式的，所以那个时候人们就大批特批亚里士多德。因此，当大家觉得某个东西大错特错、很荒唐的时候，一定要小心一点。所谓的荒诞（absurd），无非就是放错了地方。而换了一个地方，说不定就对了。当人们说亚里士多德的学说很荒诞的时候，只不过觉得物理学应该研究的是质料，可以把形式放下来不管。一旦科学的中心转到了形式，亚里士多德肯定就吃香的。这才是二者的主要差别。现在最有前途的科学就是生物科学，也就是说亚里士多德的学说还是很有未来的。

　　这里的问题是，每个事物都可以分成形式和质料。也就是说，形式和质料构成了一个组合物，或者事物是由形式和质料这两个部分组合而成的。但是你会觉得特别别扭，形式怎么会是一个事物的部分？可是，如果不用部分（part）这一术语，你用什么来表述形式/质料在一个事物里面的地位？比如，我们经常说人是由灵魂和肉体组成的，那灵魂和肉体是你的两个部分吗？你的灵魂在哪里啊？你是找不着它的，它不是一个部分。灵魂是让你的肉体组成一个有机体的原因。那不用部分用什么呢？现在说方面（aspect）。可质料好像并不是你的某个方面，它可是你的实在。灵魂和肉体它们究竟是两个方面，还是两个部分，还是两个成分（constitutes）？亚里士多德用"部分"一词造成了很多的误解。可今天我们也没有好的术语来表述它们。

也许有人会问，灵魂和肉体或者形式和质料只是事物的两个部分，而原因却有四个啊，它们如何能够统一呢？我们已经知道，两个与四个是从不同的角度而言的：就事物的构成来说，是形式和质料；就对事物承担责任的因素来说，是四个原因，只不过其中的三因可以归结为一因，可以用同一个东西来讲，归来归去又归到形式和质料。比如，松树的种子里面就有着松树的 DNA，它规定着这棵松树该怎么长。你说它的 DNA 什么时候作为动力因、什么时候作为形式因、什么时候作为目的因啊？在松树的成长过程中，形式本身作为动力因，让松树能够自己长，还规定了它会长成什么样子。而目的因肯定在最后，无非就是形式因的最后显现。所以形式因、目的因、动力因，说来说去是一样的。有人说园丁是它的动力因。但园丁只是松树成长的一个必要条件，不是它的动力因。这样看来，亚里士多德说的还是蛮有道理的。

另一个问题就是什么是最后的原因，即终结因？目的因不是事物最后的状态，而是事物最好的状态，是事物本性完全得以实现的一种状态。就像我们说人有一个鼎盛期，那个鼎盛期就是他最好的状态，过了鼎盛期，他就走下坡路了。从时间上看，我们最后的终点是死亡，你总不能将死亡作为我们的目的因吧，那就不对了。我们要活一把，就要活到实现人生最精彩的鼎盛时期。实现完了，人生就是走下坡路了，再活多少年都没什么意义了。所以孔夫子说：

"朝闻道，夕死可矣！"

（三）目的论和必然性

第三个大问题就是目的因和必然性。这在《物理学》第二卷的第八章和第九章。我刚才讲了目的因。他要我们把精力或注意力放在形式之上。亚里士多德也不想把质料完全抛弃，不过他说如果侧重于质料的话，就会发展出一种机械论的解释（mechanical explanation）。而如果注意力放在目的上呢，就会发展出一种目的论的解释（teleological explanation）。在亚里士多德看来，他之前的科学家或者自然哲学家统统侧重的是质料。而他认为，不能只是讲质料。

为什么不能只是讲质料呢？他讲了两个主要论证。我在提纲上列出来了：一个在第八章的 198b16，一个在第八章的 199a8。这两个论证既是批评机械论的解释，也是为目的论解释做辩护，说明目的论解释的有效性。

第一个论证，亚里士多德说，自然界中的很多事情都不是偶然发生，它们的发展是有规律性的。秋天过后肯定就是冬天，不能是夏天，对不对？下一年还会这样继续下去。所以，事物发展有规律的。而这个规律呢，机械论是解释不了的。第二个论证，亚里士多德说，所有的人造物都有一个目的，都有一个工匠或艺术家在那里创造。依此类推，自然的东西这么完美，肯定也有一个东西像工匠或艺术家那样照料着这个自然。这个工匠或艺术家不是神，而是自然内部的常规性，是自然内部的那个自然使得自然变成了这个样子。所以这个自然是活的。亚里士多德的目的论的口号是：大自然绝不做徒劳无功的事（nature does nothing in vain）。也就是说，自然界的所有东西都不是平白无故就在那里的，肯定是有一个目的因的。如果不能解释这个目的因，你就不能回答这个东西为什么在那里了，这是亚里士多德解释自然的方式。所以，就算亚里士多德的目的论是错的，可是他的动机很好啊。他不就是想用目的论来解释世界吗，后人为什么要把他批得体无完肤。他只不过是在探索一种哲学，批他没什么道理啊。在他看来，想要解释一个事物，就应该关心它的形式。就算是错了，这也不能算是一件坏事啊。

实际上，目的论有两类：一类是从时间上而言的，是指潜能如何变成了现实，即形式自身的现实化；一类是从结构上讲的，是指为什么自然物会产生这样的一种结构，即自然物有着一个中心部分，其他的部分是为这个中心部分服务的。在他看来，世界上各种自然物都是有一个等级结构的，而各个部分都要去解释整体的。比如，水、土、气、植物、动物、人等等有一个等级结构，在这个等级结构中，人是中心，植物、动物存在的目的就是让人吃的，为人提供食物的；而人里面，也有一个等级结构，男人是中心，奴隶、女人与孩子都为男人提供服务。对不住在座的女同学们了，这是亚里士多德的说法，我并不赞同。类似的论述在《论灵魂》里面最多，在《论动物的部分》里也有，你们可以自己下去琢磨。

在《物理学》第二卷的第九章 199b33，他提出"假设性的必然性"（hypothetical necessity）这一概念，用来解释质料在目的论中到底起着什么作用。亚里士多德认为，质料起着一种"假设性的必然性"的作用。如果某一事物要实现它的目的，就必须具备某种特定的质料，或者说某种特定的质料是必不可少的。比如，人不可能是钢铁做成的吧，也不可能是用木头做成的。不过随着科技的发展，逐渐有钢铁等材质来替代我们的器官。如果人的手、腿、躯体、脑袋等都是用钢铁造的，心脏用的是起搏器，亚里士多德这一学说就被修订了。不过现在它还没有到来。我也不知道会不会有那么一天。如果人真成了机器，或者机器成为人的话，那么人还可以说是理性动物吗？这个问题就交给你们去探索了。

所以说，如果一件事情要实现某个目的，它就必须具有某种特定的质料。按照这种理论，质料所起的作用就是假设性的必然性。这是他在第九章里所讲的问题。亚里士多德的目的论我讲得比较匆忙，但大致框架已经给你们列出来了。你们可以自己去读《物理学》的第二卷，《论动物的部分》第一卷的第一、五章以及第二卷，这些都是很有用的。

第八讲　潜能和现实

　　今天是星期五，下午我被抓差去给今年的毕业生讲话。我就回忆了我们那时候的山大和现在的山大有什么不一样。我总结了几点，其中一点就是，我们那个时候谈恋爱很不方便。我们党总支书记整天跟我们说，有没有发现阶级斗争的新苗头，78 级男生的"魔爪"有没有隔着 79 级伸到了 80 级？他还说他要斩断这些"魔爪"。当时我们住在 8 楼那个地方，那是我们入学时刚盖的楼，很高。它前面有两栋红楼，现在都被拆了。那时候也有很多男女学生谈恋爱。我们的辅导员，他是我们学校 77 级的留校生，为了阻止男生去找女生，就弄了一张行军床，放在通往女生宿舍的路口，晚上就躺在那里。想起来是不是很好笑啊。每天早晨五点半，我们要到操场上去跑步。冬天天亮得晚，宿舍里很黑，又不打灯，系书记会悄悄地溜进我们男生宿舍，来捉睡懒觉的学生。你要是躺在那里，他就打你屁股。那时候我们还有品德评语，分优、良、中、差四个等级。你一次早晨不出操，品德就降一等，四次不出操，品德就是差，这很恐怖，是不是。那时候还老是有集体劳动，你一次不参加，品德也要降一等。还有打扫卫生，你要是不参加，品德也要降一等。当时我们班有一个同学，吊儿郎当地不愿意参加集体劳动，也不愿意出操，一学期下来，缺了十几次，品德也就降了十几档，那是降到没有办法再降了，期末给了他一个评语，说他品德很差。他说我一没偷，二没抢，三没骗人，怎么品德就很差了呢？第二点不一样，就是那个时候没有计算机，没有个人电脑，现在个人电脑都快要过时了。山大有一台计算机，是数学系的，学校给它建了一个大房子，当宝贝似的供着。这台计算机大得不得了，有两个锅炉那么大。数学系书记周志仁当时给我们上微积分课，他组织我们去参观。进机房是要排队的，还要换上拖鞋，就像进核物理实验室一样。反正是要脱鞋的，我都忘了要不要穿蓝大褂之类的了。进去之后，绕着它转一圈，要半天的工夫。我们当时都不敢动那机器。周书记说摸摸它没事的，它不会咬人，你们还可以让它弹奏歌曲呢。我们班的马广海就用它弹奏了一首《东方红》。大家都很惊讶，这么一个庞然大物居然还能唱歌。

言归正传，现在我们回到亚里士多德的潜能/现实学说。现在与那时，不过是二三十年的时间，变化这么大。人类不知道还有多少潜能没有得到实现。你说再过20多年，我这个人存不存在还是个问题呢，那个时候世界又会变成什么样子？突然这么一想，是蛮恐怖的。你想啊，我们居住在这个地球上，地球是银河系中一个小小的点，而银河系又是整个宇宙中一个小小的点。这个宇宙又没有边，它的外面是什么啊，你想都想不出来，你想想都头疼。我们在这个无穷的宇宙里面是一个小小的点，比蚂蚁还要小。所以每个人还自以为很了不起，这是不是很狂妄的一件事情？

一、对范畴的 being 和潜能/现实的 being 的回顾

关于潜能和现实的讨论是在第八卷和第九卷这两卷，主要是第九卷，还有《论灵魂》的第二卷的第一章。我估计大家都忘了《论灵魂》的第二卷的第一章，所以想把它打印出来发给大家的，只是今天系里的人都去参加会议了，没有打印成。

我们在前面说过，亚里士多德的形而上学要讨论两方面的内容：一方面是关于世界的实在的结构，一方面是关于世界的运动。上一次你们的吴童立老师问怎么能够把这两个方面统一起来，这是我们最后一讲的内容，在整合之前，我们先要弄清这两方面各自的内容。

关于世界的实在的结构，就是亚里士多德的范畴理论以及范畴里面的本体、形式、本质之间的关系，这个我们已经花了几周的时间；另外一个就是关于世界的变化或运动的问题，这是他的潜能/现实理论所要处理的问题。这两种研究都在讲本体，都在讲形式/质料，可是一种研究是把本体作为一种范畴的存在，我们要研究的是本体里面的结构；另一种研究是把本体当作潜能和现实的存在，

我们要研究的不是本体里面的结构，而是要研究本体是怎么运作、怎么发展、怎么生成的。

亚里士多德确确实实有两类的 being。上次我们已经读过《形而上学》的第九卷第一章开头的那段话：

> 我们已经研究了第一意义上的 being，这个第一意义上的 being 是所有其他范畴都要参考，都要去指向的，所以它就是本体，本体就是第一范畴。由于本体的定义，其他的范畴才被说成 being 或存在，这些其他的范畴就如同是质、量，等等。在质、量这些定义里面一定会包含本体的定义，就如同在我们的讨论开始时所说过的。这个 being 在一定的意义上来说分成各种范畴，比如质啊、量啊。而在另外一种意义上它就会分成潜能、现实和功能。现在就让我们来讨论潜能和现实。（《形而上学》1045b27−35）

亚里士多德在这里说得很清楚了，范畴之 being 和潜能/现实之 being 确实是两种存在，并且需要两种不同的讨论，一种讨论实在，一种讨论运动。潜能/现实之 being 不是一种独立于 being 的 being。也就是说，世界是由 10 个范畴，包括本体、量、质等构成的，潜能和现实是另外的一种 being，但这种 being 不是独立于范畴之 being 的。所谓潜能和现实，要么是本体的潜能和现实，要么是量的潜能和现实，要么是质的潜能和现实，要么是地点的潜能和现实，有多少种范畴就有多少种潜能和现实。实际上，它是寄生于各个范畴的。这一点我在前面已经讲过了。

（一）范畴的 being 与潜能/现实的 being 的差别

尽管潜能和现实的 being 寄生于或依附于范畴的 being，它们之间还是有差别的。在一开始时我就提到它们至少有四种根本性的差别，我们简要回顾一下。

第一，与主谓项的关系。范畴的 being 与本质性的主谓项关系是相联系的。范畴是从主谓项关系推导出的最终谓项，一共有 10 个种类的主谓项关系，就有 10 个范畴。而潜能/现实则跟主谓项结构没有关系，人们必须说 "s 潜在地是 p" 或者 "p 潜在地是 s"。

第二，是否适用不矛盾律。不矛盾律可以用于范畴的 being，却不能用于潜能/现实的 being。不矛盾律规定，在同样的时间同样的方面相反的两个论述不同同时为真，但对于潜能/现实的 being 而言，我们则可以说同样的东西在潜能上可能是，在现实上则不是。

第三，程度上的要求。在讨论范畴的 being 时，亚里士多德说本体不应该有程度上的差别。而在讨论潜能/现实时，它们本身就是一个发展的程度或痕迹，有着程度上的差别。

第四，与定义的关系。要揭示任何范畴必须依靠定义，可潜能和现实是不能定义的。他是在什么地方讲潜能/实现不能被定义的呢？在第九卷的第六章的开头。

> 由于我们已经讨论了和运动相关的那一类潜能，现在让我们讨论来现实，什么是现实以及它是一种什么事物。在我们的

分析过程中，潜能也会变得清楚。我们不光是把潜能归属于那些在本性上要运动其他事物的东西，要么是以绝对的方式，要么是以某些特殊的方式，而且我们也在另外一种意义上使用潜能这个词。在追溯这个词的过程中，我们也会讨论以前的这些含义。现实则意味着某一个事物的存在，但不是以我们所说的"潜在地"的那种方式。我们说潜在地，比如赫尔墨斯的雕像潜在地在木头里面，或半条线潜在地在直线里面，因为它能被分离出来。甚至那个还没有学习的人，我们也把他看作是有知识的人，因为他是能够学习的。但是现实的东西指的是在现实上的东西。（《形而上学》1048a25—35）

这里的潜能和现实是一个循环定义。什么是现实呢，即不是潜能；什么是潜能呢，即不是现实。

我们的意思是说，通过对特殊事物的归纳就可以看出来，我们不要在每一个事情上都去寻求一个定义，只要把握住类推就应该感到满足了。（《形而上学》1048a35—1049b1）

这里是说，我们不需要把每个东西都定义起来。我们动不动就说，西方哲学对于什么事情都要寻求定义，而中国哲学则是不寻求定义的，读到这里，你就明白这种说法显然太笼统了，即便只是就亚里士多德的哲学而言，也太笼统。对于是否要定义，亚里士多德是有区分的：在讨论某种事物时，亚里士多德一定要求定义；可在考虑另外一个方面的事情时，他又说不需要对每个事物都定义，类推一下就可以了。

(二)《形而上学》第八、九卷与《物理学》

上节课我们说过，《形而上学》第八卷与第九卷虽然都是讨论潜能和现实的，二者却老死不相往来。但是，因为潜能/现实和事物的运动、变化相关，所以潜能/现实就与《物理学》，尤其《物理学》的第一、二卷相联系，即与亚里士多德对于运动的讨论有着非常密切的关系。

这里就出现一个问题：我们通常说《形而上学》是第一哲学，《物理学》是第二哲学，可是现在呢，第二哲学似乎是第一哲学的一个部分，或者是它的一种研究方式，那怎么去划分亚里士多德的第一哲学和第二哲学呢？在亚里士多德的《物理学》与《形而上学》之间，是否存在着一个界限？这是不是很令人困惑？

我们知道，《形而上学》在最开始的时候被译成"后物理学"（Metaphysics），肯定和《物理学》（*Physics*）是有关系的。《物理学》本身就是一个很含混的概念，而《形而上学》自身也有好几个部分，所以二者之间的关系就很复杂。但是有一点我们必须要清楚，即理解亚里士多德的形而上学，不能局限于现在《形而上学》这一本书。这就是为什么我要把《物理学》《论灵魂》《范畴篇》《论动物的部分》等文本都拉了进来。因为潜能、现实、运动等问题在《形而上学》这本书中讲得很简单，但它们的某些环节在其他的几个文本里却得到充分的解释。这里是关于潜能和现实的导论性的说明。

二、《形而上学》第九卷的结构

对于潜能/现实的讨论，《形而上学》第九卷要比第八卷更为详细、系统与深入，所以我们将它作为我们最主要的讨论。

现在我们大致了解一下第九卷的结构，主要是给大家一些引导，不然大家太困惑了。这些我在讲课大纲里已经列出来了。

在第一章，亚里士多德说先要讨论一种严格意义上的潜能，这个严格意义上的潜能是和运动相关的。

> 先让我们解释一下最严格意义上的潜能。然而，这种最严格意义上的潜能对于我们现在的目的来说不是最有用的。因为潜能和现实不光涉及运动的范围。我们先讨论这个最严格意义上的潜能，然后在讨论现实的时候，再讨论另一种意义上的潜能。（《形而上学》1045b35-1046a4）

他花了五章的篇幅，即从第一章到第五章，讨论这个最严格意义上的可是又不太重要的潜能。这几章写得很乱，我们可以不管。

在第六章一开头，他说他已经研究了潜能的含义，现在要研究的是现实。然而在讨论现实的过程中，他又开始讨论潜能。他还说我们已经讨论这些含义了，可实际上他还没有讨论那个最重要的潜能。（《形而上学》1048A25-30）

到了第七章，他讨论的是，什么时候一个事情才被说成是另外一个事情的潜能，就像我们在上节课里说的，什么时候我们才能说一个潜能的人已经在那里了，是精子、胚胎，还是更早的某个东西？

在第八、九章，他又在讨论现实是先于潜能的，比潜能更有价值。

所以，究竟最重要的潜能和现实是什么，在第九卷里我们还是不太清楚，我们必须自己去慢慢琢磨。但至少在第九卷的第一章，他明确地说我们先要有严格意义上的潜能，然后才去讨论其他意义上的潜能。

三、两类潜能和现实

在讲课大纲的第三点，我专门列出了两类潜能和现实：一类潜能和现实是不重要的，但又是最根本的；另外一类潜能和现实是很重要的。亚里士多德一直说他马上就要讨论这个最重要的潜能了，可他始终没有给出一个答案。这两类潜能究竟是指哪两类呢？

让我们回到第九卷第六章的一开始。亚里士多德说，我们已经讨论了最严格意义上的潜能，现在要讨论现实，而在讨论现实的过程中，要把比较重要的那个潜能的含义也揭示出来。他还说，潜能和现实可以不需要定义，它们的含义是可以通过归纳产生出来的，所以他举了大量的例子。

例如，正在建筑相对于能够建筑，醒着相对于熟睡，看相对于闭着眼睛却有视力，由质料构成的形式相对于质料，完成的加工产品相对于那些未完成的加工产品。在潜能和现实这一对反里，一方是现实，另一方就是潜能。但是并不是所有的事物在同样的意义上被说成是现实存在的，而只是在类推意义上，比如 A 在 B 之中或者相对于 B 而言，C 在 D 之中或者相对于 D 而言。有些现实是关于运动和潜能的，另外一些则是关于本体和某种质料的。(《形而上学》1048b1-9)

因此，有些现实是关于运动和潜能的，有些潜能是关于本体和质料的。读了这两个分类，我们大致可以明白，最严格意义上的潜能很可能与本体没有关系，而他真正想要的则是与本体相关的潜能和现实，因为他现在正在讨论本体。

为什么亚里士多德说最严格意义上的潜能一定与运动相关呢？我们知道，亚里士多德有一个关于自然的定义，即事物内部运动和静止的原则。那什么是运动呢？亚里士多德在《物理学》第三卷的第一章有一个标准的定义：

> 每一类范畴我们都区分了什么是现实（fulfilment），什么是潜能。那什么是运动呢？就是如此这样（as such）的潜能的现实。(《物理学》201a10-11)

这个"现实"（fulfilment）完全可以译成"实现"（actualization）。什么是运动呢？就是如此这样的潜能的实现。为什么是"如此这样"呢？因为潜能有着不同的种类，运动是什么种类的运动，就是什么种类的潜能的现实。或者说，哪一类的潜能被实现了，就是哪一类的运动。这就是潜能/现实与运动如此紧密地联系在一起的原因了。因为潜能和现实的联系，决定了人们在讲一种什么样的运动。所以，严格意义上的潜能肯定与各种各样的运动都有关系。可是亚里士多德要的只是一种运动，即本体的运动，这种潜能的现实才是最重要的，才是他在本体的讨论里要列出来的。所以他老是说我们现在要讨论最重要的潜能的现实了，可又迟迟不给出答案。接着，亚里士多德举例来说明。

> 例如，能变化的事物的实现就是变化，能增加的事物以及能减少的事物（这二者没有共同的名字）的实现就是增加与减少。能生成的事物与可以消亡的事物的实现就是它们的生成与消亡；能被移动的事物的实现就是位移。(《物理学》201a10-11)

这里他是说，有些事物是能变化的，能变化的事物现在变化了，就是运动。有些事物是能增加的，能增加的事物现在增加了，这也是运动，这个增加是量的变化。而一个能生成的事物的实现显然是一个本体的变化。而能被移动的事物的实现就是位置的移动。你可以把这张桌子从这儿移到那儿去，这张桌子具有被移动的潜能，你把它的被移动的潜能给实现了，变化就发生了，只不过这个变化不是本体的变化，而是地点的变化。

四、运动与现实的区分

《形而上学》第九卷第六章的最后一段非常关键，但是很难懂，我们需要念一下。

因为那些有限度的行为（*tōn praxeōn*）都并不是目的，而只是关联于某一目的。例如减肥，那些我们使得它们变瘦的东西自身也处在这样的运动（*kinēsis*）中（亦即并不是 *kinēsis* 所要达到的东西）。这就不是一个行为，至少不是一个完满的行为（因为它不是一个目的）；但是对于那些目的呈现于其中的活动就是行为。例如，我们在看时就已经看了，在理解时就已经理解了，在思考时就已经思考了。但是我们不能说，在学习时就已经学到了，在治疗时就已经治愈了。我们在生活得好的同时已经是在很好地生活，在享受快乐的同时已经是快乐了。如果不是这样，这个过程就会时而中止，就像减肥。但是现存的事物并不中止，我们活着并且已经活过。

在这些过程中，我们可以把其中的一种称作运动（*kinēsis*），另一种称作现实（*energeia*）。每一个运动（*kinēsis*）都是不完满的，例如减肥、学习、行走与建筑。这些都是运动，都是不完满的。走路的同时并不是已经走到了，建筑的同时并不是已经建好了，生成的同时并不是已经生成了——被移动与已经被移动了、运动与已经运动了并不是同一回事。不过，看与看到、思考与已经思考就是相同的。我把后面的一类过程称作现实（*energeia*），前面的一类过程称作运动（*kinēsis*）。（《形而上学》1048b18-34）

这是一大段。亚里士多德在这个地方要做一个区分。一个什么样的区分呢？就是 *kinēsis/energeia* 的区分。在他看来，行为分为两种：一种是 *kinēsis*，就是 motion，应当译作 movement；一种是

energeia，那就是 actuality。它们是怎么区分的呢？就看它们自身之中是否包含着目的。

在亚里士多德看来，有些行为是为了另外的一个外在的目的，它本身并不是目的，而是为另外的一个外在的目的服务的。也就是说，在它们自身之中并不包含着它们所趋向的那个终点，此类行为就是 *kinēsis*。比如建造，建造这个动作作为本身肯定不是目的，你要是一直建造，造了一辈子，可什么东西也没造出来，那就不对了。所以建造这个行为，最终是要有一间房子或者其他的什么作为目的的。同样，做家具是为了有一件家具，你不能说我做家具这个动作本身就是一个目的，除非有人要买你这个目的，不然就比较麻烦。亚里士多德认为这类行为并不是完满的（*atelēs*）。而有些行为呢，目的就包含在它自身之中。这种行为其过程本身就是目的。它是运动的，同时又是一种完成。比如看，你现在正在看，你正在看的时候是不是已经看了，对不对？你不能说我正在看的目的是为了看，正在看你不是已经看了嘛。你们想想是不是有这两种区分？

为了进一步地阐明二者之间的差别，亚里士多德引入了语法上动词的现在进行时与完成时的区分。对于 *kinēsis* 而言，其现在时不能同时是完成时。比如"在建筑"不能同时是"已经建成了"，"在学习"不能同时是"已经学会了"，"在治疗"不能同时是"已经治愈了"。而对于 *energeia* 而言，现在时可以同时是完成时。例如"在看"同时就是"已经看到"，"思考"同时就是"已经思考了"，等等。这就是亚里士多德著名的运动与现实的区分。你们明白了吗？应该没多大问题吧。

可这个区分产生了很多的讨论。最早对这段话感兴趣的哲学家吉尔伯特·赖尔（Gilbert Ryle）。他的代表作就是《心的概念》（*The Concept of Mind*）。这本书有中文译本，有商务印书馆 1992 年版，或许你们都看过。他是研究古希腊的哲学家，主要研究柏拉图晚期哲学。他对这一大段文字做出了很多的分析。他在 *Dilemmas*（《两难论法》）① 一书中指出，亚里士多德在这里是在分析动词，有些动词叫作行为动词（action verb），有些动词叫作状态动词（state verb）。也就是说，亚里士多德对 *kinēsis/energeia* 的区分，实际上是与动词的特征相关的。因为你要做分析，要么是分析一个名词，要么是分析一个动词，要么是分析一个形容词。他说像亚里士多德这样的哲学家才是真正的分析哲学家。可是在我看来，这并非亚里士多德的本意。亚里士多德在这里是想说明，通过我们对动词的使用，能够做出这样一种区分，即一种行为是否包含目的在其自身之中。

但问题是，亚里士多德对于 *kinēsis/energeia* 的区分，对于他的潜能/现实理论有着什么作用呢？你们琢磨琢磨这两个区分跟本体有没有关系？是 *kinēsis* 和本体相关，还是 *energeia* 跟本体相关呢？好像它们两个都没有。"看"（seeing）不是本体，"建筑"（building）也不是本体，它们只不过是两个行为。亚里士多德明明在这一章的一开始说，我们现在要讨论那个重要意义的现实了，可闹了半天，他什么本体也没讲。那他到底在干什么呢？

我觉得可能是这样，虽然亚里士多德的重点是要区分本体性的

---

① Gilbert Ryle，*Dilemmas*，Cambridge：Cambridge University Press，1954.

潜能和现实，可他不知道从哪里下手，他还是要从非本体的潜能和现实的关系着手，并且做了 *kinēsis* 和 *energeia* 的区分。如果我们类推一下，就会得出一个结论，当我们要分析本体性的潜能和现实的时候，也可以区分出一类是本体性的 *kinēsis*，一类是本体性的 *energeia*。

总之，亚里士多德的潜能和现实理论有两种类型：一种是与运动相关的潜能和现实；一种是与本体相关的潜能和现实。前者是最严格意义上的，后者却是最为重要的。《形而上学》第九卷里面（包括第八卷），他主要讲了严格意义上的潜能和现实，而另外一种，即最重要的潜能和现实，则是在他的《论灵魂》里面。

五、本体性的潜能和现实

（一）人造物的潜能和现实

现在我们已经讲到了讲课大纲的第五点，即本体性的潜能和现实。我们区分了三种：第一种，人造物的潜能和现实。第二种，自然物的本体性生成。第三种，本体性活动。我们先看第一种，人造物的潜能和现实。在人造物里面，质料是潜能，形式是现实。这是我们在教科书中通常读到的。比如说，要造一把椅子，你把原材料拿来，把它做成了椅子的形式，这把椅子就成了。这个时候，质料是潜能，它能够被造成一把椅子，而现实的椅子就把形式赋予这一堆质料，于是就有了一把现实的椅子。

（二）自然物的本体性生成

可是对自然物来说，就没有那么简单了。所谓自然物就是其内部具有动静原则的事物。自然物的潜能和现实也可以分为两种：一种是自然物的本体性生成（natural substantial generation），一种是自然物的本体性活动（natural substantial activity）。这一部分我们讲自然物的本体性生成，下一部分我们讲本体性活动。

当本体是自然物时，在它的生成过程中，潜能和现实是有阶段性的。也就是说，从某一个阶段开始，比如在某一阶段，P（潜能）变成现实 A 了，而这个现实 A 呢，又成了后一个阶段的潜能 P^1。而潜能 P^1 在下一阶段又变成现实 A^1，而 A^1 这个现实又成了高一阶段的潜能 P^2，就这样 $P—A—P^1—A^1—P^2—A^2—P^3$……是一个不断发展的过程。比如，人的产生肯定是有不同的阶段的，从受精卵到胎儿，这中间要经过不同的阶段。每一个阶段的实现都是他前面的潜能的实现，同时又作为他后一个阶段的实现的潜能。再比如，你现在学习哲学，是一个潜在的哲学家，那什么时候可以是一个现实的哲学家呢？等你拿了硕士学位或博士学位，你就是一个现实的哲学家了。下一步，你还要变成一个伟大的哲学家，不管怎样，总得一步一步来吧。所以说，这里的潜能和现实是一个阶段性的，是一个不断向前推广的过程。在这个过程中，每一个阶段的后面都有另外的一个阶段在等着你。你当然可以说，我满足于此，我就停止了，可实际上你还是可以向前进的。这个过程与前面所说的那个 *kinēsis* 有一点类似，只不过那个 *kinēsis* 本身不具有目的，它的目的肯定是外在的，而本体的 *kinēsis* 虽然要为下一个目的服务，但它自身也有一个目的。这当然是类推意义上的，它们并不完全一样。

实际上，对本体性生成的最好的论述，是在《论动物的生成》的第二卷的第三章 736a31－b15，在讲课大纲上，我用黑体字把它们标出来了。但是我们现在不看那个文本，我们看《形而上学》第九卷第七章。

在第九卷第六章的时候，亚里士多德说，通过类推，潜能和现实的关系有两种类型：一类与运动相关，一类与本体相关。他说我们已经考察了各种类型的潜能和现实。而我们已经知道，亚里士多德认为作为自然物的本体性生成是一个连续的过程，即它是在不断地生长与发展的。比如我们可以说 A 潜在地是 B，那什么是潜在的 A？什么东西又是潜在的 A 的潜在？这样不是可以无穷后退吗？所以在第七章，他提出这样一个问题。

> 我们一定要区分一个事物什么时候是潜在的事物，什么时候它不是。因为它并不是在任何时候、任何时刻都是一个潜在的事物。比如，土是潜在的人吗？当然不是。或许在它成为精子时可以这样说吧。或许还不能这样说。就像并不是任何事物都能被医学治愈，哪怕是凑巧也不行。但是有些确定种类的事物可以做到这一点，只有这种事物才是潜在的健康的事物。（《形而上学》1048b37－1049a5）

那就要找到最靠近、最接近的那个原因。他继续以"人"为例子。

精子还不能潜在地是一个人，因为它还必须在另外的事物中进一步地变化。但是当它通过自身的动力因，已经获得如此这般的属性，那么在这种状况下，它就已经潜在地是一个人了。但是在前一种状况下，它还需要其他的动力因。就像土还不是一个潜在的雕像，它还必须为了变成铜而变化。(《形而上学》1049a15-18)

亚里士多德认为精子还没有潜在地变成一个人，它还必须放到一个地方，即母亲的子宫那里去。我说过亚里士多德对女性有偏见，这个不太好。他老觉得在人的生成里面，父亲提供了形式，母亲提供了质料，而形式比质料更重要。这一段的大致意思就是，如果没有外在原因的阻挡，一个潜在的东西马上就会变成现实的东西，只有在那个时候，我们才可以说它成了一个潜在的事物。比如，土就不能是一个潜在的人，它要成为人，这中间要经过太多的内在的转换过程。在这之前，就算没有任何东西挡着，土也不能变成人。可是九个多月的胎儿，你要是不阻挡着他，他就出生了，他就是人。虽然他还在母亲的肚子里，可你就得把他当作一个潜在的人。

亚里士多德的这段论述，对于现在安乐死、堕胎等问题的讨论非常有价值。尽管他的兴趣是形而上学，可是他也想确定一个潜在的人到底是在哪一阶段出现的。在中国，堕胎肯定是合理合法的，是没有道德问题的。但在美国不行，对于它的合法性有着太多的分歧。于是人们希望哲学家们能够解决这个问题。可哲学家们其实也说不明白，他们同样争论不休。有些人说堕胎肯定是不道德的，因为生命是神圣的,你把胎儿杀掉了其实就是杀人。可有人说受精卵或者胚胎不能算是人。也就是说,对于堕胎问题的争论,其实质就是受精卵或者胚胎是否可以看作人的问题。如果这个孕妇是因为被强奸而怀孕的,问题就更加复杂了。有人说,强奸虽然是一种罪恶,可那个小孩本身是无辜的啊,不能因为他的父亲是强奸犯把他杀掉啊。但很多人认为,被强奸怀孕并不是出自孕妇自己的愿意啊,凭什么要求她为别人的罪行承担责任呢,这样对妇女真的是公平的吗?

其实,在英语里,human being 和 person 是不一样的。只要你具有人的外形,就可以说你是一个 human being,但是不是一个 person,就不一样了。作为一个 person,是一定要有良知(conscience),是具有理性的(rational)。如果一个人非常不幸地变成了植物人,他还具有人的形状,两个眼睛、一个鼻子一点也不少,你能说他不是一个 human being 吗?他肯定还是。可他是不是一个 person 呢?他不是。但是你能不治疗他吗?你可以对他实施安乐死吗?这就是安乐死要讨论的问题。

要解决这些问题,关键就是要回答什么是人。我们经常说我们不知道什么是哲学,可我们连什么是人都不知道,更别说什么是哲学了。你说你们哲学家可以解释世界,可你们能够解释什么呢?你们不还是吵个不休吗。

哲学家们就这样争论了几十年,也没有争论出什么结果来。美国现在的情形是,堕胎还是允许的,但愿意实施堕胎的医生却越来越少了。为什么呢?既然搞不清楚这事究竟该做还是不该做,那医生干脆就不做了。也有些医生，出于各种动机，还是愿意做的，却要冒着生命的危险。在美国的很多城市，只要某个诊所可以实施堕胎，就有人扛着大牌子在它的外面抗议游行，整得医生非常难过。我住的布法罗小镇里就有一个愿意给人堕胎的医生，一天他与家人正在客厅里喝咖啡，有人从他家后院朝他开了一枪，子弹穿过玻璃把他给打死了。两年多之后，警察才把嫌疑犯从爱尔兰给抓了回来。那个嫌疑犯就是反对堕胎的。所以你们看，哲学解决不了的问题，人们就靠枪来解决。可见，我们这些研究哲学的人也是很重要的，如果我们能够解决问题，就用不着枪了。

总之，人格同一性（personal identity）的问题涉及现实中的许多方面。如果我们连什么是人都搞不清楚，就会造成许多的现实问题。而无休止的争论也对伦理学研究造成了困难。大家肯定都读过麦金太尔的《追寻美德》①。在这部书的一开始，麦金太尔就主张一定要改变现在伦理学的研究方式。为什么要改变呢？因为现在伦理学对于战争、堕胎、正义等问题都无法达成一致。一派主张这个，另一派主张那个，每一派都说自己的是真理，毫不妥协。我们都说哲学是可以劝导人的，真理是越辩越明的，可现在却是真理越辩越糊涂。麦金太尔认为，造成这种现状的原因在于不同伦理学派的基本前提是不可公度的。一方说生命是神圣的，另一方说妇女权利自由是不可侵犯的，这二者如何调和呢？麦金太尔认为没法调

---

① Alasdair MacIntyre，*After Virtue：A Study in Moral Theory*，Third Edition，University of Notre Name Press，2007；（中译本）麦金太尔：《追寻美德：道德理论研究》，宋继杰译，译林出版社，2011。书名一译《德性之后》。

和。也就是说，在他看来，现在的伦理学有太多的基本前提，这些基本前提都不能违背，而基于这些基本前提所推导出的结论肯定是不一样的，于是整个伦理学就陷入了一种军阀混战的状态。

既然基本前提是不可公度的或难以调和的，那么伦理学研究要不要换一个思路呢？也就是说，不是从一些基本前提或原则推导出人们该如何行动，而是首先要考虑美德或德性。如果首先考虑美德的话，许多问题就可以交给行为主体自身来决定。当代新亚里士多德主义者赫斯特豪斯（Rosalind Hursthouse）专门写了一篇文章，叫作《德性理论与堕胎》①。她认为，在当前关于堕胎的讨论中，人们总是忽视了一个受精卵、胚胎、胎儿到新生婴儿的出生这样一个熟悉的生物事实或阶段，而只是以抽象的胎儿的权利或者人的资格来讨论问题。她主张用德性理论来解决这一问题。在她看来，我们应当把这个问题交给孕妇自己来决定，问她自己是怎么想的。孕妇要怎么考虑这个问题呢？孕妇要认真地考虑母亲这个身份对她的幸福或者好的生活有多大的重要性。如果这个孕妇觉得作为母亲对她的一生毫无意义，如果不幸怀孕了，那她肯定就要堕胎了。而如果这个女人觉得母亲的身份是她整个幸福生活中不可缺少的部分，缺少这一身份她根本就不幸福，那她怎么还会去堕胎呢？这并不意味着孕妇可以随意地、轻率地做出决定，而是必须认真考虑爱、责任、家庭生活、社会联系等因素对于好的生活的意义，通过对好的

---

① Rosalind Hursthouse, "Virtue Theory and Abortion", *Philosophy and Public Affairs*, 1991（20）：223-246. Reprinted in Crisp and Slote, eds., *Virtue Ethics*, Oxford: Oxford University Press, 1997, pp. 217-238.

人类生活的思考来决定是否堕胎。如果只是因为贪图享受、放纵、冷淡或者不负责任而选择堕胎，显然这个孕妇就缺乏好的生活所应有的重要的德性。

所以，亚里士多德讨论的这些东西还是很有现代意义的。什么是潜在的人是一个形而上学的问题，如果这个问题说不清楚，伦理学的很多讨论肯定就很麻烦或者说不清楚。同样，大家都觉得对正义、善等问题的讨论涉及对概念本身的规定，而对概念本身的规定就属于形而上学的问题。因此，即使在伦理学的讨论中，它里面的形而上学的问题也很重要。只要这些形而上学的问题得到了解决，具体的伦理学问题立马就可以得到解决。这也是很多人认为伦理学中的理智含量不如形而上学的缘故。在美国的哲学界，如果你说你是做伦理学研究的，你的地位就是低下的。如果你说你是做逻辑学或形而上学研究的，大家马上觉得，哇，很不错啊，这个需要很多脑力啊！形而上学总是被看作一门很深奥的学问，是有智力门槛的，而政治学与伦理学似乎是张三、李四都能够思考、讨论的。你可以说这很不公平或是偏见，但这就是社会现实。

（三）本体性活动

以上我们讲了第二种与本体相关的潜能和现实的关系，即自然物的本体性生成，它是指某一自然物的潜能和现实经历了一系列的阶段，最后达到一个总的目标。第三种与本体有关的潜能和现实的关系，就是本体性活动。在《形而上学》第九卷的第·章，亚里士多德说，潜能和现实还可以从功能的角度来看（1045b34-35）。当我们对一个成熟的有机体的功能进行考察时，其活动就是一种实现。比如，看就是已经看了，想就是已经想了。而要真正把握这种潜能和现实的关系，就需要结合亚里士多德《论灵魂》第二卷的第一章来理解。

对于灵魂的思考是一个重大的哲学问题。据许多人讲，在他们十三四岁的时候，通常会提出人生的第一个哲学问题，就是在人死了之后灵魂是否还存在，到底有没有灵魂？你们还记得你们是从什么时候害怕死亡的吗？大概就在这个年龄吧。小孩子突然会想到，有一天我也会死掉啊，他就害怕、恐惧，就会思考这个问题。这是有心理学根据的。一个人的发展是这样的，整个人类的发展也是这样的。人死之后其灵魂是否存在似乎也是每个文明最早提出来的哲学问题。一开始人们认为灵魂是要消散的，即人死之后就什么也没有了，后来出现了灵魂不朽说。

在西方哲学史上，最早提出灵魂不朽说的是毕达哥拉斯。据说有一天，毕达哥拉斯经过一个地方，看见有人在打一条狗，那条狗就汪汪地叫。他就跟那个人说，你不能再打它了，我已经听出来了，这个狗上辈子是我的朋友。有人说灵魂不朽说是毕达哥拉斯从东方引过来的。这就比较复杂了，我们姑且不论。毕达哥拉斯虽然提出了这个理论，可是并没有进行论证。

真正论述这个问题的是柏拉图。《斐多篇》是关于灵魂不朽说的最早的系统论述。柏拉图在《斐多篇》中记载，苏格拉底在临死的那一天讨论的哲学问题就是灵魂不朽。他一共提供了7个论证来证明灵魂不朽，而与他一起讨论的恰恰就是毕达哥拉斯学派的人。

我们想想，要论证这个问题很不容易。我们怎么能够知道灵魂是否不朽呢，居然还要对它进行一系列的哲学论证。你们觉得自己能做得到吗？又怎么知道你们的证明能够让人信服呢？《斐多篇》当然很重要，却也不能达到如此的效果，柏拉图自己在《理想国》里都对此感到困惑，他问自己真的证明了灵魂不朽吗？于是他继续证明这一问题，从而写下了关于灵魂不朽的最美的论述。

大家读了《斐多篇》就知道，在苏格拉底平静地喝完药之后，他的脚板就开始发凉，逐渐上移到了心脏，然后发出一个动静——"噗"的一声，苏格拉底最后一动不动了。那"噗"的一声是什么呢？就是灵魂跑出去了。因此苏格拉底去世的时候非常安宁，非常平和，只是感到一股凉意在他的身体里逐渐上移。那么问题来了，柏拉图的这段描写是真实的还是虚构的呢？以前人们觉得它只是一种虚构。为什么呢？因为苏格拉底是喝毒药而死的，就是 hem-lock。你看我们《水浒传》里描写武大郎喝了毒药之后，那是七窍流血、面容扭曲、死不瞑目，连骨头都是黑的，可是苏格拉底怎么能够这么平静，没有一点痛苦呢？苏格拉底就是再伟大，也伟大不到这种程度啊。所以人们觉得这是柏拉图的一种艺术创作，他是在塑造一个伟大的苏格拉底。换言之，柏拉图对话中的苏格拉底其实就是柏拉图的创造，与历史上的苏格拉底根本不搭界。

17 世纪时的苏格兰有这么一个案例，有个人背着他儿子跑到一个诊所，他说他儿子吃了一种草，从脚底开始发凉，现在渐渐地失去知觉。诊所里的医生马上就想到了柏拉图的《斐多篇》。他把书拿出来和这个人的症状一对照，简直是一模一样啊。于是那个医生就说柏拉图的描述是对的。可见那个医生有着很高的哲学素养，非常熟悉柏拉图的作品。

可有人一辈子就盯上柏拉图对话中的某一段落，是要找柏拉图的麻烦的。美国还真有这么一个人，她叫布洛克（Enid Bloch）[①]，现在康奈尔大学的植物园工作。她从小就对这个情节很感兴趣。她就是想证明人吃了 hemlock 之后是会七窍流血、痛苦不堪地死呢，还是像苏格拉底那样，除了感觉到冷之外，没有任何别的反应。她在植物园里种了许多种 hemlock，并说自己已经发现了若干种 hemlock，吃了它之后可以像苏格拉底那样地死去。于是她的结论是，柏拉图不仅在真实地描述，还表现了惊人的医学上的精确性。我不知道她是怎么发现的，要不要自己亲自去吃？可这种证明非常重要，非常有意义啊。如果证明了有这么一种毒药，喝了它之后可以像苏格拉底那样地死去，那就说明柏拉图的描述是真实的。可如果这样，柏拉图也就完了，因为他不过是如实地记录了苏格拉底的事情而已，他自己没有任何创造啊。话又说回来，如果苏格拉底吃了 hemlock 是七窍流血、脸色发黑、痛苦不堪地死去，那苏格拉底也就完了。因为历史上根本就没有什么苏格拉底，他不过是柏拉图的创造而已。

现在问题的是，布洛克确实发现好几种 hemlock，吃了它们之后就会像苏格拉底那样地死去，可我们还是不知道苏格拉底到底吃

---

① Enid Bloch, "Hemlock Poisoning and the Death of Socrates: Did Plato Tell the Truth?", in Thomas C. Brickhouse, Nicholas D. Smith, *The Trial and Execution of Socrates: Sources and Controversies*, Oxford: Oxford University Press, 2001, pp. 255-278.

的是哪一种 hemlock 啊。这是一桩历史的疑案。很多年前我就读了
布洛克的作品，真的为她的献身精神所感动。你们看，其实学问并
不需要做得有多大，而是要有独特的价值。你可以抓住某一经典中
的某一问题不放，把别人搞不懂、搞不明白的地方给整明白了，你
这一辈子也就值得了。因为现在不管是谁，只要讲《斐多篇》，就
得乖乖地讲上布洛克的这一贡献。就算你写了 10 本关于柏拉图的
书，如果没有什么独特的东西，人们在讲柏拉图时也不会提你。

　　我们回到灵魂这一问题上来。从古希腊文上讲，灵魂（αέριο）其
实就是一种气。这种气可以使得生命延续下去。也就是说，灵魂就
是使得一个东西能够活下去的东西。苏格拉底说过，做哲学就是照
料你的灵魂。可什么是灵魂呢？他不说。在《申辩篇》里，有人问
苏格拉底死后有没有灵魂，死后有没有一种生活，人死后灵魂是否
会消散，苏格拉底说他不知道。在《申辩篇》里，苏格拉底必须说
自己不知道，因为他说自己知道自己是无知的嘛，而其他的人则不
知道自己的无知。他要是说自己知道人死后灵魂还存在的话，不就
麻烦了嘛。但他说了自己对于死亡的看法。他说你们把我杀了也没
有关系，人死后灵魂无非有这么两种可能：要么跟着肉体一起走
了，要么还活着。它要是跟着肉体一起死了呢，那你们把我杀掉也
就太平了。如果灵魂还活着呢，那你们把我杀了也没有用啊，我的
灵魂会投胎到另外的一个身体内，照样可以问你问题，照样可以做
哲学啊。尽管他对灵魂没有做任何说明，但这至少也是一种答案。
在他那里，灵魂好像是纯理性的，是一种寻求知识的活动，而人的
其他活动都归于肉体。

在《理想国》中，柏拉图对灵魂做了一个很重大的发展，即对灵魂做了不同部分的区分，即理性、激情与欲望。这就是他的灵魂三分说。灵魂三分说是一个重大的理论成就，现在的心理学研究仍然逃脱不了这个框架。可问题是，灵魂不朽到底是什么不朽啊？是它的各个部分统统不朽，还是只是其中的一部分不朽呢？欲望部分是不可能不朽的。所以尽管灵魂有着不同的部分，可真正不朽的应该还是它的理性部分。按照柏拉图的理论，你这辈子要做好事，如果做了好事，你的灵魂就能得到净化，而欲望就会慢慢萎缩，最后就得到一个纯理性的灵魂，它就可以长翅膀上天，与神在一起，就不朽了。如果你没有好好学习，灵魂扑通一下就下来，你就变成一个女孩子了，可见柏拉图对待女性也不是太好。如果你还是不好好学习，那就要再降一等，变成狗啊、猪啊。再往下就变成蚂蚁、蚊子、苍蝇了。我想大家肯定都不想变成苍蝇，对不对，所以我们还是要好好学习。而当灵魂往下走时，欲望肯定是一起下去的，而理性就没有了。也就是说，在柏拉图那里，灵魂和肉体是可以分开的，在你的肉体消亡时，你的灵魂还可以看着你。笛卡儿的二元论就可以追溯到这里来。

亚里士多德不赞成柏拉图以这样的方式来讲灵魂。那他是怎么讲的呢？我们来读他的《论灵魂》第二卷的第一章。这一章的内容非常重要，值得我们逐字逐句地讲。

> 灵魂是潜在地具有生命的自然身体的第一类的实现。（《论灵魂》412a28—29）

这句话读起来很是别扭，我们可以从两个方面来解释。

首先，灵魂不是一个独立的东西。在亚里士多德看来，灵魂就是生命有机体必须具有的机能。换言之，我们在谈论灵魂时，我们是在谈论不同生命有机体所拥有的各种潜能或机能。有哪些潜能或机能呢？在《论灵魂》第二卷的第二章，他做了很多的论述。这里我只简要说明一下。第一种能力就是营养，通过这个功能，一个有机体可以活着。比如植物就有营养功能，可以消化，可以生长。而任何有机体，只要能营养、能消化，就是有生命力的。树是有生命的，草是有生命的，花是有生命的，所以我们说植物是有灵魂的。第二种能力，就是感知能力，比如动物是有感知能力的，有些植物，比如含羞草也是有感知能力的。第三种能力，就是运动的能力，比如动物。第四种能力，就是思考的能力，比如人。某些生命有机体拥有这些全部的能力，有些只拥有其中的一部分。但只要它具有其中的一种能力，就是有灵魂的。一般来说，拥有高等层次能力的事物，兼具所有较低层次的能力，它是一个等级制。

作为生命机能的灵魂，既是形式因，又是动力因与目的因。作为形式因，灵魂就是使得一个生命有机体成为其自身的原因。在《尼各马可伦理学》里面，亚里士多德讨论了人的功能。他说人的功能肯定是为人所特有的，这便是理性。他是通过排除法得到的。他在那里就使用了《论灵魂》中的分析。其实更准确地说，只有实践理性才是人特有的能力，而思辨理性则是人与神都具有的能力。神作为纯粹理性或纯粹形式的存在，是比人更高级的一种存在，这似乎意味着身体与灵魂是可以独立的，灵魂也可以是不朽的，这是亚里士多德的灵魂论中不一致的地方，但他一般不这么说。当灵魂作为生命有机体的一系列能力的时候，那灵魂还怎么与身体分离呢？亚里士多德自然就把柏拉图的身心二元论给消解了。

其次，灵魂是第一现实。在亚里士多德看来，灵魂作为一种形式或本质，所以肯定是现实。什么叫作第一现实呢？第一现实是相对于第二现实而言的，有第一现实，就有第二现实。亚里士多德借用知识来说明什么是第一现实与第二现实。比如，我们大家都有"知"的能力。只要你不是傻子，你就有这个能力。如果我们通过学习，拥有了知识，就是"知"的这种潜能得到了第一实现。如果我们运用知识去解决实际的问题，便是"知"的能力的第二现实。再比如，一双好的眼睛具有看的能力或潜能，这是第一现实，而正在看这一行为则是眼睛的第二现实性。那灵魂的第一现实指的是什么呢？就是生命有机体的生存机能或功能。这个理解起来有点困难。因为我们总是以为潜能肯定是在先的，而现实是跟着来的。现在我们要力图把潜能和现实想成一个事情的两个方面，从这一方面来看呢，它是潜能，从另一个方面看呢，它是现实。这时候的潜能和现实不可能有一个时间上的承继关系或发展的阶段性关系，你总不能说你是先有一个身体，然后才有了灵魂吧，或者说你的身体是通向你的灵魂的一个阶段吧。身体要是死掉了，灵魂也就没了，身体和灵魂肯定是同步的。身体是潜在的生命，已经潜在地具有灵魂，而灵魂则是现实的生命。当我们说身体潜在地活着，从根本上讲是它正在活着或者已经活着。也就是说，当我们说身体的时候，就有一个生命力在它的里头了，身体已经为它的形式所形构了。如果没有生命力，身体也就不再是身体了，而是一堆元素而已。在我看来，亚里士多德用潜能和现实来描绘身体和灵魂的关系，可以更好地说明一个有机体的各个组成部分以及它们之间的关系。因为，当我们说身体潜在地活着，是在强调它是生存机能或灵魂的质料基础。当我们说灵魂是第一现实，是在强调身体的功能层面，即一个生命体要成为其自身所需要的能力。如果没有潜能和现实的关系，我们就难以描绘一个个活生生的有机体。

在亚里士多德看来，如果一个有机体失去了功能或灵魂，它就不再是其自身了。在《论灵魂》第二卷的第一章，亚里士多德举了眼睛这一例子来说明。

> 我们将眼睛作为一个动物，那么视觉就是它的灵魂。因为视觉是我们定义眼睛的本体，而眼睛只是看（seeing）的质料。但眼睛不再能看时，它就只是名义上的眼睛，就像石像的眼睛或者画的眼睛。（《论灵魂》412b18-22）

这里是说，假设眼睛是动物的话，那么视力就是它的灵魂，眼睛没有视力就变成了瞎眼，是吧。接着他说，视力是眼睛的本体，这个本体是相对意义上的。当我们定义眼睛的时候，肯定要从它的视力着手。眼睛是看的质料，而看或视力是眼睛这一质料的形式。要是把视力眼睛去掉的话，眼睛就不成为眼睛了，除了名字以外。瞎眼和正常能看的眼睛，除了名字相同以外，关键性质一点都不同。因为看是眼睛的功能，功能都没有了，它也不再是它了。

"功能"的希腊语为 ergon，英文通常译作 function。但这会引起误会，因为 ergon 并不是工具性的，而是一个事物所独有的能力。离开这个 ergon，这个事物就不再是这个事物了。希腊文中的

"活动"（energeia），通常被译作 actualization（实现），就是从 er-gon 而来的。而 energeia 又与 entelecheia（也可以译作"实现"或者"隐德来希"）互相通用，因此这些单词都是连着的。一个东西的功能没了，就谈不上现实了。亚里士多德说，视力是眼睛的灵魂。那么手的灵魂在哪里？大家可能觉得灵魂是在心里，这是不对的。灵魂在我们身体的每一个部分。也就是说，我们身体的每一个部分都有灵魂。如果身体的某个部分突然失去功能了，亚里士多德就说它死掉了。我们很多人都有这种感觉，比如，脚趾头死掉了，没有知觉了，那就成为身上的死肉，就不再有功能了。再比如，把手从身上割掉，那手虽然还是手的形状，却是一个死手、一个没有活力的手。所以身体的每一个部分都要维持它的生命力。大家都知道，哲学里有一个大的分支，叫作心智哲学或者心灵哲学（philosophy of mind）。这些年来，亚里士多德的灵魂理论突然成了当代心智哲学论争的重要一方，即功能主义的代表，人们觉得可以用它来对付笛卡儿的二元论，因而他的《论灵魂》备受学界关注。

有了以上理解，我们再读《论灵魂》第二卷的第一章，应该好懂多了。我们从 412a18 这个地方接着读。

由于具有如此这般类型的身体，即具有生命力的身体，那么灵魂就不可能是身体。因为身体是主体或者质料，而不是归属于它的东西。所以灵魂一定是一种本体，是一种自然身体的形式，有潜在的生命力在这种自然身体的里面。本体是现实，因而灵魂是上面所描述的身体的现实。有两类的现实，即知识与知识的应用。显然，灵魂作为现实是与拥有知识相对应的，因为不管是睡着还是醒着都拥有灵魂。但是当睡着的时候，拥有灵魂相当于拥有知识而不运用它，当醒来时相当于使用知识。拥有知识在时间上是在先的。(《论灵魂》412a18-24)

这个地方，他讲得比较简单。但是伦理学方面，亚里士多德说得则更为详细。在他看来，拥有一个理性的灵魂，只是灵魂的第一实现。有着这个第一实现之后，你就要使用它了，这便是灵魂的活动，即灵魂的第二实现。他还翻来覆去地强调，幸福不是一种状态，而是"灵魂体现德性的活动"。这就是说，幸福在于德性的活动，而不只是拥有德性。只有让德性得以展现或表现出来，一个人才是活得好或者做得好。而理性能力分为两种：一种是实践理性，一种是理论理性。如果实践理性能力发挥得好，人们便拥有许多道德美德或伦理美德；如果理论理性能力发挥得好，人们便真正掌握了永恒的知识。拥有伦理美德的人，肯定是一个好人；而掌握了永恒知识的人，则是一个更高层次上的好人。在这里，拥有德性是理性能力的第一次实现，而体现德性的活动则是理性能力的第二次实现。一个人是否幸福取决于其理性灵魂的实现。从这个角度来看，亚里士多德的伦理学就是建立在他的心理学以及形而上学之上的。如果我们理解了这些概念，也就比较容易理解他的伦理学。

我们再往下读一段。

这就是为什么灵魂是具有潜在的生命在它自身之中的自然身体的第一现实，如此描述的身体是一种有组织的身体。植物的各个部分虽然很简单，但它们仍然是植物的各个器官。例如植物的叶子是要保护果皮的，果皮是要保护果实的，植物的根就如同动物的嘴巴，它们都是从食物中吸取营养的。所以要给出可以适用于所有种类的灵魂的一般的定义，我们必须将它描述为自然有机体的第一种类的实现。这就是为何没有必要追问灵魂和肉体是不是一个统一体的原因，就如同我们没必要追问蜡块和蜡块上的形状是不是一体的以及追问一个事物的质料和以它为质料的那个东西怎么可能是一体的。统一很多种含义（就像"是"有很多种含义一样），而最合适的含义就是这个事物是一个现实。（《论灵魂》412a27-412b9）

亚里士多德的目的是考察灵魂与一个自然有机体之间的关系。他试图推翻柏拉图的身心关系，即灵魂独立于、完全不同于它所赋予生命的身体。亚里士多德认为，他应当关注作为第一现实性的灵魂。

六、本体性的统一

下面我们进入讲课大纲的第六点，就是关于本体性的统一问题。从《形而上学》第七卷的第十七章开始，亚里士多德面临的主要问题就是，为什么这些质料放在一起就形成了房子，为什么这些质料放在一起就成了一个统一体？当他把本体看作原因时，他就要解决这个问题，即本体作为原因是怎么统一质料的。

我们已经讲了形式和质料的关系有两种类型，所以本体性的统一也有两类：一类是形式自己不断地发展，从潜能转变成现实，每一个阶段的潜能是它前面一个阶段的现实，而每一个阶段的现实就是它后面更高一个阶段的潜能，在潜能和现实的发展过程中，整个事物就得到了统一；一类就像我们刚才讲的灵魂和肉体的统一，一个是另一个的第一现实，一个是另一个的生命力的体现、实施或呈现。在这里呢，一个不是另一个的第一阶段，而是事物的另外一个方面。也就是说，从它的材料构成来看，我们把可以它叫作肉体；从它的功能来看，我们可以把它叫作灵魂。这是看问题的角度和方式不同。

在第七卷以及第八卷的第六章，他更多强调的是第一类的统一。我们翻到《形而上学》第八卷第六章的最后一段。

> 由于把事物统一起来还是有困难的，有些人说是"分有"，这就提出了一个问题，分有的原因是什么呢？是什么在分有呢？另外一些人说是"联结"，就像吕科弗隆（Lycophron）所说的那样，知识是认识与心灵的共在（communion）；还有人说生命是灵魂和肉体的一种"复合"或"联结"。然而，同样的解释适用于所有的情形，因为，是健康的可以被说成是灵魂与健康的"共在"、"联结"或者"复合"，而铜是一个三角形的这一事实可以被说成是铜与三角形的"组合"，一个东西是白色的这一事实可以被说成是一个表面与白色的"组合"。因为人们总是将寻求统一的公式与潜能和现实区分开来。（《形而上学》1045b8-1045b17）

这里是说，把事物统一在一起是有困难的，有些人说是"分有"，这肯定是指柏拉图啊。另外一些人说是"交融"，还有一些人说生命是灵魂和肉体的一种"组合"。他讥笑这些说，你们这些分有、交融、模仿、联结等等可以用来解释所有的情形。之所以这些统一方式都没有成功，是因为他们老想在潜能和现实之间找到统一的规则。

> 但是，就像我们已经说过的那样，最近的质料和形式是一回事，一个是潜在，而另一个是现实。(《形而上学》1045b17-1045b18)

亚里士多德说潜能和现实本来就是统一的，何苦非去问它们为什么统一呢？有的说因为分有而统一，有的说因为共在而统一，有的则说因为联系而统一。在亚里士多德看来，这些都是在事物的组成部分之外寻求解决的办法，从而使得一个统一体成为堆砌的产物而缺乏内在的统一性。对统一问题的回答也是对柏拉图的分有困难的克服。

> 因此，寻求它们作为一个事物的原因就是在寻求一般性的统一的原因。因为每个事物都是统一的，在某种程度上讲，潜能和现实就是同一个事物。(《形而上学》1045b19-1045b20)

他这里是说，每个事物都是统一的，因为潜能和现实本来就是一体啊。只要从这种角度去看，形式和质料就是统一的。他用潜能和现实来力图解决《形而上学》第十七卷中的问题，这就是他的招数。

七、现实先于潜能

最后要讲的是现实先于潜能，这是第九卷第八章的重点。

> 对于所有这样的潜能，现实都先于潜能，既在公式上先于潜能，也在本体性上先于潜能，而在时间上呢，在一种意义上先于潜能，在另一种意义上则没有先于潜能。(《形而上学》1049b11—12)

这是第一段的最后一句，也是最为关键的一句。我已经将它放在我们的大纲上了。这里我给你们发了一篇文章，就是夏洛特·维特（Charlotte Witt）对于亚里士多德的现实的在先性的讨论①。虽然我不是特别赞同他的观点，但至少你可以看到他是怎样讨论的。

我对现实先于潜能这个命题一直很头疼。因为在我看来，这个命题没有任何意义。你看我们讲了半天，潜能和现实是不能分的，潜能和现实是没有定义的，它们是互相定义的。一对互相定义的东西，非要区分谁对谁在定义上是在先的，你们觉得有意思吗？亚里士多德明确地说，潜能是没有实现的东西，而现实则是实现了潜能的东西。如果非要说现实在定义上先于潜能，那到底是什么意思呢？

---

① Charlotte Witt，"The Priority of Actuality in Aristotle"，in T. Scaltsas，David Charles & Mary Louise Gill (eds.)，*Unity*，*Identity*，*and Explanation in Aristotle's Metaphysics*，Oxford：Oxford University Press，1994，pp. 215—228.

我们可以承认，现实在本体性上是先于潜能的。亚里士多德翻来覆去地说，现实就是目的。这就是说，一个事物只有在其目的得以实现的时候，它才成为其自身的。在这个意义上，现实确实是先于潜能的。比如，小孩还只是一个潜在的理性动物，只有当他长大成人，我们才说他的理性完全变成了现实。而在时间上呢，亚里士多德做了区分，他说在一种意义上现实是在先的，而在另外一种意义上现实并不是在先的。你们只要想想就能知道，在时间上，潜能肯定是先于现实，因为现实肯定得是某个潜在东西的现实吧。比如，长大成人肯定要是一个小孩长大成人吧，潜在的小孩肯定是在先的。而在另一种意义上，这个小孩的前面还有他的老爹，他的老爹可是一个现实的形式，老爹的这个现实又是先于小孩这个潜能的。

但是这样一来，亚里士多德好像改变了问题，即他把同一个自然物的发展的问题变成了两个独立个体之间的关系了。而一旦涉及两个独立个体之间的关系，后一个个体是从前一个个体中产生出来的，也就是小孩的父亲才是真正的现实，那还用说嘛。如果说，这个命题对于潜能和现实的讨论本身并没有意义，但是却对另一个东西非常有意义。因为接下来亚里士多德就要讲不动的动者了。这个不动的动者就是形式，它是一个纯现实，它从来就没有潜能，而且它肯定是在先的。不动的动者到底是什么意思呢？为什么不动的动者肯定是在先的呢？如果你读了《形而上学》第九卷的第八章，对潜能和现实的关系有了一种别样的体会，你可以自己去琢磨琢磨这些问题。我还是想请你们先去阅读夏洛特·维特的那篇文章，了解一下现在学界对于潜能和现实的各种讨论。不过我始终不明白夏洛特·维特为什么要放进去这么一个学说。

最后，我们学习《形而上学》第九卷第十章的开头部分。尽管在第二讲时我们就提到过这一段，但并没有阅读它的原文，那时你们也没有什么感觉。你们现在应该能够明白其重要性了。

> 我们用 being 或 non-being 这样的术语，首先指的是范畴，其次是指这些范畴的潜能和现实。最严格意义上的 being 或 non-being 是真和假。(《形而上学》1051b1-2)

为什么说这一点很重要呢？因为：第一，我们现在明白了，最严格的意义并不是最重要的意义。亚里士多德已经说了，最严格意义上的潜能并非我们所要讨论的内容。第二，to be 是我们中国哲学界一直很喜欢讨论的问题。现在大家至少知道了，在希腊文里面，being 和 non-being 最严格的意义是指真和假，与我们现在所说的"是"、"存在"或者"有"等都没有太大的关系。

> 真和假这种状况关系到客观对象的结合或者分离，因此一个人认为那分离的东西就是分离的，那结合的东西就是结合的，那么他的认识就是真的。而与事物的情况相反的认识就是假的。(《形而上学》1051b2-5)

亚里士多德这里解释了为什么最严格意义上的 being 不是最重要的 being 的原因。在他看来，真和假只是思想的属性，真和假要取决于外在的实践。我们在思想中把两个概念结合或者分离，如果概念的结合和外在的实践相符，就是对了，如果概念的分离和外在的实践相符，也是对了。相反如果不符合，就是不对了。所以思想中的真和假是第二性质的，它是由外在世界的结合和分离决定的。因此，尽管真和假是最严格意义上的 being 和 non-being，但它们却并不是最重要的 being。

今天是星期五，大家都早点休息吧，祝周末愉快！

第九讲　神学与形而上学的统一性

今天是最后一讲。因为现在是期末，学校马上要放假了。本来我们还有两讲的，第一是神学，第二是形而上学的统一性，看来只能将它们合在一起讲了。

我们先来了解亚里士多德的神学，即"不动的推动者"。大家都知道，亚里士多德将"不动的推动者"作为宇宙的最后的推动者。亚里士多德引进一个"不动的推动者"，他到底想让它起什么作用呢？我在前面说过，亚里士多德的形而上学分为两个方面：一个是讲现实的结构，一个是讲世界的运动。第一方面要解决的是：现实是由哪些成分构成的，这些成分中哪种是最根本的，这些成分之间有着什么样的关系等等。这个时候好像并不需要一个"不动的推动者"。第二方面要解释世界的运动，亚里士多德发展出一整套关于自然以及潜能/现实的学说。在他看来，自然物的内部具有一种动因的源泉，这个动因的源泉从潜能变成现实就是事物的发展过程。在这个发展过程中，形式在一些阶段作为动力因，在一些阶段作为形式因，最后变成目的因，但这个目的并不是"不动的推动者"，而是得以实现的事物的形式。如果自然事物的运动在于其自身内部的动因的源泉，那么这里面也没有"不动的推动者"什么事。可是亚里士多德为何还要引进一个"不动的推动者"呢？他肯定不会平白无故地引进一个"不动的推动者"的。我们今天就来看看他之所以这样做的原因。

神学主要在《形而上学》的第十二卷。但第十二卷的前五章和后五章是不一样的。在前五章里，亚里士多德压根没有提到过"不动的推动者"。到了第六章，他开始讲"不动的推动者"了。但真正的讨论是在第七、九、十章这三章，其中第七、九章这两章尤为重要。至于第八章，大家公认是后来被加进去的，因为它提到了卡利普斯的天文学说，而这个学说是亚里士多德在他生命的最后时候才提出的。在第八章里，他认为每一事物都需要一个独特的推动者，这就意味着世界上有很多的推动者，这显然与其他章节是不一样的。

大家还记得吗，在《形而上学》第七卷的第十七章里，亚里士多德说从这里开始他把本体看成原因；接着他说，也许从这个角度，我们就能够明白那个独立于可感本体和存在的实体就是神。也就是说，在他看来，只要把本体看成原因，就能够明白什么是神。这就意味着，"不动的推动者"肯定是一个原因。可是，为什么把本体看成原因就能理解什么是神呢？这个原因究竟是怎么跑过来发挥作用的呢?

一、运动变化:从单个事物到整个世界

你们发现没有,到现在为止,亚里士多德所有的解释都是关于单个自然物体的。那么整个宇宙该怎么办?因为每个事物都有它自己的形式,所以每个事物都有它自己的自然。那么整个世界的自然该怎么办?它的运动又是由谁来解释呢?因为形式因和目的因只是解释了单个事物的运动,比如说一个小孩由小长到大,可是形式因没有解释这个小孩是从哪里来的。形式因本身也没有解释世界上的这些事物为什么构成了一个整体。虽然世界上的事物很多,但它们所形成的是一个有机的世界。希腊文的"宇宙"叫 kosmos,它和一般宇宙(universe)有什么不同呢?我们中文所讲的"宇宙""大自然"又是什么意思呢?现在的环境伦理学特别喜欢用 kosmos 这个词,因为它意味着整个宇宙是一个有机体,是一个活的生命体(living body)。整个宇宙是一个生生不息的整体,是一个活的东西。也就是说,宇宙各部分是相互连接的。在古希腊人眼里,希腊诸神掌管着宇宙,使得宇宙是一个有机体。这个有机体和近代人所理解的一般宇宙(universe)是不同的。环境伦理学要对付的主要敌人就是那种把宇宙只是看作一个质料库,从而破坏了生物圈各个成员之间的关系的观点。所以人家说古希腊人对宇宙的看法要比后人高一层,他们自觉地、自然地把人看成宇宙整体中的一个成员,而不是凌驾于自然之上的。所以在古希腊人那里没有人类中心学，即人可以享受自然界的一切而不需要对它承担责任。至少从 cosmology 和 cosmos 这两个词来看，宇宙的一切事物都是相关的。所以柏拉图说，如果这辈子你不做好事，下辈子你就会变成猪、狗、蚊子、苍蝇、蚂蟥等等，就是说生物链里的各个灵魂其实是一体的，只不过有做得好与做得不好的区别。

既然宇宙是一个活的生命体（living body），那么宇宙为什么是活的（living）以及宇宙生命是从什么地方而来就需要解释了。这个作用就由"不动的推动者"来承担。也就是说，形式因是解释个体的运动变化，而"不动的推动者"是解释整个宇宙的运动以及它的有机结构的。那么我们现在来看看，这个"不动的推动者"是怎么蹦出来的？

二、最终的原因："不动的推动者"

亚里士多德的神学就是他的宇宙论，他在很多地方，比如《论天》、《物理学》的第七、八章以及《形而上学》的第十二卷都有相关论述。而这三个地方的论述常常是不一样，尤其是《物理学》与《形而上学》的相关内容之间。因此研究亚里士多德的宇宙学，就不能局限于某一个文本，这是很片面的。

我们先从《形而上学》第十二卷的 1072a19 开始。

既然这是对这一问题的可能的解释，那么这些困难就可以被看作是得到解决了。而如果它不是真实的，那么世界就会从黑夜、"万物混存"中演化出来，以及从非存在中产生。因此，存在着总是被不停息的运动所推动的事物，它在一个圆周里运动着，这在理论与事实上都是显然的。（《形而上学》1072a19－23）

这是接着上面第六章讲的。在第六章里，亚里士多德说最外层的天是要动的，而这个"动"是需要解释的。单个的事物，比如 A，由于其自身的原因就动了，就像一个小孩自个就发展成了一个大人。但是不同的事物之间，比如 A 怎么动了 B 呢，就像我们要问这个小孩是从哪儿来的一样。你说他是从他父母那里来的，那我们要问他父母凭什么生这个小孩啊。你看有个小孩多麻烦啊，在座的你们包括我在内，可没少给父母惹麻烦，也没少花他们的钱。那从父母的角度而言为什么还要生小孩呢？我们把孩子生下来，至少要用 5—6 年来抚养、伺候他。等他好不容易长大了，他又开始逆反了。好不容易过了逆反期，他又上大学了，我们还得供他上大学。如果他要出国读书，我们还要掏更多的钱。然后他娶了媳妇，就把我们忘了。所以你说人为什么要养小孩，好像我们累了一辈子都是在为子女忙。可人就是很奇怪，要是没有小孩，我们就觉得没事做了。这个事情需要解释。

这与《论天》中的论述是不同的。在《论天》中，亚里士多德说最外层的天就是第一推动者。最外层的天永远在做圆周运动，进而推动其他事物就够了。他并没有说，在最外层的天上面还有一些东西。也就是说，在最外层的天上面没有更根本的东西了。然而在这里，亚里士多德却说最外层的天的"动"也是需要解释的，即它为什么老是要做圆周运动啊？我们现在说太阳系有八大行星，每颗行星都有自己运行的轨道，而这个轨道还可以测算出来，你不觉得这很奇妙嘛。它们有轨道也就罢了，竟然还能被测算出来。毕达哥拉斯就认为世界是有一个数学结构的，要是能够发现这个数学结构，就能揭示出宇宙的奥秘。而亚里士多德想用哲学来解释它。

> 因此，第一层的天必定是永恒的。它们的运动肯定是有什么东西动了它们。既然运动与被运动的东西都是居间者，那么就必定有某种不动的推动者，它是永恒的、现实的本体。（《形而上学》1072a22—25）

第一层的天，现在被看成是既推动别的东西而自己也是被推动的东西了。按照亚里士多德的说法，有些事物是完全被动的，有些事物既是主动的又是被动的，这是中间者，还有一种东西完全是主动的而不是被动的。而第一层的天就是中间者，它既推动别的东西，同时又是被推动者。既然它是中间者，那么根据理论类推，肯定要有一个动者，它在推动别的东西，而自己却始终不被推动。也就是说，它推动了世界上一切其他的东西，可它自己却没有被推动。亚里士多德说这个推动者（mover）不是被动的，是永恒的，是一个本体，是一个现实。这就是第一推动者的四大特征。

我们仔细看看这四大特征。第一，神不是被动的。亚里士多德说它动而没有被动，这个动而没有被动实际上也是为永恒服务的。因为一个东西要是既动又被动，那肯定还有一个东西既动又不动，那还得往上推。所以为了消除无穷后退的可能性，一定要一个能动别的东西而自身没有被动的东西。第二，神是永恒的。第三，神是一个本体，而肯定不是一个其他的范畴。从第六章的一开始，亚里士多德就说这个世界是有运动的，如果运动是永恒的，那么时间肯定是永恒的。如果说时间终结了，那么时间终结以后是个什么东西呢，不还是时间嘛。如果说时间是有开端的，那在时间开始之前的那个东西，不还是时间嘛，所以时间肯定是永恒的。但时间是第二类的范畴，肯定是某些东西在时间中是永恒的。如果时间存在，那个本体肯定存在。因为本体是时间的承受者。正如量和质都是本体的量和质，时间和运动也是本体的时间和运动，所以亚里士多德认为，肯定有一个永恒的本体，这就是神。第四，神肯定是现实的，即它不能有任何的潜能。如果神有潜能就比较麻烦，因为这就意味着那个要实现的东西比神更加高明，所以神肯定是一个现实，不能有任何的潜能在里面。在这里大家是不是看到了安瑟尔谟那个关于上帝存在的本体论论证啊，就是我们所能设想出来的特征上帝都有，不能设想比上帝更伟大的东西了。亚里士多德的论证也是一样的，我们不能设想一个比神更现实的东西。

三、不动的推动者如何推动事物

下面的问题就是这个"不动的推动者"怎么推动世界上所有的事物呢？我们现在一说推动，马上就想到一个物理过程，比如说我推了你一把，或者我通过一个什么机制让你动，或者我给你下了一个命令，你不动就要承受后果或惩罚。那么这个第一推动者是怎么推动整个世界的呢？

> 这个不动的推动者是一个欲望的对象，也是一个思想的对象。它运动但无须被推动。最原初的欲望的对象和思想的对象是一样的。生理欲望（appetite）的对象是表面的善，而希求（wish）的原初对象是真正的善。但欲望（desire）是意见的后果，意见不是欲望的后果。因为思想是出发点。（《形而上学》1072a26-31）

我们平常讲到行为的动机，虽然有不同的说法，但肯定有欲望和思想两个成分，要么是欲望，要么是思想，要么是欲望和思想一起作为行为的动机，对不对？休谟认为，欲望才是行动的真正动力，它给我们确立目标，然后理性去思考如何达到这个目标。而亚里士多德则认为是欲望和理性一起发挥作用。因为确定目标的不只是我们的欲望，理性也参与其中，然后使得我们去行动。大家仔细想想，到底是欲望还是理性在促使我们去做一件事？其实常常是这二者一起。如果你只是凭欲望去行动，你这个人就没有成熟。如果一定要理性才能推动，你这个人就缺少欲望，就会被看作冷血动物，而且你的生活肯定也没有什么情趣。

亚里士多德说，第一推动者之所以能够推动整个世界，就是因为，它是欲望和思想的对象。至于它是欲望真正的对象还是显现的对象，在这里一点儿差别也没有，反正它们是最后欲望的对象，最后思想的对象。你可能会疑惑，这个最后欲望的对象、最后思想的对象如何能够推动世界呢？中世纪的哲学对于这一点就大为恼火。而令托马斯·阿奎那高兴的是，亚里士多德这个"不动的推动者"出现在第十二卷，而不是在第一卷，而第十二卷是形而上学发展的终点。可是亚里士多德也没有令他轻松起来，因为亚里士多德的神其实什么也没做，只是你去欲求它，所以它就推动了你。可这个没有任何意思啊，就像卧佛寺的佛，它趴在那里，并没有说你们大家要过来看我呀，它没有啊，可大家照样跑去看它。看它需要买门票，还挤了个半天。世界上所有的名胜都没有说你们一定要来看我啊，是我们心甘情愿掏了钱，不辞旅途劳顿地去看它。这就是个欲望的事情。这就像某个大明星来了，粉丝们蜂拥而上，而那个明星没说你们大家都蜂拥来吧，都来抢着跟我要签名啊，是你们自个儿愿意去做这些事儿。所以说了半天，神就是这么一个作用，像一尊菩萨或者一个明星，只是待在那儿，什么也没做。但是因为世界上的东西都欲望它，都想着它，然后它就推动你了。阿奎那肯定不欢迎这样的神。在他看来，神不仅应该主动地创造这个世界，还应该知道这个世界上所有的事物。但是亚里士多德的这个神比较懒散，甚至很不像话，它只是待在那里，什么也不做。你欲望它你就来呗，它又没说你非来不可。可是由于它在这里，所以你就来了。亚里士多德预定了世界上所有的东西都欲望一些东西，有的是欲望一个东西，有的是想着一个东西。整个宇宙肯定有那么一种欲望，不管这个事物是有机的还是无机的，它使得每个东西都有一种欲望。在实现其欲求的过程中，它们自觉或不自觉地就被那个"不动的推动者"推动了。

　　总之，在亚里士多德看来，（1）宇宙中的一切东西都有一种欲望；（2）它们所欲望的东西肯定在那个"不动的推动者"那里，所以才会被它推动。说世界所有东西都有欲望，这在生物那里比较明显，对于无机物而言就比较麻烦。亚里士多德肯定用的是一种类推的手法，反正宇宙在他那里是一个活的生命体。

　　可它们要从第一推动者那里得到什么呢？欲望歌星，可以求签名，可以作为一种谈资，或者你真的喜欢那个歌星。欲望菩萨，同样如此。可第一推动者能够给你什么呢？凭什么你要欲望它？你想想你自己的生活，你有没有要从第一推动者那里得到什么？你肯定说，我都不知道它在哪里，我怎么欲望它。我们平时欲望的对象一般都是很直接的。那你到底要从第一推动者那里欲望什么呢？有的同学说是幸福。我们肯定都要幸福，可是这个第一推动者对于我们的幸福有什么帮助呢？也有的同学说是永恒。你们寻求永恒吗？你要是不寻求永恒的话，那这个第一推动者就比较麻烦，说不定它就没有用武之地了。

　　接下来，我们就来看看事物到底在欲望什么。我们已经知道，第一推动者有四大特征，最明显的一大特征就是永恒。尽管有很多人说他们并没有要寻求永恒，就像亚里士多德说人出于本性都欲望知识，也有很多人说他们并没有这种欲望那样。不管怎样，在亚里士多德这里，过去人们欲望的是知识，现在世界上的事物（包括人在内）欲望的是第一推动者，最后我们会发现它们之间的联系。

四、事物在欲望什么

要知道世界上的事物都欲望什么，就要看看它们的运动状态。我们先从无机物即没有生命的东西开始讲。

（一）无机物的欲望

我们知道，太阳系的行星全都按照椭圆形的轨道运行。你说它们为什么不斜着走，横着走，或者上下蹦跶？有同学说，因为圆周运动没有始终，有的说是因为受到空间的挤压，或者与爱因斯坦的相对论有关等等。而亚里士多德的解释却是，它们之所以做圆周运动，是因为它们有一种寻求永恒的欲望，而做圆周运动最省力气，圆周运动可以保持最持久。如果上下蹦跶，没准它们一会儿就没啦。你看，他用这种方式来解释行星为什么做圆周运动。他有许许多多的例子，我给你们全列上了。

解释完月亮、星星做圆周运动的原因之后，亚里士多德开始讲元素了。

> 不会消亡的事物被土、火等这些处于变动之中的事物所模仿。因为这些事物也是永远处于活动之中的；因为它们有着自身以及在它们自身之中的运动。但是其他的潜能，依照我们上面的区分，都有相反方向的潜能。因为那个能以这种方式来推动其他东西的事物，也能不以这种方式来推动它。（《形而上

学》1050b28-33）

在座的各位有没有一种欲望想要永远活下去啊？你们看，有不少肯定回答的，可见我们还是要永恒的。我们中国道家就讲长生不老。尽管生活中有很多人说，我头发都白了，牙齿也掉光了，皮肤皱得都像鸡皮了，还不如死了得了。可如果真要他死，他却不干了。我们每个人只要身体没病，没有整天躺在床上嗷嗷乱叫，都是想永远活下去的。可见，亚里士多德说得还是有道理的。当然如果生活不能自理，那你说干脆就算了。而想要永恒地活下去，不就是一种追求永恒的欲望吗？一旦你有这种追求永恒的欲望，你就要被"不动的推动者"牵着走了。

（二）有机物的欲望

讲完了元素，亚里士多德开始讲植物和动物了。你们看那些植物和动物，它们也在寻求永恒。你们看那棵树，它好像知道自己老了要死掉似的，到了一定时候就可以结种子。这棵树枯萎死了，可它的种子发芽了，长出了一棵新树。而动物们竟然还能关心下一代。"虎毒不食子"，它还要把它们养大，训练它们捕食，然后再放它们走。现在有的人都嫌麻烦，竟然不想生小孩，而这些老虎、猪、狗等却要生这么多小孩，还要关心它们，为什么？其实它们都在寻求不朽。可不朽不容易啊，尤其是猪啊、狗啊，过不了多久就会被人吃，所以它要赶紧生小崽，虽然它被吃掉了，可它的DNA结构，它的形式通过小崽们就传递下去了。这是求得永恒的一种方式。说不定亚里士多德就是这么想的。我在这儿特意抄了亚里士多德的一段话，省得你们说我在这里替他瞎扯。亚里士多德说：

> 对于任何生物，只要达到了它正常的发展，只要它的生成方式不是自发的，那么它最自然的行为就是生一个跟自己一样的东西。动物会产生另外一个动物，植物也会产生另外一个植物。尽自己的本性和自然可能的方式去分享那个永恒和神圣，这是所有事物都要奔向的目标。为了达到那个目标，它们就做它们的本性所允许它们能做的一切事情。（《论灵魂》415a26—b2）

这里是说，生物们通过再生产来保持自己的延续性，从而使得自己与永恒、神圣相联系。

所以在座的不打算要孩子的同学们要好好地想上一想了。在亚里士多德看来，这是违背我们的本性或自然的。我们谈到过关于堕胎问题的伦理讨论。按照这一理论，亚里士多德会建议孕妇要从人的本性来考虑这一问题。如果她认为做母亲不是她本性的一部分，那亚里士多德也没办法了。在亚里士多德看来，追求永恒是所有生物的本性，这就是它们能够延续至今的原因。而物种的灭绝通常是人类或者别的外力所造成的。所以一个物种只要人类不去破坏它，它就有一种内在的动力延续下去。这个内在的动力跟人没有关系，而是受第一推动者影响的缘故。现在人们动不动就搞什么基因嫁接，把很多物种都给搞乱了，这就比较麻烦。

那说了半天，这个第一推动者到底是什么呢？实际上它就是永恒的一种代表。只有第一推动者才是真正永恒的，即它没有任何潜能，其本性就是永恒性。

（三）人的欲望

那么人呢？人在本性上首先是一种动物，所以肯定也有寻求永恒的本能啊。你们不要把自己想得很高尚。我们没什么好高尚的。我们学过弗洛伊德，知道我们绝大部分的心理动力都来自力比多，而理性只是冰山之一角，就那么一点点。每个人都是一个茫茫欲望的大海。说人是理性动物，说人有理性之光，不过是人的一种自我吹捧罢了。如果人是理性动物，那就要按照理性的要求做事，但实际上我们一天中大概有半天的时间不是按照理性的要求做事的。比如理性跟你说要起床了，欲望却说再睡一会儿。理性告诉你不要看电视，要开始学习了，可是欲望却说再看一会儿吧。理性告诉你肚子太大了，要减肥了，可是一坐到餐桌旁，你的欲望就告诉你，又香又好吃呢，这时候你的理性也投降了，跟自己说，管它呢，吃完再说吧。可见说人是一种理性动物，是要打一个大大的问号的，理性经常会被欲望淹没掉。

可是，如果一个人不能按照自己的理性做事情，我们就不能信任他。如果你是理性的，我可以相信你，因为你说到就会做到。可人往往说到却做不到，所以就产生了种种人类的恶，种种不可预测的东西。所以，人肯定还要是一种理性动物的。亚里士多德翻来覆去地强调，别的动物都没有理性而人类有，这样就避免把人类降到动物那个层次。人最怕的就是说自己不好，可见虚荣心是人类的一种集体的无意识。所以当达尔文说人是从猿猴变来的，大家都觉得他是胡扯。一想到自己的祖先竟然是拖着尾巴的猴子，人们就觉得很难受。虽然达尔文的《物种起源》大家都记得，达尔文的名声也很好，可当他说人是从猴子变来的，大家就不喜欢他了，就不买他的账了。弗洛伊德的学说到现在也不吃香，就因为他老是想说清楚人不是理性而是非理性的。

如果按照亚里士多德的说法，人类跟动物是一个类别的话，那人类该怎么寻求永恒啊？为了不让你们去翻找亚里士多德的说明，我在大纲里抄录了他的一段话，即《政治学》第一卷第二章的1252a27。亚里士多德在这里说城邦是自然的产物，人是社会的动物。

> 人们之所以走到一起，不是出于有意的选择，而是和其他动植物一样，人类也有一种自然的冲动或欲望，就是留下一个与自己相同的后代。（《政治学》1252a27-30）

追求永恒才是人类生儿育女最根本的冲动。不然的话，你说养一个小孩多麻烦啊，养大了还不知道他对父母好不好，所以这个投资是最危险的。《诗经》中的《蓼莪》说的就是父母生育、养育之辛苦："父兮生我，母兮鞠我。拊我畜我，长我育我，顾我复我，出入腹我。"而孟子则说："不孝有三，无后为大。"这和亚里士多德的观点一模一样。也就是说，你要是不生小孩的话，你家就断种了，你就把你祖宗寻求永恒的欲望给中断了，这是最大的不孝。

总之，这世界的事物之所以被第一推动者推动，就是因为它们都有一种寻求永恒的冲动。而"不动的推动者"就是永恒的代表。当我们寻求永恒的时候，就被那个"不动的推动者"推动了。"不动的推动者"是被欲望或思想的对象。它就在那里，而这世界上所有的事物都欲望它。这不是一个物理过程，它没有任何物理的力量。第一推动者并不在物理学意义上发挥作用，而是作为欲望的对象而造成运动。这种运作是目的论意义上的。这世界上的事物千奇百怪，但都在按照自己的本性寻求着永恒，慢慢地它们就构成了一个结构。

关于人类寻求永恒的方式，我还想再谈一点。你看我们中国人都不喜欢生女孩，老想生男孩。这在亚里士多德看来是没有道理的，因为男孩女孩都是你的基因。可是儒家很讲究这一点，这涉及姓氏继承的问题。不过要严格追溯亚里士多德的观点，他经常说在人的生产过程中，男的提供形式，女的提供质料，所以要是生女儿的话，在物种的延续过程中她只能提供质料。这肯定也不对。更为重要的是，在亚里士多德看来，生儿育女只是人的动物性的寻求永恒的方式。人类还有更高级的一种追求永恒的方式，那就是学习哲学。人毕竟是一种理性动物，尽管理性只有那么一点点。可就是这么一点点，就赋予了人的神性与尊严，就使得人类比其他动物都高级。

五、神和思辨

我们讲课大纲上的第五点是神和思辨。这里为了方便，我又给你们抄录了一段《尼各马可伦理学》的 1177b31－34，就是亚里士多德说明人类另外一种让自己永垂不朽的方式。

> 我们一定不能听从这样的建议，即作为人就要想着人的事情，作为有朽的存在就要想着有朽的事情，而是要尽可能地去追求不朽的东西，过一种与我们身上最好的部分相适合的生活。(《尼各马可伦理学》1177b31-34)

这里亚里士多德所寻求的幸福就进来了。你们还记不记得亚里士多德说过，思辨才是他的第一幸福。为什么人类最大的幸福是思辨呢？因为思辨可以让人得到永恒，而这种永恒不是那种生儿育女式的永恒。思辨是《尼各马可伦理学》的最高点，是亚里士多德所认为的第一幸福。这个最高点和《形而上学》的结束点是一样的。我们已经讲过，作为"不动的推动者"要么是欲望的对象，要么是思想的对象。而上面我们谈到的都是将它作为欲望的对象，这里出来一个思想的对象。只有人类才能去思想，而神就是人类思想的对象。我们在沉思、思辨神中可以得到永恒。

所以关于永恒，有两种理解。一种是低级的有形的理解，像苏格拉底、亚里士多德这些哲学家，我们并不记得他们的儿子是谁。当然亚里士多德要好一点，因为他用儿子的名字写了一本《尼各马可伦理学》。你们还记得柏拉图在《申辩篇》中提到，苏格拉底被判处死刑后对着两类法官讲话，一类是投票判他死刑的法官，他骂他们说就算你们把我杀了，还会有更多的苏格拉底站起来；一类是投票判他无罪的法官，他用很温和的口气将自己的儿子托付给他们，让他们像他鞭策别人那样去鞭策他们，使得他们成为好人。可苏格拉底的儿子是谁，他孙子又是谁，我们都不知道。可见通过生小孩来使自己不朽，如同赌博，风险很大。就拿我自己来说，我知道我的爷爷是谁，可并不知道我爷爷的上一辈是谁，我只能通过家谱了解他的名字而已。就算跑到他的墓地，我们也不会有更多的感觉。所以我们这些学哲学的人，可以有着更高档次的不朽。两千多年前的苏格拉底、亚里士多德就因为他们的哲学思想真的不朽了。尽管我们不知道他们的儿子、孙子是谁，可我们每个人都知道苏格拉底与亚里士多德。让他们不朽的就是他们的思想，就是他们的哲学。因此在座的你们也应该弄出一点东西使得自己不朽。

那么神究竟怎样成为思想的对象呢？这还是需要解释的。希腊的悲剧家们常常告诫我们，我们只是人，不要去和神斗，我们是斗不过神的，否则也就没有那么多的悲剧了。但是亚里士多德则说，不要听这些人的，我们应该尽最大的努力使得自己不朽，就是要把我们的每一根神经都绷紧，去发挥，去体现我们身上最神圣的东西，即理性。要发挥我们的理性，通过理性去追求永恒不变的真理。在追求永恒真理的过程中，我们自己也得到永恒。而这种寻求永恒的方式是其他动物所没有的。你们还记得亚里士多德在《形而上学》中的第一句话吗？他说人出于本性而欲求知。当时我就给大家讲，这里所欲求的并不是某种特殊知识，而是一种沉思的状态，在沉思的状态里人类会感到无比快乐，无比愉悦。而到了这里你会发现，在这种沉思的状态里你不只是感到无比的快乐与愉悦，而且你的灵魂与理智也得到了发展，它们跟永恒的对象合为一体了，你也因此变得永恒了。

相关的文本，我们要到《形而上学》第九卷中去找。在这之前，我们要把第十二卷第七章的一段重要的话念上一遍：

> 所有的天体，所有的自然世界，都是依赖于这个原则的。它的生活是最好的，人类呢，也可以享受一会儿。但我们只能享受一会儿。（《形而上学》1072b15—16）

为什么我们只能享受一会儿呢？神可以 24 小时在那里思辨，因为它也没什么事，它不生病，不用睡觉，不用吃饭，也不用人际交往，连老婆小孩都没有，它自己就是永恒的。那它 24 小时都干什么呢？它就一件事，就是思辨。我们人类能不能经常思辨呢？我们不行。我们有太多约束了。首先我们有个身体，这个身体我们要给它喂饱。所以我们就要去挣粮食，就要去工作。我们还要给它洗澡。这个身体还会生病，我们还要上医院。吃喝拉撒我们一个都不能少，这些事情都耽搁了我们的思辨。而这些还必须依赖一定的社会分工。我们要和别人打交道，要维系一定的人际关系。我们不能把谁都得罪了，否则日子就不好过了。可维系人际关系同样是需要时间的，我们不总是说酒肉朋友吗，而一抽烟、一喝酒岂不又要浪费思辨时间了吗？我们还要睡觉，一睡就八九个钟头啊，蛮可惜的，是不是？所以神可以永远思辨，而我们只能思辨一会儿。

> 神永远处在思辨状态，而我们却不行。因此它的现实就是一种快乐。所以醒着、感知和思维是最快乐的，而希望与记忆由于这些也是最快乐的。（《形而上学》1072b18—19）

这里亚里士多德说，醒着要比睡着舒服，能感觉要比不能感觉舒服，能想着也肯定是很快乐的。这是他在《形而上学》的开头所说的话，即人出于本性而欲求知。眼睛哪怕只是看着，什么结果也没有，就很快乐。脑子只要在想，想什么都可以不管，想的过程就很快乐。而我们却经常说，算了，什么都不要想了，睡吧。按照亚里士多德的说法，我们的本性都还没有得到实现，可见我们还是有问题的。

> 思想自身是处理那个自身就是最好的对象，最完美意义上的思想就是处理那个最完美意义上的对象。思想就是想着它自身，因为它分有思想对象的本性。(《形而上学》1072b19-21)

这个地方需要一点解释。大家知道洛克有个蜡块的说法，就是说我们的脑袋像一张白纸或白板。这个学说是从亚里士多德这里拿来的。亚里士多德认为灵魂有消化的灵魂，即植物性的灵魂，有感知的灵魂，即动物性的灵魂。灵魂怎么感知呢？亚里士多德认为它自身具有感觉的潜能，这个潜能使得我们去感知一个对象。实际上我们所感知的不是整个对象，而只是它的形式。而我们的感知潜能就是一张白纸，它没有任何自身的特征。换言之，我们的感知潜能好比是一个承受器，可以承受所有的对象。如果感知本身有一个固定的特性的话，那么跟这个感知特性不同的东西它就感知不到了。正因为它是空的，所以什么东西它都可以感知到。这是亚里士多德的感知理论。同样的道理，思想也一样，它的对象就是对象的形式。思想本身只是一个过程，它本身没有特色，所以什么东西我们都可以想。如果思想本身有固定特征的话，那么跟这个固定特征不同的东西它就要排斥了，就不能进入我们头脑中来了。所以思想本身是由对象的形式所决定的。有些形式你已经储存下了，你还要不断地获取新的形式。

> 因为思想在接触与思考其对象时成为思想的对象，所以思想与思想的对象是一样的。（《形而上学》1072b21—22）

你们应该很熟悉黑格尔的这句话，即思维与存在是同一的。那么在亚里士多德这里，思想与思想的对象为什么是一样的呢？因为你的思维和存在的形式是一个东西，你的思想就是存在的形式。

> 因为那能够接受思想的对象即本体的东西就是思想。当思想拥有其对象时，它是活跃的。因此思想本身并不是神圣的，作为思想对象的形式才是神圣的，而思辨活动是最愉悦的和最好的。（《形而上学》1072b22—24）

这里是说，本体或形式才是思想或知识的真正的对象。正是因为思想这个行为经常能够获得对象的形式，思想这个行为才充满了乐趣。

我们经常说学哲学很有乐趣，就是因为我们把永恒的知识吸收进来。如果我们总是思想，但是所接受的对象都是质料而非形式，也就是说形式根本进不来，那肯定就没有什么乐趣了。

> 如果神始终处在随时随地享受思想快乐的状态，而我们只是某些时候才有，这就不能不令人惊奇。如果神处在更好的状态，就更令人惊奇了。（《形而上学》1072b25—27）

神肯定是不会有惊奇的，因为它是全知的，它什么都知道。而我们得到了一点乐趣后还想得到更大的乐趣。如果你能察觉到的对象越来越好，那你的惊奇肯定也越来越大。

> 神就处在那个更好的状态，生命也是属于神的。因为生命就是思想的实现，而神就是已经实现了。神最本质的现实就是生命，就是那种最好的、最永恒的生命。（《形而上学》1072b27—29）

你们看，亚里士多德一开始讲的是"不动的推动者"，但马上就叫它神了。也就是说，"不动的推动者"与"神"是可以互换的。因此，亚里士多德的神和希腊传统上的神并不一样，它完全是一个思想的对象。在他看来，生命是属于神的。而生命就是思想的实现。我们这些俗人的思想的实现都需要一个过程，因为我们的思想都只是一种潜能，但神始终处于那种"知"（knowing）的状态，这是我们所欲求的那个状态。这才是亚里士多德"不动的推动者"的功效。这与基督教的布道并不一样。亚里士多德讲的是哲学，虽然《新约》从他这里抄了很多的东西。

那说了半天，到底有没有一个神啊？答案当然是否定的。因为神并不是一个实体，而是思想的实现。我们只要把我们的思想完全实现了，也就变成神了。可惜我们永远不能。所以在亚里士多德这里，神是一种状态或境界，并且是我们始终想要达到却永远达不到的一种状态或境界。

> 因此我们说，神就是有生命的、永恒的至善。所以生命、持久的存在与永恒都属于神。因为这就是神。（《形而上学》1072b29—31）

黑格尔非常赞赏这一章，认为它是《形而上学》最漂亮的地方。

　　总之，在亚里士多德看来，世界上的一切事物都在寻求永恒。而其他动植物要寻求永恒，就是生下它们的后代。但除此之外，人还有更高级的永恒追求，就是去沉思，最后得到神本身。我们欲求"知"的状态，而神就处在这样的状态。这个时候，神似乎是思想的对象。但是亚里士多德在这里拐了一个弯，他说思想的对象和思想是一个东西，因为它们都是由形式决定的。而神既是思想的对象，又是思想的完全实现。如果你将神作为思想的对象，那么你思想的实现过程就是使得你自己神圣化的过程。如果你能够把自己的思想完全现实化，那么你就是神了。

　　在后面的章节中，亚里士多德想把这个思想继续探寻下去。因为第八章是后来加进去的，所以我们直接进展到第十二卷的第九章。在这一章的1074b15，他得出一个结论。

　　　　神圣思想的本性包含着某些问题，因为当思想被认为是最神圣的现象时，这会涉及很多困难，即究竟什么样的思想才是最神圣的。（《形而上学》1074b15-18）

　　亚里士多德知道这一点让人很难理解，因为它们享有同一个形式，思想与思想的对象是一体的，所以他意识到某些问题。

　　　　如果它什么也不想，就像一个睡觉的人一样，那它还有什么尊严呢？如果它想，是去想别的东西，因为它的本体不是思想活动，而是一种潜能，那么它也不是最好的，因为它是通过思想才使得它的价值属于它。进而，无论神圣思想的本体是作为思想的能力还是思想的行动，它到底在想什么呢？它要么是想自己，要么是想别的东西。如果它是想别的东西，要么是想永远一致的东西，要么是想不变的东西。它是在想好的东西还是偶尔的东西呢，这难道有什么差别吗？难道没有一些很荒诞的东西它必须去想吗？显然它所思考的是最神圣的、最珍贵的东西。它不可能去想那些变动的东西；要变它只能向着坏的方向去变，而这已经是运动了。（《形而上学》1074b18-27）

所以我们不要以为亚里士多德喜欢变化，他最后是不喜欢变化的，他觉得变化总是向坏的方向改变。可这也没有道理啊，变化也可以向好的方向改变啊。当然，作为神圣思想肯定是想最好的东西，它要是改变，只能朝坏的方向改变。

首先，如果它只是一种思想的潜能而不是一种现实，那么实现潜能的过程肯定是一个很累的过程。（《形而上学》1074b27-30）

你们现在都知道自己有学习哲学的能力，可要把这个学习哲学的能力实现的话，很累很辛苦，你们已经在山大待了好多年了。

其次，如果它想着其他东西的话，那么这个东西显然比它还要神圣，还要重要。因为有最差想法的人也有"想"这个行为、想这个过程。如果大家都要避开这个东西（因为存在着某些不"看"也比"看"好的事情），那么"想"这个行为就不可能是最好的。因此神圣者"想"的一定是它自己（如果它是最优秀的事情），而思想就是对思想的思想。（《形而上学》1074b30-34）

思想就是对思想的思想，这是一个很让人头大的哲学问题。我不指望大家都能明白，但至少要把握个大概。首先，神圣者的思想活动是最高层次的行为，如果它思想的是别的东西而不是它自己的话，那么它就不如别的东西或者要依赖于别的东西。按照亚里士多德的观点，我们身上最好的东西是理智，要让这个最好的东西完全实现，我们就不能去想坏的东西，而只能去想宇宙中最好的东西，即永恒不变的知识。所以神圣者必须去想它自己，即它的主要活动就是自知。那它自己是什么呢？闹了半天，不就是一个形式吗。因为形式是思想和思想对象之间共同的东西。思想最终是由思想对象的形式决定的。也就是说，当它想的时候，它想的是形式，它被思想对象的形式占据了，形式决定了思想的特征。我们要明白，当亚里士多德说神圣者是一种思想时，他并没有说神圣者是一种具有思维属性的事物。同样地，当他说神圣者在思辨中永恒存在时，他没有说神圣者是可以享受这种生活的一种事物。对思想的思想还可以有另外一层意思，即思想就是一个过程。在一开始我就讲，当亚里士多德说人出于本性寻求"知"时，这个"知"是一个不定式。它不是说，我们在获得一种知识之后就可以躺着睡懒觉了，而是要我们始终处于思想的状态，要始终不断地探索，不断地把对象的形式摄入到脑子里。只有在不断地思想中，我们才能不断地活着。你不能说知识够了，不学了。那是不行的。你的脑子要始终运转着，把思想对象的形式运转进来。亚里士多德用了比较复杂的术语，实际上这个思想并不十分复杂，不过你们课下还是要自己去琢磨琢磨。亚里士多德在《论灵魂》中提到一个神秘的概念，即主动心灵，实际上就与这里的第一推动者有着非常多的相似性。当然这是一个复杂的问题，我们这里不展开。

我们知道，亚里士多德非常注重理性，他说人是理性的动物。我们阅读他的《形而上学》就能发现，他翻来覆去地讲理性的活动方式，尤其在神学这一部分，他把理性抬到至高无上的地位，而把其他所有的东西都打下去了。闹了半天，所谓"不动的推动者"的推动作用实际上就是理性的推动作用。我们通过追求永恒不变的知识，在永恒不变的思维活动中，寻求到永恒，这才是神。"不动的推动者"其实是理性而不是别的东西，理性才是最高形式的永恒。把理性和第一推动者放在一起，肯定是理性主义的高峰。亚里士多德毫不客气地将理性作为顶点，以此来评判一切东西，你们说这个事是好还是不好啊？

六、秩序和秩序的原因

通过前面的分析，我们知道了宇宙万物都追求着永恒，这便是"不动的推动者"如何导致了宇宙的持续运动。不仅如此，作为目的因的"不动的推动者"还是宇宙秩序的原因。也就是说，"不动的推动者"不仅是永恒运动的原因，还应该对宇宙的秩序负责。

在亚里士多德看来，宇宙中所有的事物都是有结构的。这个结构是什么呢？我们先讲清楚这个结构。我们从第十二卷第十章的1075a11开始。

我们也必须考虑，宇宙中的自然（ē tou holou phusis）有两种可能的方式包含着最高的善，即是以一个分离的、不同于各个部分的东西，还是作为各部分的秩序？也许这两种方式都存在。就跟一个军队似的，最高的善既在它的秩序里面也在它的领导者中，更多的是在后者。因为领导者不依赖于秩序，而秩序则依赖于领导者。一切事物都是有序地组织在一起的，可又是不一样的。（《形而上学》1075a11—16）

这里是说，最高的善是以两种方式存在的，一是作为秩序，一是作为秩序的原因。也就是说，"不动的推动者"身兼秩序以及秩序的原因这两职。现在我们想想，为什么这个善既是秩序的制定者，又是秩序本身？

实际上，正是在导致宇宙永恒运动的过程中，"不动的推动者"成为秩序与秩序的原因的。你们想想啊，所有的一切事物都寻求"不动的推动者"，都寻求永恒。在这个过程中，"不动的推动者"就好像一个领导者，大家都朝着它排队，都向它看齐，所以大家才形成了秩序。尽管每个事物都渴望着永恒，但不同事物的本性是不同的，它们只能按照自己本性所允许的方式去寻求永恒，比如植物只能按照它的方式去寻求永恒，动物也只能按照它的方式去寻求永恒，而人也有自己的方式。这样就有了一个千姿百态的世界。而这个千姿百态的世界偏偏有一个共同的指挥官，即"不动的推动者"。整体宇宙便成了一个等级序列体，而理性就是它的最高峰。我们说过，"宇宙"一词在希腊文里为 kosmos，其本身就意味着一个秩序良好的、有机的、动态的世界。

既然世界上的各种事物都是按照自己的本性去实现自己的，而它们是按照不同的理性的层次来安排次序的，所以就出现了很多的问题。实际上，亚里士多德的《形而上学》产生了三个很不好的后果。第一个就是性别歧视。他常说女人的理性比男人的低一点，所以女人要听男人的话，现在的女权主义者对他很不满。第二个是他赞成奴隶制。按照古希腊当时的传统，两个城邦打架，我把你击败了，你城邦中的男人全都成为我的奴隶，谁抓住算谁的。亚里士多德其实是批判这种奴隶制的。亚里士多德所赞成的奴隶，不是这种奴隶，也不是从非洲买过去的黑奴，而是指有些人的理智能力因为天生有缺陷，不能安排自己生活，或者不能把自己生活安排得最好，所以需要一个主人来替他们安排生活。对于那些理智有缺陷的人，有了一个主人对他们自己来说更有利。在他看来，有些人可以用自己的理性来安排自己的生活，有些人没有足够的理性来安排自己的生活，自然需要一个主人来替他们做主。这种理论可以被很多人拿来用，比如买卖黑奴、种族歧视，人们就说白人的理性可以让那些黑人兄弟享清福啊，在这方面亚里士多德是脱不了干系的。第三个就是对动物的食用。亚里士多德说猪、牛等动物不能思考哲学问题，所以被人吃了也就是应该的。现在有一个词叫物种歧视。实际上，人类都是有物种歧视的，因为我们要活着，总是要吃东西的。按照一些极端的理论，我们吃树啊、草啊都不行，因为植物们也是有灵魂的，那吃动物就更加有问题了。现在这三大问题都是社会的弊病了，追根究底都可以归结到亚里士多德《形而上学》中的理性中心论。所以女权主义者在批评男性主义者时，就是要把理性给拽下来，把感性给提上去，让感性去取代理性。当然这个也不对，这是矫枉过正啊。

亚里士多德在完成他的神学以后，非常得意。他觉得他的神学做得很好，开始自夸了。我们看第十二卷第八章的最后一段：

> 遥远的先祖给我们传递下来一个传统，一个神话的传统，就是说每一个天体都是一个神，整个宇宙就是神圣的。后来不断地有东西加到这个传统中，以便劝说大众并达到法律上、功利上的方便。有人说这些神就是人的形式或者类似其他动物的形式，并说其他事情就是我们刚才提到的这些东西的结果或者跟它们相似。如果我们把后面所加的成分全部拿掉，重新回到最初的那一点去，即最初的本体就是神，就不得不惊异于这种观点的启发性，并且反映了各种各样的技艺与科学常常发展到了可能的高度，然后又被毁掉了，可只有这些观点（各种天体都是神，宇宙都是神圣的）却像遗产一样保存到了现在。只有到现在，我们祖宗以及最初思想家们的观点终于清楚了。（《形而上学》1074b1－14）

以上就是亚里士多德的神学。教学大纲都在这里了，其中的细节还需要大家自己去慢慢想。接下来我们学习《形而上学》的统一性，我尽可能地讲得简单一点儿。

七、《形而上学》第六卷第一章的结构

刚刚同学们对理性这个概念有许多的讨论，比如认为我们通常所说的思想有各种形式，但理性似乎只有一种。其实理性也有很多的形式。你们看，在希腊文中，理性是 nous，思维是 noein，所产生出的思想是 noēsis。我们总是觉得理性与思想（thinking）是两个词，但希腊文其实是一个词。希腊人读《形而上学》比我们要容易，因为理性、思维、思想它们在希腊文中就存在着联系，而我们的中文翻译就将它们整得七零八落，根本看不出它们之间的联系，所以我们要在这上面花费大量的精力。亚里士多德在这里所讲的理性主要是指理论理性，就是观照、洞察与把握事物的意思，而不是指实践应用。我们也不能用逻各斯（logos）来代替，因为在希腊文里，逻各斯是一个很宽泛的概念，可以表示比例、语言、尺度、思考、表达方式等几十种含义。也就是说，逻各斯虽然也是理性，但包含的成分很多，除了赫拉克利特拿它做专有名词使用外，很少有人将它做专有名词。亚里士多德一般是在宽泛意义上使用它的，但在对理性做区分时，会使用不同的表达。好，我们接着讲新课。

现在可以对《形而上学》做一个总结了。我们已经知道，在第一、二、三卷，亚里士多德说哲学就是智慧。在第四卷，亚里士多德说哲学就是研究 being *qua* being 的科学。在第七、八、九卷，他说哲学是研究本体（substance）的。而到了第十二卷，哲学就变成神学（theology）了。那么问题来了，亚里士多德所说的形而上学是同一个概念吗？换言之，他的形而上学是一个统一体还是要分成好几块？

很多人认为当亚里士多德说哲学就是智慧时，其实只是一个导论，不应该将其作为一个独立部分；而他对本体的研究实际上是科学研究的一部分。那么剩下来的就有两块：一是 being *qua* being 的科学，一是神学。那么这两块的形而上学概念是一致的吗？

《形而上学》第六卷似乎就是为此问题而设的。让我们回到第六卷第一章的第一段：

> 我们研究的是作为 being 的那些事物的原因和原则。（《形而上学》1025b3）

接着他说作为 being 的科学研究的是一般的 being，而数学、医学等特殊科学研究的则是 being 的一部分，并对其特征进行了说明。这是他在第四卷第一章中的观点的重复。

从第二段开始，他重复了自己对科学的分类，即理论科学、实践科学和创造科学，其中理论科学最高。而理论科学也分作三类：一类是物理学，一类是数学，一类是神学。数学是研究不可分离又不动的事物。物理学是研究不可分离又动的事物。而神学最高，它研究的是可分离却又不动的事物。

在第三段，他有这样一段话：

> 如果有那么一种事物，它是永恒的，又是不动的，又是可分的，那么关于它的知识就属于理论科学，而非自然科学（物理学），也不属于数学，而是属于一种先于这二者的科学。自然科学研究是不能跟质料相分离但并非不动的事物。数学研究的是不动的，也许并不分离的事物。而第一科学研究的是既可以分离又不动的事物。一切原因都是永恒的，这些原因尤其是永恒的；因为它们是神圣事物的原因。因此，有三种理论科学，就是数学、自然科学以及神学。很显然，如果神圣的事物真正存

在什么地方的话，它一定就存在于所有理论科学所研究的事物之中。最高的科学一定是研究最高的种类的，所以理论科学比其他科学高，神学比其他理论科学还要高。（《形而上学》1026a10-22）

八、形而上学：两种概念

上面他说，神学所研究的是一类特定的对象，也就是不可分离、不动的对象，而物理学所研究的是动的、不可分离的对象。也就是说，神学与物理学是平行的，它们各有各的特殊对象，各有各的特定领域，各干各的事。而关于 being 的这门科学则不同，它所研究的是其他所有科学所预定的那些原理和原则，所以高于其他科学。而神学显然没有这种功效。但亚里士多德这里却说，神学与关于 being 的这门科学都叫第一哲学。于是，我们就有了关于 being 科学与神学何以成为统一体的争论。而亚里士多德自己明白这里的困难。

人们可能提出这样一个问题，第一哲学到底是普遍的还是处理某个种，即某类 being 的？数学科学在这方面也不是完全一样的。几何学和天文学研究的是某一个特定的事物，而普遍数学是应用到所有的事物上的。我们的回答是，如果除了自然构成的事物之外，没有其他本体，那么自然科学就是第一科学；但是，如果有一种不动的本体，那么关于它的科学在先的规定就是第一哲学。神学以这种方式是普遍的，因为它研究的是第一类的对象。（《形而上学》1026a24-31）

他这里是说，如果有着不动的本体，那么研究它的神学就是第一哲学，因为它研究的是第一类的对象。接着，他说：

> 对于 being *qua* being 的研究也属于这门科学——包括它是什么，也包括那些属于 being 的属性。(《形而上学》1026a31-33)

这又麻烦了不是。你说研究 being *qua* being 的科学来研究神，这还说得过去。现在他反过来说神学是普遍的，还要把 being *qua* being 这门科学融入了进来，这是一种什么结构？可说了这些他就不说了，接着去说别的了。

所以亚里士多德发展了两种形而上学的概念，他知道如何使得它们统一起来有些麻烦，他自己也想努力地把它们统一起来，可努力的结果只有一句话：

> 神学以这种方式是普遍的，因为它研究的是第一类的对象。(universal in this way，because it is first.) (《形而上学》1026a31)

你们琢磨琢磨这句话，好像琢磨不出什么来，反而会琢磨出许多麻烦。首先，关于 being 的研究是普遍的，因为它研究的那些公理、对象、原则是其他科学都要使用的，是其他科学所共通的。现在亚里士多德说，神学也是普遍的，因为它研究的是第一类的对象。也就是说，因为神学研究的是神，即"不动的推动者"，而所有的事物都要趋向于这个"不动的推动者"，所以它是第一的。说它是一种普遍，勉强也说得过去，可是此"普遍"非彼"普遍"啊：一种其研究对象是为其他事物、学科所共有的公理、原则，所以是普遍的，另一种其研究对象是第一类的对象，而其他事物都要跟着它，所以是普遍的。

这成了亚里士多德留下来的一个大难题。在中世纪的时候，很多人也说不清楚。在教学大纲的第二点，我列出了两种观点，即一般形而上学（*metaphysica generalis*）与特殊形而上学（*metaphysica specialis*）。当时很多的哲学家将关于 being *qua* being 的研究称作普遍形而上学，而关于神学研究称作特殊形而上学。后来沃尔夫在区分关于本体论的科学的时候，实际上把形而上学作为更高的科学，而把本体论放在了下一级，因为本体论还要区分特殊种类的对象。而康德在做道德形而上学时则要处理特殊的对象吗，比如灵魂、自由、上帝等等。这就是说，在他看来，形而上学实际上可以分为很多门类。因此，只要亚里士多德没有说清楚的地方，后人肯定就会搞出很多的争议。而这些争议现在依然存在。人们在想有没有办法帮亚里士多德说清楚，或者认为在某个地方亚里士多德是可以说清楚的。

我在这里列了三种观点：第一，亚里士多德的形而上学不是一个统一的结构，就是说这二者有着内在的矛盾，无法统一①。第二，亚里士多德的思想有个发展过程（developmentalism），神学就是他的早期作品，后来就变成关于 being *qua* being 的研究②。第

---

① W. Leszel, *Aristotle's Conception of Ontology*, Padua: Antenore, 1975.

② W. Jaeger, *Aristotle: Fundamentals of the History of His Development*, R. Robinson, Tr., Oxford: Oxford University Press, 1948, pp. 218 – 219. From Jaeger, *Aristoteles: Grundlegung Einer Geschichte Seiner Entwicklung*, Berlin: Weidmann, 1923.

三，我称它为归结论或还原主义（reductionism），这种观点可以追溯至阿奎那，几乎所有天主教都是这样解释的，把 being *qua* being 归结为本体，又把本体归结为那个神圣本体，这样二者就统一了①。这种归结论的麻烦在于，就算亚里士多德开始确实说过，在所有的范畴中，本体是中心范畴，而其他范畴都要以本体为支撑，可亚里士多德从来没有说过，在所有的本体中，神圣本体是中心，由于它，其他本体才得以存在，这个他没有说。本体都是存在的，只是有的本体要寻求永恒，所以才去和"不动的推动者"产生关系。如果这个本体不要寻求永恒，那么"不动的推动者"和它一点关系也没有。其他本体不是神圣本体的属性，它们之间不存在本体与属性的关系，所以这个归结起来很有困难。而归结论者自己也承认他们的观点没有文本依据，但可以通过这种方式，把亚里士多德的形而上学统一起来。

　　我发给你们的是 M. 弗雷德的文章②。他说为了解决这个问题，墨水都用了好几桶了。而他并不想解决这个问题，只是觉得他的老师帕兹希（G. Patzig）在某一点上没有完全说清楚，所以想把它说清楚③。在他看来，这个问题恐怕永远也解决不了。但他最后发展出一种非常有影响力的还原主义的观点。下面我要说说我对这个问题的看法。

---

① H. F. Cherniss, *Aristotle's Criticism of Plato and Academy*, Baltimore: Johns Hopkins Press, 1944.

② M. Frede, *Essays in Ancient Philosophy*, Minneapolis: University of Minnesota Press, 1987.

③ G. Patzig, *Aristotles: Metaphysic Z*, 2 vols., Munich: C. H. Beck, 1988.

九、第七、八、九卷，神学与本体论之间的紧张

　　我认为亚里士多德讨论世界有两种方式：一是讲现实，就是区分它有多少种范畴；一是讲运动，就是关于潜能和现实的讨论。这两种方式的区分的中心点在第七、八、九卷这三卷。在我看来，要讨论《形而上学》是不是一个统一的工程，不能抛开其中心卷第七、八、九卷，因为这三卷是《形而上学》的主要内容。我们应该具体考察这二者之间的冲突跟亚里士多德的本体论讨论有什么关系，跟中心卷第七、八、九卷有什么关系。也就是说，我们要明白中心卷第七、八、九卷要怎么放在关于 being *qua* being 的科学与神学之间的冲突之中。

　　带着这个问题去考察，你会发现又有很多的说法。也就是说，关于核心卷次与上述两个概念之间是否存在着某种关联，人们也有各种争议。我在讲课提纲上将它们都列出来了。第一种依然是归结论或还原主义。欧文斯①、弗雷德、里夫（C. D. C. Reeve）② 都认为，核心卷次是从关于 being 的科学到神学的中间阶段，它们是对神圣本体研究的前奏。用欧文斯的话说，这些卷次就是为此目的而

---

　　① J. Owens, *The Doctrine of Being in the Aristotelian Metaphysics*, 2nd ed., Toronto: Pontifical Institute of Medieval Thought, 1963.

　　② C. D. C. Reeve, *Substantial Knowledge*, Indianapolis: Hackett, 2000.

作的。第二种是莱兹尔（W. Leszel）的观点①。他是我在意大利学习时的老师，前段时间调到了佛罗里达大学当哲学教授。他认为亚里士多德在写这些核心卷次时，还没有意识到神学和 being 的科学之间的矛盾，所以没有提出 being *qua* being 的概念。也就是说，那时亚里士多德还没构成 being *qua* being 的概念，没有想到要把being 作为一个普遍的科学概念。第三种就是帕兹希的观点②。尽管他认为 being 的科学可以被还原为神学，但在这些核心卷次里，亚里士多德已经放弃了神学和 being *qua* being 的同源关系。第四种是耶格尔的观点③，他认为这些核心卷次与这个矛盾没有关系。可是，在我看来，这些卷次是《形而上学》最为核心的卷次，怎么会跟这个矛盾没有关系呢。在此意义上，我倾向于还原主义者的观点。但是，我并不同意他们将这些核心卷次看作一体合一的，而是认为它们是分作两大块的。

十、我的观点

在我看来，最简单地讲，亚里士多德的学说有两类，一类是研

---

① W. Leszel, *Aristotle's Conception of Ontology*, Padua: Antenore, 1975, pp. 453 及以下。

② G. Patzig, Theology and Ontology in Aristotle's *Metaphysics* Ⅸ, AA, iii, Munich: C. H. Beck, 1988, pp. 33－49.

③ W. Jaeger. *Aristotle*: *Fundamentals of the History of His Development*, R. Robinson, Tr., Oxford: Oxford University Press, 1948, p. 200. From Jaeger, *Aristoteles*: *Grundlegung Einer Geschichte Seiner Entwicklung*, Berlin: Weidmann, 1923.

究范畴的 being，一类是研究潜能/现实的 being，其分界点就在第七卷第十七章。在该章的一开始，亚里士多德就宣称要从另外一个起点来研究本体，即把本体作为原因，将形式作为形式因，就会通向那个跟可感本体不同的本体。可以说，亚里士多德的潜能/现实理论本来就是通向"第一推动者"的，这是在那个时候就已经定了的。从第七卷第十七章开始，直到第八卷、第九卷的文本的确引向了神学。换言之，亚里士多德的神学其实就是潜能/现实研究的一个组成部分，要了解运动的永恒性，就必须理解什么是运动，并预设了在个体当中对潜能/现实的讨论。这有助于我们理解亚里士多德物理学与形而上学的关系。《形而上学》第七卷第十七章以及第八卷、第九卷这些文本都是追随《物理学》而来的，它们分享着同一个主题，即潜能和现实的 being，是一种动态研究。那些被称作"物理学"的文本，通常都带有强烈的形而上学的色彩。

但是第七卷第三—十六章的研究却与神学无关。在这一块里，研究的是质料、形式、复合物它们中哪一个是在先的、最根本的以及它们之间的关系，最终胜出的是形式或者本质。亚里士多德还讨论了形式是普遍的还是特殊的这一问题。但这里没有涉及四因说或者潜能/现实理论。它是一种静态研究，作为第一推动者的神在这里没有什么作用，作为胜出者的形式并不需要借助第一推动者得到解释。亚里士多德将事物的形式或本质明确称作"第一本体"。因此，将这一块看作对神的研究的准备阶段，并不合适。

所以，亚里士多德一开始就要建构一门关于 being 的科学。在最一般的意义上，他将 being 分为四类：范畴的 being、潜能/现实的 being、真假的 being、偶性的 being。他说偶性的 being 没有确定性，无法成为知识的对象，所以将其排除了。而对于真假的 being，也只是大略处理了一下。因而，关于 being 的科学其实就是要研究范畴的 being 以及潜能/现实的 being 的。前者是关于实在的基本构成或结构的；后者是关于实在的运动的。而神学只是与实在的运动相联系的一个最高阶段。这个阶段除了潜能/现实学说，就是神学，还包括神的本性，也就是物理学，至少物理学的大部分都是关于运动的。只有研究运动的这一部分才通向神学。这就是我的理解。我觉得他讲得很清楚啊。

但是我没有办法处理他最后的这句话，即神学才去考虑 being *qua* being。

> 对于 being *qua* being 的研究也属于这门科学——包括它是什么，也包括那些属于 being 的属性。(《形而上学》1026a31–33)

这个地方有点麻烦。还真的有几个研究者说这句话是后人在抄的时候给加进去的。可我不愿意这么说，说了也没用，对不对？还不如说我们对这个地方真的很头大。

我认为根据我的观点来理解《形而上学》的结构好像更自洽些。剩下那些还没有说通的地方，就轮到你们来说了。我就讲到这里，谢谢大家，感谢你们坚持了下来①。

---

① 由于时间的关系，这一讲很多内容余老师没有充分展开。读者可以参阅他的著作《亚里士多德〈形而上学〉中的 being 的结构》第八章的内容。

附　录

一、课程说明

2011 Summer Shandong University Syllabus

Topic：Aristotle's *Metaphysics*

Instructor：	Jiyuan Yu
E-mail：	jyyu@buffalo. edu
Time：	May-Early July

in total：12 seminars，and each for 3 hours.

Course description：

The objective of this graduate seminar is to acquire a critical understanding of Aristotle's *Metaphysics*. We will read the key sections of the *Metaphysics* and other treatises which are essential for our grasp of Aristotle's project in the *Metaphysics*. I will begin with an introduction to Aristotle's works and Aristotelian studies, and then cover the following major topics: the nature of Metaphysics (*Metaphysics* I. 1-2, II. 1, III. 1); category and being (*Categories* 1-5; *Topics* I. 9; *Metaphysics* V. 7), being *qua* being and substance (*Metaphysics* IV. 1-2; VII. 1-2, 3), substance, essence, and form (*Metaphysics* VII. 3-16); change, cause, nature (*Metaphysics* VII. 17, *Physics* I-II); potentiality and actuality (*Metaphysics* VIII, IX), theology (*Metaphysics* XII. 6-10), and the unity of Aristotle's metaphysical project (*Metaphysics* VI. 1-2)

Texts:

The Complete Works of Aristotle: The Revised Oxford Translation (ed. by J. Barnes, Princeton, 2 vols.) is surely better. If you have Greek, consult Oxford classical texts or Loeb.

Required readings:

One article is chosen for each session, which is intended (1) to help you to understand the text (s) under discussion, and (2) to serve as an example of how to write an academic research paper.

二、讲课提纲（英文）

The Nature of Wisdom

Meta. A 1-2

1. Aristotle's aim: to prove that wisdom is knowledge of first causes and principles. —a comparison with how he starts the *Nicomachean Ethics* (i. 4, i. 7).

—the implications of wisdom—how is it related to being

2. "All men by **nature desire** to **know**" "eidenai"

inner state of knowing-pleasure of knowing, not utility. [self-conscious knowing] —to know what we know.

3. Degree of the knowing states and the degrees of being wise. —experience, art/science.

4. Different types of art/knowledge and leisure

5. Art, science, wisdom: a comparison with *Nicomachean Ethics* (981b25)

6. The common views about the wise man

7. Features of wisdom

Exact knowledge (*NE*, i. 3) —the authoritative knowledge (*NE*, i. 1; and *NE*, vi. 13 1145a8)

8. Ignorance—wonder-wisdom

9. Philosophy and the Divine

Meta. **Book a and B**

1. Saving the Phenomena: look at what other people have said.

compare with *NE*, vii. 1.

2. Why is this way necessary: book a, 1, collective business—the predecessors have contributions—compare with today's way of learning

3. B1. Philosophy and Aporia

4. Problems in *Meta.* B.

5. B and the rest of the *Metaphysics*

6. B and K 1-2

7. How to deal with the problem: the problem of intellectual habit.

Book a, 3, how do you take an argument?

Comparison with *NE*. [for those who listen to his arguments in ethics, you need a good character] For Aristotle, you need the habit of surveying the opinions—single out the difficulties and analyse them.

The Aporiae in Metaphysics B

Problems about the scope of wisdom（Aporiae 1-4）

Aporia 1: Is it the business of one science to study all the kinds of causes?

995b5//996a18-6b26//K. 1059a20-23// Γ. 1, 2

Aporia 2: Should the science that studies the first principles of substance also study the first principles of demonstration?

995b610//996b26-7a25//1059a23-26// Γ. 3.

Aporia 3: Does one science study all substances?

995b10-13//997a15-25//1059a26-29// Γ. 2, 1004a2-9, E1

Aporia 4: Is the study a study of substance only or also of their essential attributes?

995b18-27//997a25-34//1059a29-34// Γ. 2, 1003b22ff.

Substantive metaphysical problems（Aporiae: 5-15）

Aporia 5: Are there non-sensible substances?

995b13-18// 997a34-8a19 /1059a38-b21// Λ. 6-10; M1-9, N.

Aporia 6: Are kinds（or genera）or contributing parts, the first principles of things?

995b27-29//998a20-b14//1059b21-1060a1//Z. 10, 13.

Aporia 7:（If kinds）are infimae species or summa genera more of the nature of principles?

995b29-31//998b14-9a23//1059b21-60a1//Z12. 1038a19 and Z13.

Aporia 8:［If kinds do not exist,］does anything exist at all besides particulars?

995b31-36//999a24-b24//1060a3-27//Z. 8, 13, 14, Λ. 6-10, M10

Aporia 9: Are the principles, whether formal or material, limited in number or in kind?

996a1, 2//999b24-1000a4//1060b28-30// Λ. 4. 5, M10.

Aporia 10: Are the principles of perishable and imperishable things the same?

996a2-4//1000a5-1a3//1060a27-36// Z. 7-10

Aporia 11: Are one and being substance or attributes?

996a4-9//1001a4-b25//1060a36-b19// Z16, 1040b16-24, I. 2.

Aporia 12: Are mathematical things genuine substances?

996a12-15//1001b26-2b11//1060a36-b19//M. 1-3, 6-9, N. 1-3, 5-6.

Aporia 13: Do Forms exist alongside the intermediates?

1002b12-32//M, N.

Aporia 14: Do the principles exist potentially or actually?

996a10-11//1002b32-3a5//Θ8, Λ. 6-7.

Aprotia 15: Are the principles universal or individual?

996a9, 10//1003a5-17//1060b19-23//Z13, 15, M10.

Categories and Beings

Categories 1-5; *Topics*, 1. 9, *Meta*. V. 7

1. What is it?

Greatest puzzle—parmenides—three senses—veridical sense

2. *Meta*. V. 7: four kinds of beings

—accidental being—being as truth—potential/actual being—per se being

(*Meta*. ix. 1, 1045b28, "categories of beings")

3. *Meta*. , E2

—accidental being, dismissed

—and being as truth *Meta.* vi. 4 and ix. 10

—Metaphysics: mainly concerned with per se being and potential/actual being

Meta. ix. 1, 1045b28-35

4. The distinction between per se being and potential/actual being

—per se being: V. 7, 2027a22-27

—potential/actual being: V. 7, 1017a36-b9—*Meta.* xii. 2, 1069b14-21-ph. iii. 1, 201a9-10

—some distinctions:

a. the structure of essential predication

b. definition, *Meta.* ix. 6, 1048a36

c. the principle of non-contradiction *Meta.* iv. 5, 1009a30-5

d. degrees of substance (cat. 5, 3b34)

5. Aristotle views the world in two ways: statically and dynamically

a. the theory of categories: the basic elements of reality

　　—pre-Socratic natural philosophy–Plato

b. the potentiality/actuality: change: ph. iii. 1, 201a11-2

　　—disarm Parmenides' argument against change

Ch. 1.

1. Homonymy, Synonymy, and Paronymy (Background: Plato: *Meta.* A. 9)

Ch. 2.

2. "Of things that are said" v. s. "things"

3. *Hupokeimenon*: subject

4. "Being in" and "being said of"

5. Individual accidents

Ch. 3.

6. Hierarchy of genera—differentiae

Ch. 4.

7. A list of "things said without combination"

8. *Topics*, 1. 9: categories: predications or predicates

9. *Meta*. V. 7: categories and beings

10. The number of categories

11. Senses and kinds

Substance and Attributes (other categories)

Categeories, ch. 5

1. Primary and secondary substances

2. Essential and accidental predications

3. Primary substance and subject

4. Secondary substances and subjects

5. Secondary substances and "being in"

6. Differentiae

7. Features of primary substances

Toionde/todeti —

non-contrariety

—does not admit degree

subject of contraries

—how do individual statements changes their values?

Aristotle's theory of truth as correspondence (4b8, 14b14-22, *Meta*. 1051b6-9).

Being and Substance; *Meta*. Z1-2

1. Being: what is simply [substance] and what is dependently (other categories)

2. 1028a11: ti esti and todi ti

3. the dependency of other categories on substance and their distinct sense of being

4. Substance' priority over other categories: three senses

5. From "what is being?" to "what is substance?"

6. A comparison with *Cat*. 5

Where is the distinction between primary and secondary substance?

Being *qua* Being

Metaphysics IV

1. First sentence

"There is a science which investigates being *qua* being and the attributes which belong to this in virtue of its own nature" (1003a21-22).

—A. Being *qua* being (*to on hei on*)

—B. Science: particular and universal

—C. The attributes of being *qua* being.

2. How is a universal science of being possible?

a. The conception of "science" in *Analytic Posterior*

b. The denial of a universal science *APO*. 75b8-16; *EE*, 1217b25-36

c. Being is not a genus: B. 998b24-26

d. *Meta*. A. 1-2—*Meta*. B. (first 4 questions, 995b5-27)

3. Focal meaning: the *pros hen* structure of being

4. Owen's two theses

a. The "focal meaning" treatment of being contradicts and replaces Aristotle's earlier view in the *Organon*, *EE* and others that beings differ in different categories, and "being" has various distinct senses.

b. The "focal meaning" treatment of being makes it possible for Aristotle to establish a universal science of being *qua* being in *Meta*. iv, which contradicts and replaces his earlier view (*EE*. 1217b25-36) that because beings differ, a universal science is possible.

5. Regarding the first thesis: focal meaning and multiplicity

meaning

6. Regarding the second thesis: The single-genus notion and the focal meaning notion of science 7. Metaphysics and dialectic

7. PNC and its defense

—a. The firmest principle: law of being or law of thinking? (ch. 3)

—b. Arguments for the PNC: by pointing out the difficulties involved in its denial

—Is the defense of PNC a test for the method of first philosophy?

—The connection between the defense PNC and the discussion of substance (ch. 4)

—c. Refutation of the arguments for the denial of the PNC (Heraclitus and Protagoras, ch. 5)

8. Examining the PEM (chs. 6-8)

9. The scope of the focal structure of being

Change and Form /Matter

Physics 1: The introduction of form and matter

Lecture notes

1. *Meta.* Z3 and Physics 1

2. The intellectual climate on change (191a25ff.)

—A review of *Presocratic Philosophers*

—Aristotle's own attitude: 185a15ff. , 193a3-6

3. His attitude and his methods（1，1，corresponding to *Meta*. Z3）

4. Theory of category and a rejection of Parmenides（I. 2，185a20ff. ; I. 8）

5. What must be there if there is change?

Daily language approach: three elements （1. 7，189b30-190a30）

6. Category and change: Two kinds of change（1. 7，190a30-37）

7. Substantial change（190b1ff. ）—three elements（190b11-24，191a9-12）

8. How to get the form-matter distinction?

9. *On Generation and Corruption*（*GC*，I，4-5，319bff. ）

Further classification of substantial change and accidental change

—Alteration v. s. coming-to-be

Meta. Z3

1. Two lists

2. The subject criterion of substance: its problems

a. Z3's goal: the priority of form

b. subject and substance: three divisions （presupposing *Physics* 1）

c. three problems of the subject criterion

d. The process of "stripping away" and the concept of the prime matter (*GC*. 329a24-27)

e. two notions of matter: bare matter and corporeal matter such as bronze

—Initially, Aristotle is supposed to prove that <u>for himself</u> the subject criterion will lead to <u>matter (which is a division of the substratum)</u> being primary substance. But what he actually proves in the above arguments is that <u>for "those" who consider "from these points of view", matter (which is bare and outside of the category schema)</u> is substance. The difference between these two issues is striking, but Aristotle takes them to be the same issue.

f. Standard predication and substance predication (1029a7-8 v. s 1029a22-23)

3. Z3's structure

a. If substance is subject, matter will be (primary) substance (1029a10) (If S, M)

b. "But this is impossible. For both separation and *tode ti* are thought to belong chiefly to substance" (1029a28-29) (not M)

c. Substance is not subject (?)

—Aristotle focus on a instead of b: why separation and *tode ti*? Where are they from?

—Is the core argument—from 1029a11, to form-predication, to 1029a29-30—necessary?

4. The implications of this criticism

A problem for subject or a change of the conception of substance (*ousia*)?

Views:

a. a revision of subject criterion

b. the subjecthood must be added by *tode ti* and separation

c. giving up the subject criterion and shifting to causality

d. (my view): disassociate *ousia* from subject at the level of form-matter-composite

How is form a subject? -D1017b23-26

5. The perplexity of Form

a. universal

b. particular

c. neither universal nor particular; and

d. both universal and particular

e. aporematic

Essence and Form

Meta. Z4-6

1. Essence and definition

Aristotle assumes, without any argument, that essence in the primary and simple sense belongs to substance. The real issue becomes: what is essence? Aristotle discusses this in terms of contrasting it with accidental composites whit regard to the problem of definition

2. Matte-form analysis is not employed in Z4-6

3. Essence (*to ti en einai*)

Coined by Aristotle himself, literally can be rendered to "what it was (for a thing) to be" or "what the 'to be' (of something) was".

4. Some preliminary rules of definition are discussed in Z4. first, the definiendum must not be present in the definiens (1029b19-21). Secondly, the definiendum and the definiens must be symmetrical. One cannot add or subtract a determinant (1029b30-32)

5. A dichotomy between substance (essence) and the accidental compound (or the crosscategory compound)

6. What does it mean to say that in the definition of essence (or *tode ti*) "one thing is not predicated of another"?

7. The ontological status of essence 1029b14-16; v. 18, 1022a25-29

8. Genous Eidos 1030a11-12

9. Z5: "necessary attributes" ("attributes per se attach to their subjects") do not have essence in the primary sense

10. The problem of Z6

In the Z6 the issue is: "whether an individual (hekaston) and its essence are the same or different" (1031a15). The problem arises because an individual here refers to two kinds of things: accidental terms (ton legomenon kata sumbebekos, literally, "things said of accidently", e. g. , white man, 1031a19), and per se terms (ton kath' hauta lefomenon, literally, "things said of in their own right"). Aristotle's final answers are: "for an accidental term, e. g. , a musical thing or a white things, because it has two meanings, it is not true to say that itself the identical with its essence" (1031b23-24), and, on the other hand, "clearly, then, in the case of primary and per se terms, the indicidual and its essence are one and the same" (1032a5-7, cf. 1031b11-12, b21-22).

He takes a Platonic idea (good) as an example of a per se term.

Meta. : The Ontological Status of Form

Lecture notes

1. The traditional view on the relation between the *Cat.* and *Meta. Z.*

—Yet Z10. 1035b27-30: "But man and horse and terms which are thus applied to particulars (*kath hekasta*), but universally, are not substance but something composed of this formula and this matter treated as universal. "

—Z13

2. How is Aristotle led to the problem of the universality and

particularity of form; primary reality and knowledge

　　—*Cat.* 5; the real (Primary substance) and the intelligible (Secondary substance)

　　—*Meta.* B. 6, 1003a5-17

　　—Z1; Three priorities

　　—The prevailing formulation of the aporia; *tode ti* and *ti esti*

3. Separation and *Tode ti*

　　—Where do they come from?

　　—Separation; Plato's biggest difficulty (M9, 1086a31-b7)

v. s. Plato being right in separating (Z16, 1040b27-30)

　　—Z13, 1038b36-1039a2; "No common predicate indicates *tode ti*, but rather *toionde*. If not, many difficulties follow and especially the 'third man'."

　　—when Aristotle pursues his theory of substance, he needs to keep two conditions in mind to avoid TMA; (a) to develop a notion of separation which is distinct from the Platonic separation, and (b) to observe the distinction between *tode ti* and *toionde*. He, then, has two disjunctive ways to choose;

　　Substance is separate (in an Aristotelian sense) and *tode ti*.

　　Substance is separate (in an Aristotelian sense) and *toionde*.

　　—*tode ti*, particularity, individuality

　　—Separation

　　—Fine; "capacity for independent existence"

—Morrison，"being outside each other's ontological boundaries"

—My view：In Plato，it means to be disjoint

In Aristotle，it means to be prior in definition

Tension between *tode ti* and separation

4. Tode ti and definition

Z4，Z6，Z10-11，Z15

5. *Toionde*

Z7-9：And when we have the whole，a "such" form in this flesh and in these bones，this is Callias or Socrates；and they are different in virtue of their matter (for that is different)，but the same in form；for their form is indivisible (*atomon*). (1034a5-8，translation revised)

—Z7-9 and the *Physics* 1

6. Z13：The universal is not substance

(a) Form is substance

(b) Form is universal

(c) No universal is substance (Z13)

—First line：the universal is genus，whereas the universal form is species.

—Second line：The universal attacked is species，but form is not a species.

—My view：The universal is *toionde* in Z7-9，1033a2-4，1034a5-6.

7. The aporia of *Meta. Z*: my formulation

(a) Form is either *tode ti* (vii. 3's project), or *toionde* (vii. 7-9)

(b) It cannot be *tode ti*, for *tode ti* is not the object of definition (vii. 4-6, 10-12, 15-16)

(c) It cannot be *toionde* either, for substance is not universal (vii. 13)

So, what is form?

—The last sentence of Z16 is: "Clearly, then, nothing that is predicated universally is a substance, and no substance is composed of substances." (1041a3-5)

8. *Meta*. M10, 1087a10-18

Meta. Z 10-12, 14-16

1. Some issues for discussion

the end of Z11's summary

Z10-11's main line of argument: indentifying form via its distinction form the composite. The distinction is drawn via whether its definition contains matter.

parts of the definition

two questions in Z10: first, whether the definition of the whole contains the definitions of the parts, and secondly, where the parts of the formula into which the formula is divided are prior to it.

Two references of "part", and two objects of definition

Z11's apparent question: "what sort of parts belong to the

form and what sort not to the form, but to the concrete thing"
(1036a28-29). Its actual dealing: to distinguish in a composite what
is form and what part is matter, rather than indicate what the parts
of form are.

the universal composite

is form universal or particular?

Tension: the universal and the form is the object of defini-
tion—vs. -species is not substance.

soul as primary substance

Is form universal? Z11, 1036a17-18, 1037a5-9

The universal composite＝universal soul ＋ universal body

The distinction between homonymous parts and non-homony-
mous parts, 1035b23-25, and (1036b30-32)

can form be separated form matter?

the circle and many kinds of matter. (1036a32-34)

the sphere and only one kind of matter (e. g. bronZe). (1036b1-3)

man, and flesh bones, etc. (1035a17-22, cf. also 1035a31-
a035b1)

animal and hand or finger. (1035b23-25) and (1036b30-32)

we can answer that in (a), (b) and (c) it is possible, but in
(4) it is impossible.

Z12's issue is why, in the formula of substance, the different
components are a unity. It must be a unity, because it is the defini-

tion of substance and the substance is one (1037b25ff)·

Z15 divides the particular thing (kath hekaston) into two types: sensible particulars and Platonic Ideas (1040a8-9). Aristotle argues that for both types of particulars a definition is impossible.

Formal Cause: vii. 17 and viii-

1. *Meta*. Z17: A new beginning

(1) Substance as formal cause:

aitia: "to blame", or "to hold accountable" = explanation—a "why" (dia ti) question.

(2) A discussion of cause and a discussion of form and matter.

(3) Why (dia ti) is S P? (1041b5-6) "why does one thing belong to some other?" (vii. 17, 1041a10-11) In a real "why" question "the inquiry is about the predication of one thing of another" (1041a25-26). The structure of it is "why the matter is some definite thing" (1041b5-6).

—v. s. What is (ti estin) A? (1041a33-b2).

—1041b10-11: "in a different way" (heteros tropos tēs Zētēsōs)

—vii. 17 and vii. 4: the simple entity and the complex entity (1030a6-11)

(4) vii. 17 is indeed different from that in the preceding chapters

(5) vii. 17 and viii: 1043b29-33; 1043b10-14

2. The so-called unity of *Meta*. vii-ix

(1) The traditional view

(2) Are they a unity?

(3) Various form-matter relationships

—1029a1-3 v. s. 1042a24-30: with or without potentiality/actuality

(a) in generation- "embedding model of composition" (1034a6-7) v. s. "development model" (1044a33-b3)

(b) in definition—vii. 11, 1037a28-29, b5—v. s. -(1045b18-19)

(c) Is form material? 1037a34-b7-v. s. 1045b18-19

(d) Form and the composite-1043a29-38

(e) The unity of substance: vii. 12 (1037b27: assumed) and viii. 6 (1045b19-20: an issue)

(4) Re-grouping *Meta*. vii-ix: 1042b8-11-1045b28-32

3. Aristotle's two approaches: Categorial being and Potential/actual being

(1) Thesis 1: "While the investigation of categorial being is about the basic constituents of the reality, the study of potential/actual being deals with the motion, process and function of the reality. "

(2) Thesis 2: "While one study of the forma/matter relation belongs to the study of categorical being in which the matter/form relation is not associated with the potentiality/actuality relation, the other belongs to the study of potential/actual being in which the

matter/form relation and the potentiality/actuality relation are interwoven."

(3) Thesis 3: "While Z3-16 belongs to the study of categorical being, Z17, viii, and ix belong to the study of potential/actual being.

Nature (Chs. 1-2)

1. Nature and art

—Nature 192b21-23

—Art "imitates" and/or "completes" nature [199a18]

Two natures (constituents, v. s. "inner principles")

— *Meta*. Dealta (book v). 4

Form is more a nature than matter: Two arguments

With which nature should we be concerned?

—Arguments for form (194a-b)

—Philosophy of nature and first philosophy (194b10ff).

2. Causes (Chs. 3 and 7)

(a) The term "aitia" —the number of four causes—the why question (194b17; 198a14-16) —explanation by causes and explanation by reasons

(b) Four causes

—End, the last, function (194a32-*Meta*. Theta, 1050a21, *EE*, II, 1219a8)

(c) the identity of the three (198a24-27)

—*Meta.* Z17，1041a27-32

(d) Form and matter：components of reality or causes?

(e) Four causes in the *Apo.* II. 11，94a20ff.

3. teleology and necessity（II：8-9）

a. Term：teleology

—teleological explanations v. s. mechanical explanation

b. Arguments against mechanical explanation but for the validity of teleological explanation.

—198b16-199a8：regularity

—199a8-199b7：nature/human art

— "Nature does nothing in vain"（PA，658a9，GA，744a36）

c. Two types of teleology（DA，415b21-22）

One explains regularity，and the second explains the relation of part to whole in animals' structures

d. "Hypothetical necessity"（Ch. 9；PA，II. 1，199b33）

e. Aristotle and modern science

Potentiality and Actuality

1. A review of the distinction between *per se* being and potential/actual being

Meta. ix. 1，1045b28-35.

—Potential/actual being：V. 7，1017a36-b9 − *Meta.* xii. 2，1069b14-21-*Ph.* iii. 1，201a9-10

—Some distinctions:

a. The Structure of essential predication.

b. Definition, *Meta*. ix. 6, 1048a36

c. The Principle of Non-Contradiction *Meta*. iv. 5, 1009a30-35

d. Degrees of substance (*Cat*. 5, 3b34)

—Meta. viii and ix—*Physics*

2. The structure of ix

1045b34-46a4, Aristotle promises first to discuss dunamis in the strictest sense, viz. That which has reference to kinesis; - chs. 1-5 deals with dunamis in the basic sense. At 6, 1048a25-26 he says he has done this. Ch. 6, turns to actuality, and, in the course of this discussion, begins to talk about potentiality. 1046a2-4 promises, secondly, to treat other sorts of dunamic in distinctions to be made about energeia; 6 1048a26-27 uses the same expression for what he is about to do. In fact, ch. 7 is devoted to the question of when something can be said to be something or other potentially, and chs. 8-9 are devoted to a discussion of the priority and greater worthiness of actuality over dunamis.

3. Two types of potentiality and actuality

Non-substantial and substantial (ix. 6, 1048a36-b8; ix. 1, 1045b35ff.)

Aristotle draws a distinction at ix. 6, 1048a36-b8 between two kinds of potentiality/actuality relationship: one is as potentiality to motion, and the other is as matter to substance. He then announces that the former relationship is not the most important, whereas the latter type of relationship, i. e. substantial potentiality and actuality, is his focus of analysis. In our understanding, the former is related to accidental change, while the latter to substantial change. Accordingly, the major task of the investigation of potential/actual being is to determine the substantial/actual being of substance.

4. *Meta*. ix. 6 (1048b19-34): The *kinesis*/*energeia* distinction Neither side is about substance—what is the point?

5. Substantial potentiality and actuality

(a) Artifacts: matter/potentiality—form/actuality

(b) Natural substantial generation (stages): ix. 7, 1048b36-49a3, 49a14-17—ix. 8, 1049b5-10; *GA*, ii. 3, 736a31-b15—Form's own actualization—matter as necessity (*Physics* ii 9, 200a7-14)

(c) Natural substantial activity (aspects): *DA*, ii. 1, 412a28-29—*DA*, ii. 1, 412a21-28—-First actuality and second actuality: DA. II. 5, 417a21-b1

6. The Unity of substance

Meta. vii. 17: "Why are these materials unified as an organic substance?"

7. Priority of actuality over potentiality

Theology: Metaphysics 12

1. From the individual change to the whole world.

The beginning of Z17

2. The final cause: unmoved mover

1072a22-25—four characteristics—without being moved (xii. 7, 1072b5) —actuality (xii. 6, 1050b32)

3. How does it move things?

It moves by being the objects of desire and understanding. - 1072a22-29—cosmic desire—formal cause and the PM

4. What do thing desire for?

—eternity-1072b29-30

a. unanimated things (circular motion, *Meta.* ix. 8, 1050b28-30; *GC*, ii. 10, 337a1-7).

b. plants and animals- (*DA.* 415a26-b2) For any living thing that has reached its normal development and which is unmutilated, and whose mode of generation is not spontaneous, the most natural act is the production of another like itself, an animal producing an animal, a plant a plant, in order that, as far as its nature allows, it may partake in the eternal and divine. That is the goal towards which all things strive, that for the sake of which they do whatsoever their nature renders possible.

c. Humans (*Pol.* i. 2, 1252a27-30) This is a union which is formed, not of choice, but because, in common with other animals and with plants, mankind have a natural desire to leave behind them an image of themselves.

God and contemplation

Contemplation: The other way of being immortal for human beings (*EN*, 1177b31-34) We must not follow those who advise us, being men, to think of human things, and being mortal, of mortal things, but must, so far as we can, make ourselves immortal, and strain every nerve to live in accordance with the best thing in us.

God and contemplation—Thinking of thinking

The desire to be in a state of knowing—The beginning of the Metaphysics: desire to know

Evaluation: *Pol*. 1256b15-20; 1253b11ff.

5. Order and the cause of the order

Proud of his achievement: xii. 8, 1074b1-14.

Meta. E (vi). 1

1. The structure of E1

The first part (1025b1-18) repeats the idea in *Meta*. iv. 1.

The second part (1025b19-1026a23): tripartite classification of

—sciences: practical, productive, and theoretical

The third part (1026a24-32):

The tension and the attempt to reconcile 1026a24-32

2. Metaphysics: two notions

The science of being *qua* being v. s. Theology ("first science"

(1026a15) or "first philosophy" (1026a24, 31).

metaphysica generalis and *metaphysica specialis*

Internal tension—developmentalism—reductionism

3. Books vii-ix and the tension between theology and ontology

Four traditional positions:

(a) reductionism (Joseph Owens, Frede, Reeve);

(b) these three books were written before the tension (Leszel);

(c) they were written after Aristotle is no longer interested in the tension (Patzig);

(d) they are independent of the tension (Jaeger).

My view

—To understand Aristotle's conception of metaphysics, we must turn to his metaphysical doctrines. Since books vii, viii, and ix are claimed to constitute the core texts of Aristotle's metaphysics, they should have a pivotal role in determining what Aristotle's metaphysical project really is.

The focal connection of two kinds of beings

Physics/first philosophy-v. s. potential-actual being/theology

The exact line between Aristotle's physics and his metaphysics

Particular physics and general physics?

The science of being

三、总体阅读书目

J. L. Ackrill，*Aristotle the Philosopher*，Oxford：Oxford University Press，1981.

J. L. Ackrill，*Aristotle's Categories and De Interpretatione*，Oxford：Oxford University Press，1963.

D. Bostock，*Aristotle's Metaphysics Z and H*，Oxford：Clarendon Press，1994.

W. Charlton，*Aristotle：Physics I – II*，Oxford：Clarendon Press，1970.

M. L. Gill，*Aristotle on Substance ：The Paradox of Unity*，Princeton：Princeton University Press，1989.

J. Lear，*Aristotle：The Desire to Understand*，Cambridge：Cambridge University Press，1988.

M. J. Loux，*Primary Ousia ：An Essay on Aristotle's Metaphysics Z and H*，Ithaca：Cornell University Press，1991.

G. E. L. Owen，*Logic，Science and Dialectic*，London：Duckworth，1986.

J. Owens，*The Doctrine of Being in the Aristotelian Metaphysics*，2nd，Toronto：Pontifical Institute of Mediaeval Tought，1963.

C. D. C. Reeve，*Substantial Knowledge*，Indianapolis：Hackett，2000.

Jiyuan Yu, *The Structure of Being in Aristotle's Metaphysics*, Dordrecht: Kluwer, 2003.

W. Jaeger, *Aristotle: Fundamentals of the History of His Development*, R. Robinson, tr., Oxford University Press, 1948; From Jaeger, *Aristotles: Grundlegung einer Geschichte seiner Entwicklung*, Berlin: Weidmann, 1923.

四 、各卷阅读论文

Lecture 1. Mary Louise Gill， "Aristotle's Metaphysics Reconsidered," Journal of the History of Philosophy，2005，43（3）.

Lecture 2. M. Frede（1981），"Categories in Aristotle," In D. O'Meara（ed.），Studies in Aristotle（Washington，DC：Catholic University of America Press），1987，pp. 1-24.

Lecture 3. G. E. L. Owen ，"Logic and Metaphysics in Some Earlier Works of Aristotle," Düring and Owen，eds. ，1960，pp. 163-190.

Lecture 4. T. H. Irwin， "Aristotle's Discovery of Metaphysics," Review of Metaphysics，1977，31：2，pp. 210-229.

Lecture 5. David Bostock， "Aristotle on The Principles of Change in Physics 1," Schofield and Nussbaum，eds. 1982，pp. 179-196.

Lecture 6. Michael Frede， "Substance in Aristotle's Metaphysics," 1987，pp. 72-80，From Gotthelf，ed. 1985，pp. 17-26.

Lecture 7. Roger Albritton， "Forms of Particular Substances in Aristotle's Metaphysics," JP，1957，54，pp. 699-708.

Jiyuan Yu， "*Tode ti* and *toionde* in Metaphysics Z," *PI* 16，1994，pp. 1-25.

Lecture 8. Jiyuan Yu， "Two Conceptions of Hylomorphism in Metaphysics ZHΘ," OSAP，15，1997，pp. 119-145.

Lecture 9. Joseph Owens, "Teleology of Nature in Aristotle," The Monist, vol. 52, 1968, pp. 158-178.

Lecture 10. Charlotte Witt, "The Priority of Actuality in Aristotle," Scaltsas et al., eds. 1994, pp. 215-228.

Lecture 11. Charles Kahn, "The Place of the Prime Mover in Aristotle's Teleology," in Aristotle on Nature and Living Things, edited by A. Gotthelf (Pittsburgh: Mathesis Publications), 1985, pp. 183-205.

Lecture 12. Michael Frede, "The Unity of General and Special Metaphysics: Aristotle's Conception of Metaphysics," in Essays in Ancient Philosophy, Glarendon Press, 1987, pp. 81-95.

M. 弗雷德，聂敏里. 一般的和特殊的形而上学的统一性：亚里士多德的形而上学概念. 世界哲学，2014（2）.

五、主要人物参照和介绍

Michael Frede（1940—2007），M. 弗雷德，德国著名哲学家，欧文之后最重要的亚里士多德专家。

Gail Fine，范恩，康奈尔大学的哲学教授。她还是牛津大学古代哲学客座教授，牛津大学默顿学院高级研究员。

Terence Henry Irwin，艾尔文，一个专门研究古希腊哲学和伦理学历史的学者和哲学家。他曾是牛津大学哲学系的教授，2007年至 2017 年担任牛津大学凯布尔学院的研究员。他的妻子是范恩。

后　记

　　最初接触这门课程，是在我的博士入学面试之后。那是 2011 年的 5 月，我的导师余纪元教授当时是山东大学哲学与社会发展学院特聘的长江学者，每年的 5—7 月份，他会从美国回来，给山东大学哲学专业的学生们上课。这门课程安排在周五晚上，一个近 50 人的教室，通常挤满了学生。与我们一同听课的，还有黄启祥、吴童立等老师。

　　听课的人手一份讲课提纲，是英文版的。打印、分发讲稿这些事情都是余先生亲力亲为，并不麻烦别人。我看过美国克瑞顿大学（Creighton University）袁劲梅教授在悼念余先生的一篇文章中写道："我猜当纪元的学生，一定有安全感。在他家，是弟子在，先生服其劳。先生还为弟子摩拳擦掌，后浪推前浪。"的确如此，余先生坐车走路时都会照顾着女生；聚餐时，服务员少给了我们勺子，他会替我们去取。在他面前，我们最轻松自在，也最能畅所欲言。余先生讲课是中英文混用的，思路非常清楚，言语生动幽默，硬是把晦涩难懂的形而上学讲得津津有味。他不仅重视对文本自身的阅读与理解，而且会将学界对于相关问题的经典讨论引入进来，启发我们思考。他常说他只是一个教练员，关键是学生自己要跑起来。对我而言，这门课程是相当艰难的。因为我的英文不好，对亚里士多德的形而上学也只是略知一二。但我似乎渐渐理解了亚里士多德在解释世界中所遇到的各种困惑以及他想如何去应对它们。在我看来，亚里士多德的形而上学正是他的那句"由于惊异，人们才开始哲学思考"的诠释。师妹金小燕也曾说，听了余先生讲授的这门课程，她才知道什么叫作哲学。我相信这是很多学生的心声。

2012 年 5 月，余老师如期归来。这次他给我们讲授两门课程：一是古希腊哲学，他领着我们阅读柏拉图的《游叙弗伦篇》《申辩篇》《克里同篇》《斐多篇》等四篇对话；一是美德伦理学，文本为克里斯普（Roger Crisp）与斯洛特（Michael Slote）主编的《德性伦理学》（*Virtue Ethics*，Oxford：Oxford University Press，1997）。后者主要针对的是伦理学专业的研究生，师生之间有着更充分的交流。记得他在课堂上说过，有人想让他把亚里士多德形而上学的讲课内容整理出版，可是因为事情太多，总也抽不出时间。他说讲演录虽然不像论文或专著那样要求严格，但也是一项严肃的学术事业，马虎不得。

2013 年 12 月 15 日，适逢山东大学谭鑫田先生的八十华诞，余先生特意赶到济南给谭老祝寿。百忙之中，他还抽空与金小燕、韩燕丽以及我见了一面，讨论我们博士学位论文写作中的问题。翌日，他就离开了。那是一个有着浓厚雾霾的早晨，整个城市被灰黑的雾霾笼罩着，能见度极差。我们说起了天气。他说他的老家诸暨常常是山雨迷蒙，云雾缭绕，宛如仙境。他还说前几天北京卧佛寺的花开了，淡黄色的，老远都闻得到香，好像是桂花。我们笑着说，应该是蜡梅吧。他还跟同行的一位上海师范大学的老师聊起了香樟树。现在想来，这些景物都与他的故乡相关。或许在归程中，他想到了家乡。或许还有些许的惆怅与遗憾，离家乡这么近了，却没有时间回去看看。到了西客站，我们没法进去，只能就此告别。至今那个场景仍在我脑海里一遍遍地浮现：他穿着黑毛呢大衣，系着红格子围巾，一边推着行李箱，一边向我们回首说再见。谁知这一别竟是永别！

2016 年 11 月 3 日，先生永远离开了我们。"梁木其坏，哲人其萎！"惊闻噩耗，何其痛也！"掩泣空相向，风尘何所期。"山东大学里，您的办公室还在，您的行李箱还在，您的学生们还在等您，可您再也不来了。追悼会结束了，我们依然无法相信这一切都是真的。我们多么希望这只是一个梦啊！

离开济南之前，我与金小燕到卞绍斌教授的办公室跟他告别。先生在国外时，我们的博士学习生活主要是由卞老师负责的。卞老师安慰我们说，与其悲痛，不如动手做点有意义的事。他说他还保留着先生在山东大学讲授亚里士多德形而上学的讲课录音，以及刘建南、王君两位同学初步整理的课堂笔记。卞老师把这些资料给了我们，让我们回去做进一步的整理，我负责一—五讲，金小燕负责六—九讲。这些都为今天这部书稿的出版，打下了基础。

2019年6月，师母联系我说该书稿将由中国人民大学出版社出版，问我能否对讲稿做进一步整理与校对。因为由一个人负责，可以更好地保证文稿的一致性，而金小燕师妹的孩子还小。说实话，当初整理文稿，主要是为了化解内心的悲痛，如今要正式出版，我有能力承接这项任务么？我没有资格置评先生的学术贡献，却记得刘大钧教授这样说过："余纪元是新中国山东大学人文社科首位世界名人。他是山东大学的骄傲，也是中国人的骄傲。"我还知道中国人民大学已经出版了两部先生的讲演录了，即《〈理想国〉讲演录》以及《亚里士多德伦理学》，反响都特别好。而亚里士多德形而上学该是先生最重视、最着力的一项研究，我的浅陋与无知会不会减损甚至破坏其中的知识与智慧？在感谢师母信任的同时，更觉得这是一份沉甸甸的责任。但是冯友兰对"知命"的一番解释鼓舞了我："我们能够做的，莫过于一心一意地尽力去做我们知道是我们应该做的事，而不计成败。"对啊，这是我的使命啊，我只管一心一意地尽力就是。

我安下心来，除了完成学校规定的教学任务，将自己的全部精力投入整理当中。渐渐地我也摸索出几个较为有效的工作方法。第一，反复听录音，争取把先生讲的每一个字、每一句话都记录下来，尽最大的可能保留课堂原有的气息。先生有些浙江口音，语速较快，讲到激昂之处，往往是前一句还没说完，下一句就蹦出来了，但多听几遍，也能辨识出来。第二，在此基础上，按照文本的要求做进一步的整理。因为讲课与讲稿毕竟不同，讲课可以重复，可以跳跃，很多信息甚至可以通过场景获取，但讲稿要照顾到行文的逻辑与表达，不能完全照录。第三，将先生所说的英语翻译成中文。先生所用的文本是巴恩斯（Jonathan Barnes）主编的《亚里士多德全集》（*The Complete Works of Aristotle*，Princeton，N. J.：Princeton University Press，1991），尽管在讲授中，先生会用中文疏通其大意，但很多地方也有省略，需要略加补充。第四，标注出他在课堂上所引用的相关参考文献。我知道，对于讲授内容的理解、提取与表述，整理者自身的知识储备与能力也非常重要。但我才疏学浅，常常感到力不从心，如果读者发现讲稿中的诸种错误，其责在我！

我要特别感谢山东大学哲学与社会发展学院的田洁教授，每每遇到不解之处，我都会向他请教，而他总是乐于帮助。我还要感谢中国社会科学院大学李涛师兄的鼓励与支持。

"白驹过隙，忽然而已。"距离先生讲授这门课程，已经十年多了。从接到讲稿至今，我也陆续整理了五年。在我看来，这部讲演录也是先生自己学术思想的一种呈现。因为在讲课中，先生并非只是就文本而谈文本，而是有着深刻的问题意识。围绕着这些问题，他不仅介绍了学界一些有影响力的讨论，还有着自己的立场与观点，而这些观点是他多年研究的结晶，很多以论文或著作的形式公开发表，例如 "What is the Focal Meaning of Being in Aristotle?"（*Aperion* 36，2001，pp. 205–231）、"The Identity of Form and Essence in Aristotle"（*SJP* 39，2001，pp. 299–312）、"*Tode Ti and Toionde* in *Metaphysics* Z"（*PI* 16，1994，pp. 1–25）、"Two

Conceptions of Hylomorphism in *Metaphysics* ZH?"（*OSAP* 15，1997，pp. 119-145）、《亚里士多德〈形而上学〉中 being 的结构》（中国社会科学出版社，2013）等等。只是由于亚里士多德形而上学思想整体性的需要以及上课时间的限制，很多观点不能充分开展，读者可以参照以上文本阅读。

　　谨以此部文稿，深切悼念我的恩师余纪元先生！先生千古！

晏玉荣

2021 年 12 月 25 日

图书在版编目（CIP）数据

《形而上学》讲演录／余纪元著；晏玉荣整理. --
北京：中国人民大学出版社，2023.8
ISBN 978-7-300-31871-4

Ⅰ.①形… Ⅱ.①余…②…晏… Ⅲ.①亚里士多德（
Aristotle 前 384-前 322）-形而上学-研究 Ⅳ.
①B081.1②B502.233

中国国家版本馆 CIP 数据核字（2023）第 122024 号

《形而上学》讲演录

余纪元　著

晏玉荣　整理

《Xing'ershangxue》Jiangyanlu

出版发行	中国人民大学出版社	
社　　址	北京中关村大街 31 号	邮政编码　100080
电　　话	010 - 62511242（总编室）	010 - 62511770（质管部）
	010 - 82501766（邮购部）	010 - 62514148（门市部）
	010 - 62515195（发行公司）	010 - 62515275（盗版举报）
网　　址	http://www.crup.com.cn	
经　　销	新华书店	
印　　刷	北京尚唐印刷包装有限公司	
开　　本	890 mm×1240 mm　1/32	版　　次　2023 年 8 月第 1 版
印　　张	13.25 插页 4	印　　次　2023 年 8 月第 1 次印刷
字　　数	279 000	定　　价　88.00 元